中国银行
银行卡历程

范德月　主编

中华工商联合出版社

图书在版编目（CIP）数据

中国银行银行卡历程 / 范德月主编 . –– 北京：中

华工商联合出版社，2017.1

ISBN 978-7-5158-1866-5

Ⅰ . ①中⋯ Ⅱ . ①范⋯ Ⅲ . ①中国银行—银行卡—史

料 Ⅳ . ① F832.24

中国版本图书馆 CIP 数据核字（2016）第 299700 号

中国银行银行卡历程

主　　编：范德月

责任编辑：李　瑛　袁一鸣

装帧设计：北京东方视点数据技术有限公司

责任审读：郭敬梅

责任印制：迈致红

出版发行：中华工商联合出版社有限责任公司

印　　刷：河北永清县晔盛亚胶印有限公司

版　　次：2017 年 5 月第 1 版

印　　次：2017 年 5 月第 1 次印刷

开　　本：710mm × 1020mm　1/16

字　　数：650 千字

印　　张：27.5

书　　号：ISBN 978-7-5158-1866-5

定　　价：369.00 元

服务热线：010-58301130

销售热线：010-58302813

地址邮编：北京市西城区西环广场 A 座

　　　　　19–20 层，100044

http : //www.chgslcbs.cn

E-mail : cicap1202@sina.com（营销中心）

E-mail : gslzbs@sina.com（总编室）

谨以此书献给中国银行发卡 30 周年

序

随着人类社会的进步，货币形态经历了实物货币、金属货币、纸币到电子货币的演变。银行卡，作为信息技术作用于现代金融的产物，是最具有代表性的电子货币形式。

1979年中国银行将信用卡外卡收单业务引入中国，开启了中国受理市场与世界接轨的先河；1985年中国银行发行了国内第一张信用卡，揭开了中国支付领域变革的序幕。三十年来，中国银行从业者呕心沥血、薪火传承，引进和创新了一个支付工具，开启和带动了一个产业，改变和革新了几代人的生活方式。

回首往事，历历如绘——中国银行站在时代之巅开创了一个个业内先河：发行国内第一张信用卡、成立国内第一家信用卡公司、成为两大国际银行卡组织中的首家中国会员、发行国内第一张国际卡、发行亚洲第一张欧元卡……这无数个"第一"凝聚了中国银行的智慧与奉献，也饱含着国际组织、业界同仁以及社会大众的支持与期盼。

前进道路没有一帆风顺，面对发展过程中的一时平缓，中国银行同样能够大胆迈出探索步伐，深化结构调整，加快业务转型，逐步建立起一套符合国际标准的专业化、一体化、集约化运作体制，并逐步探索适应自身特点的盈利模式和发展模式。

鉴往知来。当前，中国经济进入了深化改革开放、加快转变经济发展方式的重要战略机遇期，国内银行卡产业发展也处于蓬勃发展阶段。互联网络和通讯技术的高速发展，创新支付方式的不断涌现，以及市场需求的细化多样，给银行卡业务发展带来了大有可为的机遇，也带来了难以预见的挑战。知史明智。中国银行站在关键的历史转折点上，回顾往昔之得失，剖析自我之增进，必能破解时代难题、把握住难得的发展机遇。

在新的时代召唤下，中国银行秉承追求卓越精神，坚持创新发展，努力实现着从个别业务市场领先向核心领域市场主导转型，从以产品为中心向以客户、服务为中心转型，从低水平价格竞争向高品质价值创造转型，从立足国内市场向全力拓展全球市场、实现海外业务蓬勃发展转型。

展望未来，天地大矣，前途辽矣。愿中国银行的银行卡事业，在新的征程上，不断进取，奋力拼搏，再谱华章，重铸辉煌！

本书全面展示了1979年以来中国银行银行卡业务实践和笔者近二十年中国银行银行卡全部藏品，是对中国银行银行卡历程的历史回顾，也间接反映了中国30年来金融支付领域的发展和电子货币事业的演进。写作过程中，笔者先后到北京、珠海、江门、哈尔滨、海南、广州等中国银行相关部门实地考察，数次走访多位曾经在八九十年代从事银行卡工作的中国银行员工，获取了诸多鲜为人知的中国银行早期银行卡资料和第一手素材。对以上有关部门和人士的大力支持，在此谨表示衷心感谢！

特别感谢张联利、周炳志、胡扶农、曾燕媚等人，他们是中国银行银行卡产业的奠基人、先行者和见证者，他们为中国银行银行卡产业发展和本书出版付出了巨大辛劳！

笔者首次梳理银行卡业务发展历程，受金融知识、行业经验及资料收集所限，书中难免有不当之处，敬请读者批评指正。

目　录

勇于探索　开创先河

1979—1988

第一部分

第一章
信用卡登陆中国市场
1979—1984

　　1865 年南北战争后，美国国内经济迅速发展，大步迈入工业化时代，信贷和融资成为资本主义生产的强力推手。伴随商品逐步丰富和人民收入逐渐增加，市场经济行为特征由生产者主导向消费者主导的方向转变，出现了民间自发的分期付款和消费借贷行为，信贷方式逐步渗透至家庭消费领域，在信用卡产生前已经发展成为普遍接受的交易形式。

　　1949 年，美国一家信贷公司的总裁弗兰克·麦克纳马拉在纽约一家饭店招待客人用餐，就餐后发现忘记了带钱包，没法结账的窘迫情形让他陷入了思考：商家如果能够可以给信用良好的常客提供赊账服务，就会避免出现这种尴尬情况。此后，他创建了世界上第一家信用卡公司（Dinners Club），为会员提供可记账消费的签账卡。这样，信用卡在美国诞生了。①

　　20 世纪 50 代，银行开始涉足信用卡发卡领域，从而使信用卡的规模和经营方式得到进一步扩大。特别是两大信用卡国际组织 VISA 和 Master Card 成立后，信用卡的影响和使用范围迅速拓展。20 世纪 70 年代末，信用卡因其方便、安全、快捷的特点，在欧美等发达国家和地区受到普遍欢迎，改变着人们的生活习惯和支付方式，成为了社会经济发展的强大推动力。

　　1978 年 12 月，党的十一届三中全会胜利召开，开启了改革开放历史新时期。国人推开了久闭的大门，打破了尘封的旧观念，新事物、新思维、新面孔不断涌入人们的视野，冲击着人们的固有思想。神州大地迎来了改革的春风，经济变化日新月异，社会生活的方方面面都在新与旧的激荡中寻找前进的推动力。

　　随着我国开放改革政策的贯彻落实，社会主义有计划商品经济的发展，特别是经济体制改革的深化，对金融工作提出了新的要求。1979 年邓小平同志提出"要把银行作为发展经济、革新技术的杠杆，要把银行办成真正的银行"，从而我国金融体制逐步进行了一系列改革，1979 年 2 月恢复了中国农业银行，1980 年中国银行从人民银行分设出来，1982 年中国人民保险公司独立出来，1984 年成立了中国工商银行，1985 年中国人民建设银行的信贷收支计划全部纳入国家综合信贷计划。经过一系列改革，我

---

　　① 戴维·S·埃文斯，理查德·司默兰. 银行卡时代——消费支付的数字化革命［M］.2 版. 北京：中国金融出版社，2006：59.

国金融体制从改革前的中国人民银行大一统格局转变为以中央银行为领导、国家银行为主体、保险公司以及其他金融机构并存和分工协作的金融体系，在强化中央银行职能的前提下，逐步实行专业银行等金融机构的企业化经营，做到既能有效贯彻落实国家的金融方针、政策，又能自主的筹集和运用资金，具有经营上的动力、活力和外部压力。通过改革，银行的自主经营性逐步提升，增加了新的信用工具，加强了内部管理，拓展了对外金融业务，进一步扩大了业务领域，适应了银行业务发展的需要，为经济发展提供优良的金融服务，收到了明显的社会效益。[1]

第一节　国内首创代理外卡业务

伴随改革开放大潮而来的，还有信用卡这一新兴事物。中国银行凭借着敏锐的经济嗅觉和高瞻远瞩的气魄，率先将这种先进的支付形式引入中国，自此拉开了我国银行卡产业发展的序幕。

※ 信用卡引发外国游客投诉

1978 年的改革开放为中国旅游业的开放奠定了基础，旅游业从外事接待的政治服务逐渐转变为创汇创收的经济活动，国外入境旅游业迅速崛起，来中国旅游的外国游客数量大幅增长。中国银行作为当时国家指定的唯一外汇兑换银行，负责办理外国游客的货币兑换业务。20 世纪 70 年代，外国游客已经习惯了带着信用卡到世界各地旅行，但他们到了中国以后，却发现这里的饭店、商店甚至银行不能使用信用卡，情急之下他们找到中国银行总行投诉求助。张联利等负责接待的中国银行员工从未见过、甚至从未听说过信用卡，看着这张可以等同钱币消费使用的塑料卡片，心里充满了好奇和疑问，而外国游客的介绍竟然成为了中国银行员工对信用卡的最初认识。

一张方寸大小的塑料卡片，凭借着磁条和签名，可以在世界各地消费，却不用随身携带大量钞票，既方便又安全，为什么中国不能有这样的支付工具？国外游客投诉以后，张联利等人开始向中国银行海外机构和国外银行的同行进行学习交流，逐渐对信用卡相关知识有了深入的认识和了解。这次看似机缘巧合的投诉，却被认真细致和勇于进取的中国银行抓住了学习的先机。[2]

※ 中国首次引入信用卡

改革开放这一基本国策确定后，邓小平同志提出要进一步改变计划经济体制下高度集中的金融体制，指明了"银行应该抓经济"的金融改革方向。由此，在社会政治、经济、文化等多种因素的作用下，中国银行银行卡的发展轨迹与改革开放的轨迹不谋而合了。

1979 年，中国银行及时把握住难得的历史机遇和契机，将信用卡首次引入了中国大陆。至此，一

---

① 陈慕华.我国金融体制改革的回顾：中国金融统计年鉴［M］.1988.
② 《外国持卡游客投诉催生首张信用卡》，载于 2008 年 6 月 28 日《新京报》A14 版。

▲ 1957 年在广州中苏友好大厦举办的第一届广交会
（图为工业样品陈列馆）

种全新的金融支付理念，悄然地挑战着社会大众"钱货两清"的原有消费方式。

这次契机出现在 1979 年中国出口商品广州交易会上。为适应社会主义建设的蓬勃发展，发展我国与世界各国的贸易关系和友好往来，1957 年春在广州举办了首届中国出口商品交易会（以下简称广交会），参展交易团 13 个，参展商品 12000 余种，来自 19 个国家和地区的客商共 1223 人次到会洽谈，成交 1754 万美元（成交额占了当年全国创收现汇总额的 20%）。二十世纪六七十年代，广交会出口成交额均呈不断增长趋势，在 1970 年广交会、1972 年

广交会上分别创下 5 亿、10 亿美元的成交记录。[1] 时至 1979 年，作为改革开放的前沿，广东省对外贸易和经济交流日益活跃，广交会的规模和成交量大幅提升，来到中国淘金的商人需要随身携带大量现钞，他们期望能够使用更加快捷、安全的支付方式；中国大陆以外的银行也盯住了这块具有巨大发展空间的市场，希望将金融支付受理渠道发展到中国。

1979 年 3 月，香港东亚银行通过中国银行香港分行提出，希望在当年春季广州交易会上使用他们的东美信用卡。由于前期对信用卡做了充分的学习和调研，中国银行总行认为代办信用卡可以增加银行外汇收入，减少外汇现钞收付和解运带来的不便和安全隐患，同时可以增加营业收入（买入外币票据只收取贴息

▲ 1973 年春季中国出口商品交易会盛况

5‰，代办信用卡的手续费为 1%），而广交会平台是引入信用卡的绝佳时机，于是中国银行总行果断做出开办信用卡代理业务的决定。

同年 3 月 28 日，总行电示广东分行（当时为广州分行），同意试办受理，并提出具体意见。7 月 26 日，几经磋商，双方就合作事宜达成了一致意见。8 月 16 日，中国银行广东分行与香港东亚银行有限公司签署了为其代理"东美信用卡"取现协议。10 月 1 日，中国银行广东分行营业部与广交会银行服务组正式办理了此项业务，在外币兑换业务下增加了外卡取现服务。[2]

广交会期间，中国银行广东分行和香港东亚银行的信用卡合作达到了双赢的效果，一时间，许多国外银行纷纷向中国银行伸出橄榄枝，通过各种渠道同中国银行进行接洽，希望与中国银行进行信用卡业务合作。

---

① 参见广交会官方网站。

② 银行信用卡实务全书［M］.1 版 . 北京：新华出版社，1999：151.

　　1980 年初，中国银行广东分行相继与香港汇丰银行、麦加利银行、美国运通公司签约，为其代理信用卡取现业务。此后，中国银行北京分行、上海分行等先后同香港东亚银行、汇丰银行、麦加利银行以及美国运通公司等发卡机构签订了代办信用卡取现协议。1981 年，中国银行总行统一与南洋商业银行、香港汇丰银行、香港美国运通公司、香港渣打银行、日本东海银行、日本三和银行、麦加利银行等 7 家国外信用卡机构签订代理协议，代办的信用卡种类扩大到发达卡、大莱信用卡、美运信用卡、VISA 信用卡、万事达信用卡、百万信用卡、JCB 信用卡 7 大类，并逐步将代办信用卡业务推广到全国范围。当年，中国银行代办机构达 38 家分支行，全年共兑付信用卡折合人民币 3114.7 万元。[①]

　　虽然当时代理外卡仅局限于外卡取现，业务品种较为单一，但此项业务为信用卡登陆中国大陆市场奠定了基础，并

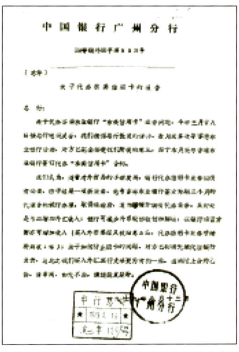

▲ 中行广东分行（原广州分行）向总行提交《关于代办东美信用卡的报告》（1979 年）

为日后中国银行自主发行信用卡积累了经验。因此，尽管中国银行只是探索性的向前迈进了一小步，但是对于中国整个信用卡产业来说，却是金融支付发展史上的一次大发展、大跳跃。

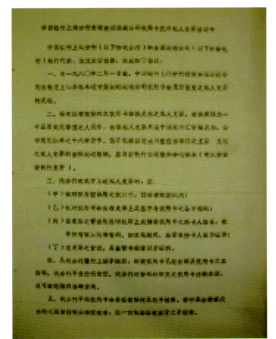
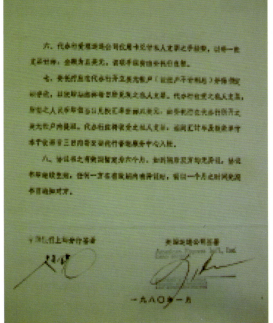

▲《中国银行上海分行受理美国运通公司信用卡兑付私人支票协议书》（1980 年）

---

　　① 银行信用卡实务全书［M］.1 版 . 北京：新华出版社，1999：151.

▲《中国银行受理日本株式会社 JCB International 公司委托代办 JCB CARD 信用卡协议书》（1982 年 3 月 16 日）

第二节　签约国内首批特约商户

20 世纪 80 年代，信用卡在西方国家实现了高速增长。以美国为例，1983 年在美国持有一张以上支付卡的家庭比重已达到 43%。1982 年—1990 年，信用卡和签账卡的交易额从 1550 亿美元增长到了 4000 亿美元，家庭持卡消费平均信贷余额从 7660 美元增至 10880 美元。与之相适应，收单市场也同样大幅发展，1982 年—1990 年，美国受理 VISA 卡的商户数增长了 37%，1991 年，超过 250 万的商户可以受理 VISA 卡。①

此时远在大洋彼岸的中国，信用卡业务刚刚崭露头角，收单市场培育还是蹒跚起步。中国银行开办代理国外信用卡取现业务以后，客观上需要早日实现信用卡消费功能，因此，必须积极推动国内商户接受信用卡这一新鲜产物。

※ 签订直接购货协议

中国银行开办代理国外信用卡取现业务以后，受到国外信用卡持卡人的普遍欢迎。但是，正如弗兰克·麦克纳马拉发行信用卡的初衷，信用卡主要功能是直接进行购物消费。20 世纪 80 年代初，相对于信用卡盛行的欧美西方国家，在中国使用国外信用卡仍处于一种尴尬的过渡期间。由于国内商户对信用卡比较陌生，而且没有相应受理机具，外国持卡人使用信用卡购买商品消费时，只能先到附近的中国银行网点取现，然后回到商店一手交钱、一手交货。

面对国外持卡人的困惑与尴尬，中国银行员工感同身受。他们认为，代理信用卡取现业务只是初

---

① 戴维·S·埃文斯，理查德·司默兰. 银行卡时代——消费支付的数字化革命［M］.2 版.北京：中国金融出版社，2006：84—85.

步探索尝试，中国银行必须建立中国信用卡特约商户市场，拓展信用卡刷卡消费功能，为持卡人提供更快捷、便利的的服务。

　　为了与国际标准接轨，在第一个代理外卡取现协议签订三年以后，中国银行又迈出了代理直接购货业务的第一步。1982 年 8 月，经多次磋商，中国银行与香港南洋商业银行签订了《中国银行受理发达卡直接购货协议》，由此，中国银行开启了境外信用卡在大陆地区直接购货的序幕。随后，中国银行相继签署了一系列代理直接购货业务协议。

　　1982 年 10 月，中国银行与日本东海银行签订了"中国银行受理百万卡直接购货协议书"；1982 年 10 月，与日本三和银行和 JCB 公司签订了"中国银行代办 JCB 卡取现和直接购货协议书"；1982 年 10 月，与香港汇丰银行签订了"中国银行代理万事达卡和维萨卡直接购货协议书"；1983 年 1 月，与美国运通公司签订了"中国银行受理美国运通卡直接购货协议"；1983 年 3 月，与美国花旗银行签订了"中国银行代理大莱卡取现和直接购货协议书"。

　　通过签订一系列直接购物协议，信用卡在中国的发展进入了一个新阶段，在商场或宾馆等场所消费的信用卡持卡人，在中国可以享受到与西方国家同样的直接持卡消费便利条件。

▲ 渣打银行存放备用金账户票据（向收单行付款）

※ 拓展商户受理市场

　　事实上，信用卡取现付款只是解决临时用款的应急措施，而信用卡的基本功能是直接刷卡消费，基本当事人有三个：发卡机构、持卡人和特约商户，三者互为作用，缺一不可。发卡机构的信用卡必须得到一定数量的商店、饭店、餐厅等单位认同，这样可以使来店消费的客户感受到方便快捷的支付方式，才能吸引更多的客户成为持卡人；同时持卡人越来越多，才能促使更多的商店、饭店、餐厅等单位成为特约商户，发卡机构才能通过信用卡获取更多的利润。

　　当中国银行与国外的银行和信用卡公司签订了代理国外信用卡直接购货业务协议后，便开始着手在中国发展信用卡特约商户网络。作为中国信用卡产业的先行者，中国银行开拓商户需要从零开始。

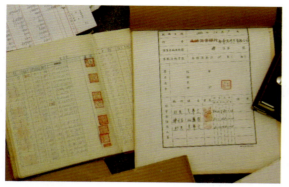

▲ 早期手工账簿

首先理念上存在差异。一直以来，中国商品经济遵循着"一手交钱，一手交货"的传统理念，习惯了现金落袋为安的国人必然难以接受信用卡。而且，相对于传统收付现金程序，信用卡刷卡消费较为繁琐复杂，需要查看黑名单、有效期、核对签名、识别真伪，甚至还要承担遭遇假卡盗卡等风险损失，必然会使很多人望而却步。此外，按国外同业惯例，为弥补银行运营成本支出，接受信用卡的各个单位需要支付一定的手续费（通常为交易额的1%—4%）给银行。而在当时，中国的酒店、商场属于卖方市场，酒店和商场不愁客源，即使暂免手续费，商户也不愿意接受信用卡，几乎所有商户都认为，如果代理信用卡，中国银行应当给代理商户付费。

其次技术上相对落后。20 世纪 70 年代末，国外银行已经将计算机设备应用于信用卡交易，而国内科技通讯水平不发达，信用卡业务处理还处于"手工作坊"阶段。

▲ 老式手动压卡机

授权和记账都是人工操作。当客户刷卡消费时，收银员要认真查阅厚如字典的黑名单，逐条核对，确定客户没有不良信用记录后，才能刷卡消费。而且，当时没有电子授权网络和 POS 机，只能通过压卡机进行消费。收银员要把信用卡平放在压卡机的卡座上，然后按住滑轮用力下拉，将卡片上凹凸不平的卡号、姓名、有效期等个人信息通过复写纸压印在签账单上，作为消费凭证。这样整套程序下来，收银员耗时耗力，自然影响工作效率和服务质量。

面对上述困难，中国银行迎难而上，继续开拓商户受理市场。通过分析调研报告，中国银行采

▲ 西苑饭店中行外币兑换点正为客户办理信用卡业务

取"曲线救国"策略，先后在外国游客密集的酒店、商场、机场等处开辟信用卡临时兑换点，方便外国游客持信用卡到就近兑换点兑换现金，再到酒店、商店等商户柜台用现金结账。这种工作模式虽然较为繁琐，人力成本较高，但方便信用卡持卡人就近办理取现业务，同时也让商户看到了信用卡使用的客户需求和操作流程，逐步增加了商户对信用卡的认识和了解。

除了设立兑换点，中国银行员工还主动前往各大涉外宾馆、饭店、餐厅和商店，介绍信用卡业务，宣传受理信用卡的优点等。

早期商户开拓相关内容摘录

可提高单位的知名度，扩大单位在国内外的影响。

中国银行建立特约商户是有选择的，都是经营良好、信誉较佳，与持卡人消费水平相当的单位。中国银行和委托行为便于持卡人掌握各地特约商户情况，会定期印制特约商户消费指南，并以各种形式宣传、介绍特约商户情况，无形之中替特约商户做了广告宣传，提高了它在国内外的知名度。

有利于特约商户的发展，可促其扩大销售，增加营业额和利润。

特约商户关系一旦建立，持卡人即可前去购物、消费，特约商户的营业额和销售利润会自然而然地增加。从消费心理上讲，持卡人凭卡支付消费，不受现金心理的约束，易成交。特约商户每天业务终了将单据交到中国银行，资金将立即得到补偿，加速了资金周转，从而提高了资金使用效益。特约商户通过受理信用卡，可以密切与持卡顾客的关系，使持卡顾客经常光顾，增加回头客的数量，从而增加营业收入。

有利于提高特约商户的工作效率，节省费用开支，确保资金安全。

信用卡的受理技术一直在不断进步，特约商户受理信用卡的手续也非常简便，交易金额一经确定，特约商户经办人员即可用卡压单并在签购单上填写交易金额，然后请持卡人签字，交易即告结束，从而免除了点钞的繁重劳动，节省了人力，同时避免了收受假钞所产生的损失，使交易更为简便、快捷、安全。特约商户与银行结账也非常简便，只要将一天的交易汇总，送交银行，银行就会主动贷记其账户。从交易到入账的全过程，全部凭单据办理，减少了现钞的流行，降低了送钞风险。总之，受理信用卡不仅可免除现金交易所带来的种种弊端，而且还可大大减轻财会人员的工作压力，并相应节省了人力，从而减少了费用开支，提高特约商户的经济效益。

※ 签约首批特约商户

随着我国改革开放的逐步深入，中国开始兴建第一批的中外合资酒店，这些酒店率先接受了信用卡凭卡消费结账的方式，如广州的白天鹅宾馆、北京的建国饭店、上海的友谊商店等，这些都是当时在中国第一批接受信用卡的酒店。受理信用卡后，这些商户普遍营业额上升，利润增加，在国内外客户中的知名度也得到提高。信用卡交易额从开始时占营业额的百分之几发展到后来的百分之十几，有的大饭店信用卡交易额更发展到营业额的 50% 以上。

事实胜于雄辩，国内许多涉外宾馆、饭店、餐厅、商店逐渐由最初不愿意受理信用卡转变到后来主动向中国银行申请受理信用卡业务。由于酒店、商场的竞争日渐激烈，为了增加竞争优势，越来越多的非涉外单位也主动找到中国银行要求开通信用卡刷卡渠道，国内的特约商户市场逐步建立起来。

中国银行成功签约首批特约商户，是中国信用卡业务发展的成功突破和必由之路，为持卡人节省了取现手续费，提高了工作效率，持卡人也充分感受到信用卡无需取现、直接刷卡消费的快捷便利。

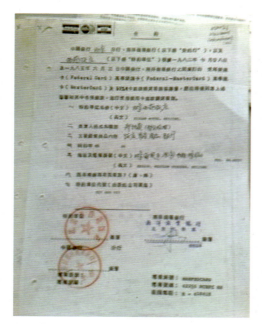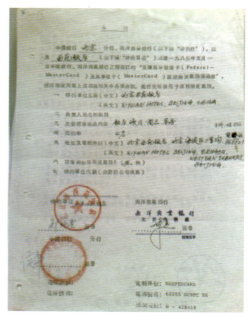

▲ 北京分行第一批饭店类签约商户—西苑饭店合约

这是中国信用卡市场第一次真正实现了信用卡金融功能，使中国信用卡业务第一次与业界同行真正接轨。中国银行也凭借最早开展外国信用卡的收单业务，取得了外卡收单业务的先发优势和市场优势，奠定了其在国内业界的绝对领先地位。

第二章
中国第一张信用卡诞生
1985—1986

作为改革开放后实施的第一个五年计划，"六五"（1981—1985）期间我国贯彻"调整、改革、整顿、提高"的方针，进一步解决了阻碍经济发展的各种遗留问题，全国经济和社会面貌发生了深刻变化。五年中，国民生产总值平均每年增长10%，城乡居民收入大幅度增长，农民人均纯收入平均每年增长13.7%，城镇职工家庭人均收入平均每年增长6.9%（扣除物价上涨因素），进出口贸易总额合计达到2300亿美元，比"五五"时期翻了一番，有中国特色的社会主义建设取得了举世瞩目的成就。[①] 特别是1984年10月，中共十二届三中全会通过了《中共中央关于经济体制改革的决定》，明确提出社会主义经济是公有制基础上的有计划的商品经济，要进一步贯彻执行对内搞活经济、对外实行开放的方针，加快了以城市为重点的整个经济体制改革的步伐。

1985年，信用卡在中国的受理市场已经成长了六个年头，中国银行秉承"积跬步，至千里"的踏实态度，一路走来，一路收获，积累了信用卡运营的宝贵经验。特别是国务院《关于中国人民银行专门行使中央银行职能的决定》出台后，以中央银行为统领、分设四大专业银行的体制建立起来，中国银行被确定为国家外汇专业银行，在发展信用卡业务方面中具备了得天独厚的优势。同时，改革开放政策的实施，使我国的国民经济得到迅速发展，国内市场逐步繁荣，商品交易日趋活跃，由此带来了信息、产品、资金、人员的大流通，传统结算方式已无法满足人们的支付需求，客观上更加安全方便的新型支付方式呼之欲出。此外，计算机和通讯技术在国内的发展和应用，为信用卡业务提供了技术保障。

第一节　中国第一张信用卡——珠海中银卡

伴随改革开放的推进，中国银行认识到中国经济腾飞对国内结算方式提出了新的需求，日益兴起的旅游市场也必将吸引更多外国游人持卡来华消费。同时，经过6年代理国外信用卡的实践积累，中

---

① 引自1986年3月25日在第六届全国人民代表大会第四次会议上《关于第七个五年计划的报告》。

▲ 中国银行珠海分行旧址

国银行已经完全掌握了信用卡业务流程和操作模式。因此，伴随着国家经济政策的开放、国内市场对信用卡的需求、国外可供借鉴的信用卡业务经验以及国内科技发展和应用提供的技术保障，中国银行开始寻求由收单方向发卡方角色的转变。在此过程中，中国经济比较发达的前沿城市，例如北京、珠海、广州、天津等地的分行，都跃跃欲试筹备发行自己的信用卡，在历史的必然选择中，一个偶然的机遇促使中国第一张信用卡在珠海诞生了。

※ 缘起赴港探亲

80年代初，中国银行珠海分行员工周炳志赴香港探亲，期间，哥哥带着他逛商场购物，无论在哪里，结账时哥哥只向商家出示一张信用卡，即可进行支付结算，完成购物消费，无须去银行柜台结算。而当时在中国内地，无论单位物资采购，还是老百姓吃穿住行，各种支付基本都通过现金结算方式，社会大众视野里没有钞票以外的支付工具。虽然周炳志在银行工作多年，对中国大陆代理国外信用卡业务有初步的了解和认识，但是信用卡支付的方便、快捷，以及信用卡直接在ATM上取现还是给他留下了深刻印象，他敏锐意识到这种新生事物的发展潜力，便有意收集了一些信用卡的申请表和相关资料，全部带回珠海。

一次，周炳志与时任珠海分行行长顾广闲谈，说起了在香港探亲期间的所见所闻。顾广行长听后很感兴趣，着重询问了信用卡消费和提款等情况。凭借多年的业务直觉，顾广行长认为中国内地开展信用卡业务的时机已经到来，考虑到珠海分行多年代办国外信用卡，已经具备了在珠海地区尝试发行信用卡的业务基础，顾广行长立即召集珠海分行存汇科相关同志进行可行性研究，形成了在珠海地区发行信用卡的可行性报告，将珠海分行试办信用卡业务的计划逐级向上级部门作了汇报。

中国银行总行批准珠海分行发行信用卡过程中，存在较大分歧，反对方认为：当时的中国经济环境不适合发行信用卡，因为中国几千年来储蓄为主、量入为出的传统观念根深蒂固，难以接受超前透支消费的支付理念。而且，国内市场各种商品十分紧俏，属于卖方市场，月工资在几十元左右，不会有人使用信用卡。面对质疑，时任中国银行总行副行长李裕民认为，在改革开放的大环境下，中国必将从卖方市场转变为买方市场，立足当前、放眼未来，信用卡必将成为银行金融业务中不可或缺的重要产品。在李裕民副行长的积极推动下，中国银行总行最终作出了顺应历史发展的决定——自主发行中国自己的信用卡。

▲ 珠海中银卡首批商户之一（石景山大酒店）

当时，中国信用卡业务处于起步阶段，中国银行没有对口业务部门。为此，中国银行总行决定由国际业务部非贸易处作为信用卡主管部门，承担国内信用卡业务开发、拓展和管理工作。因此，此项工作重担就落在了非贸易处刘绮华、张联利、乔国卫等几位同志肩上。为贯彻落实中国银行总行领导的指示精神，非贸易处全体同志多方收集信用卡相关资料，深入学习调研，并多次到珠海分行实地考察指导，研究中国银行发行信用卡的可行性和操作性，全力推动中国银行信用卡业务向前发展。

▲ 中国银行总行、珠海分行第一代信用卡人再聚首，前排居中为张联利，后排左 4 为周炳志。

在中国银行总行的支持下，珠海分行成立了顾广行长担任组长，方莹（时任科长，筹备小组具体负责人，已离世）、齐智海（后离行）、周炳志（退休）、黄武驱（后离行）、韦保平（退休）、曾燕媚（退休），陈贞旭（后离行）等同志参加的信用卡筹备小组，在珠海地区开展前期的市场调查、宣传，草拟信用卡业务管理办法、操作流程、信用卡章程等规范，并着手准备成立具有独立法人资格的信用卡公司，作为珠海分行发行信用卡的组织机构。

※ 成立信用卡有限公司

当时，对珠海分行而言，发行信用卡是一次从无到有的全新尝试，没有任何经验可以学习借鉴。而且，改革开放初期，珠海地区民营企业不多，市民普遍收入不高（人均月收入几十元）、对信用卡这一新生事物全然不知。面临诸多困难，珠海分行信用卡筹备小组坚定信心，认真筹备各项前期工作，挖掘现有资源，调动一切积极因素，为发行信用卡做好准备。

历时半年之久，在中国银行总行的大力支持下，筹备小组各项准备工作基本就绪。1985 年年初，珠海分行向珠海市人民政府提交了关于发行信用卡和成立信用卡公司的请示，并得到了市政府主要领导的支持，1985 年 1 月 11 日，市政府批复同意珠海分行成立了"珠海市信用卡有限公司"。当时，珠海市信用卡有限公司注册资本为人民币 100 万元、美元 100 万元，属于独立核算，自负盈亏的国营法人企业，其核准的经营范围主要包括各种信用卡、票据的结算，有关信用卡的存、放款，自动存、取款，工资转存、分期付款，承包信用卡电脑软件工程等。中国银行总行也多次派人到珠海分行调查研究、指导工作，对此项工作给予了极大的关注和支持。

珠海市信用卡有限公司是国内第一家信用卡公司，与最早尝试独立运作的招商银行相比，时间提前了 16 年。相比今天，虽然信用卡公司组织结构不健全、运行不规范，但作为中国银行业的第一家信用卡公司，其在信用卡方面的积极探索无疑给中国信用卡产业的未来发展明确了努力目标和战略方向。

珠海市信用卡公司成立后，珠海分行面向社会发行信用卡被列入了议事日程。为开拓信用卡市场，小组成员乘摩托车跑遍珠海地区，向商户派发宣传单、信用卡申请表，并与珠海的石景山旅游中心、珠海宾馆、拱北宾馆等几家外资酒店、合资酒店签订了受理分行信用卡协议。按协议规定，上述酒店全面受理珠海分行信用卡业务，珠海分行则负责提供压卡机、签购单，并委派银行员工为酒店收银员进行信用卡业务全程培训。随后，筹备小组成员自行设计信用卡行徽图案、宣传彩页和操作手册，并从日本、中国香港等地进口了打卡机、刷卡机、电脑等硬件设备，为发行中银卡做好了必要准备。

※ 中国第一张信用卡

1985 年 3 月，珠海分行向本行员工试发行了中银卡，首批中银卡约发行 200 张，主要用于本行员工的工资发放。试发行期间，本行员工申办中银卡没有预存保证金和起存款项的限制。

▲ 中国银行珠海分行中银卡金卡、普卡

1985 年 6 月，中国银行珠海分行发行了国内第一张人民币信用卡——中银卡，该款信用卡分为金卡和银卡两种，限于珠海地使用，卡面分别对应红白金和红白灰三色，其中，上部分包括信用卡的标识（春秋战国时期的布币图案）及郭沫若题词的"中国银行"；下部分包括银行卡号码、有效期、持卡人等信

▲ 中国第一台手动打码机

息。中银卡背面是磁条、签名条和文字说明，其中磁条为虚拟磁条，无法联机使用，操作时需要压卡才能取现或消费。该卡允许透支，发卡范围为本行职工及家属、具备一定规模的个体经营户、从事进出口贸易的公司、企业等，申请人提交申请时，同时需要珠海本地的公司、企业或有固定职业、收入的本地居民进行担保。按信用卡章程规定，金卡每户开户起存数为 1000 元，允许透支金额为 1000 元，取现限额为 800 元，

▲ 中国银行早期压卡机

年费为 30 元；银卡每户开户起存数为 300 元，允许透支金额为 300 元，取现限额为 200 元，年费为 10 元。存款按月息 2.4‰ 计息，透支按月息 7.2‰ 计息。

珠海分行中银卡的推出，适应了珠海特区经济发展的客观需要，市场反应十分积极。发行一个月后，珠海分行发展了 22 家中银卡特约商户，发行卡片 454 张，取得了良好的经济效益和社会效益。

※ 中国第一台人民币自动柜员机（ATM）

中国第一张信用卡首发成功后，为完善珠海地区用卡环境，加速分行支付系统建设，珠海分行立即着手实施第二步计划，酝酿从国外引进中国第一台银行自动柜员机。

1985 年，珠海分行与美国飞利浦公司进行接洽，就 ATM 报价和应用软件等问题进行沟通，并将引进自动柜员机事宜向广东省分行、珠海市人民政府等部门请示，取得了上级相关部门的支持。经过细致安排和充分准备，1986 年，珠海分行首批购置了 4 台自动柜员机，引进了我国第一代银行无人自助服务终端，并邀请 2 名香港技术人员进行硬件维护和软件开发，对珠海分行员工进行培训、指导。一个多月后，自动柜员机安装完毕并调试成功，在珠三角地区引起了轰动。在 ATM 成功安装剪彩仪式上，珠海市市长和飞利浦公司中国区域总裁出席并致辞，场面隆重壮观。仪式结束后，珠海分行员工现场分发

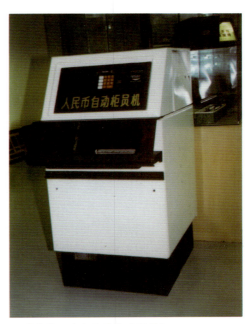
▲ 国内第一台人民币自动柜员机

中银卡宣传单和申领指南，指导持卡人操作 ATM 取款，现场感受自动柜员机的便捷操作，进行了一次较为成功的 ATM 宣传和信用卡营销。

因为香洲是珠海最繁华的地段，有两个交易量最大的农贸市场，是市民的主要消费场所，而且香洲区供电、通信设备比较完善，便于自动柜员机使用和后期维护，首批 4 台自动柜员机全部安装地选在珠海市香洲区。

自动柜员机的设计灵感来源于朱古力售卖机

1965 年一个周六，因为比营业时间迟了一分钟才赶到银行，谢菲尔德·巴伦无法提款。后来他从朱古力自动售卖机得到灵感，想到为何不发明一部可在世界各地提供现款的机器。

世界上第一部柜员机于 1967 年 6 月 27 日诞生，安装在英国北伦敦的巴克莱银行分行。当时塑料提款卡尚未面世，银行客户要使用一种经过化学加工的特殊支票来提取现金。客户把支票放入提款机抽屉，输入个人密码，提款机的另一个抽屉便会开启，提供十英镑面额钞票。

巴伦并没有因为发明 ATM 机而获得任何物质上的奖励，也没有申请过专利。只是在 2005 年，凭借"对银行业的特殊贡献"，他被授予一枚帝国勋章。

珠海分行推出ATM服务后，打破了国内存取款必须到银行柜台的传统做法。限于当时电脑通讯设备不足，珠海分行发行的提款卡并未实现联网，仅在当地的储蓄所使用。

▲1986年办理自动柜员机业务方案手稿

※ 换发第二版中银卡

随着中银卡使用环境的逐步改善，珠海分行决定改版第一版中银卡，发行可与计算机联网通用，并可在ATM使用的磁条信用卡。1986年初，珠海分行确定了中银卡改版方案，即在原有卡面的基础上，对中银卡进行两处重要调整：一是在中银卡正面增加了珠海市地标"珠海渔女"的图案，卡面渔女姿态优雅，神情喜悦，手擎明珠，寓意向人类奉献珍宝，向世界昭示光明。珠海渔女雕像是珠海城市的象征，通过改版，中银卡更好地体现了金融文化和地域特色。二是中银卡背面增加了可联机使用的磁条，能够与珠海分行计算机系统和自动柜员机系统联机使用。

1986年12月，珠海分行发行了第二版中银卡，因卡面为珠海渔女图案，俗称"渔女卡"，并于1987年2月面向社会推广，持卡人可以在有效期内继续使用第一版中银卡，也可以持本人身份证及第一版中银卡到珠海分行办理销户手续，结清账户余额，同时申领第二版中银卡。

按章程规定，珠海分行明确了中银卡号码排列规则，该卡号码共计13位，分为三部分，第一部分4位号码，根据中国银行总行确定的珠海分行行号联行号确定，即7638；第二部分3位号码，以此区

▲ 中国银行珠海分行中银卡第二版金卡、普卡

分金卡和银卡，金卡号码是 111，银卡号码是 011；第三部分 6 位号码，代表持卡人账号。

中银卡发行期间，按珠海分行规定，珠海分行内部员工可申领中银卡，作为内部员工卡使用。其中，银行普通员工可申领银卡，高级管理人员可申领金卡。而且，银行员工可为其直系亲属相应办理级别的中银卡作为员工卡的附属卡。

为方便珠海分行员工的工资发放和存取，银行员工分别领取了中银卡银卡作为工资卡，并以员工内部工号为该卡账号，共计 4 位。员工凭卡按月领取工资，也可在柜台或 ATM 取现。后期，珠海分行自行设计印制了第二版员工工资卡。该卡版面以珠海分行大楼为背景，印制员工姓名和内部工号，并在卡面右边贴有银行员工本人照片。该卡为中国第一张，也是唯一一张卡面贴有相机拍摄照片的银行卡。

▲ 中国银行珠海分行员工工资卡

当时，信用卡业务属于新生事物，国内没有专业卡厂制作卡基。为节约业务成本，珠海分行在满足中银卡日常申领发放的基础上，充分利用第二版中银卡卡基，制作了部分银行柜员出纳卡，供柜台员工办理存取、结汇、转账等业务时使用。

从产品性质上来看，中银卡既不是借记卡、支付卡，也不是国外通用的信用卡，其具有鲜明的中国特色。究其原因，20 世纪 80 年代，国家不允许贷款给个人，中国也没有个人征信记录，所以持卡人申领中银卡，必须先开立存款专户，事先存入足额备用金。后来银行业将此类卡命名为"准贷记卡"，这个名词只在中国出现，是适应中国国情的信用卡创新产品，是为中国人量身定制的，具有中国特色

▲ 中国银行珠海分行柜员出纳卡金卡、普卡

的信用卡。

实践证明，珠海分行将先进的"电子货币"雏形引入中国，开启了中国银行卡产业的先河，改变了中国几千年的传统支付方式。此后，随着国内信用卡产业规模的扩大，逐步实现了减少货币投放，降低了资金循环成本，推动社会向全新的支付方式转变，带动了中国银行业向更高层次的发展。

在当时，这些平凡、普通的中国银行员工们或许没有意识到自己开创了新的历史，虽然创业初期

背景链接：近年来，国内多家媒体先后对珠海分行发行的中国第一张信用卡做过专题报道，并刊登了中银卡金卡和普卡两张图片。从图片看，该卡卡面持卡人位置凸印6位数字，无姓名拼音。为此，笔者进行了考证。据珠海分行介绍，2008年12月16日，珠海市委、市政府在市体育中心体育馆隆重举行珠海市纪念改革开放30周年大会，包括珠海分行成功发行了中国第一张信用卡等内容。活动中，珠海特区报等多家媒体对此进行宣传报道，因找不到中银卡实物，珠海分行找到当年剩余的中银卡版卡打码，供宣传部门报道纪念活动使用。

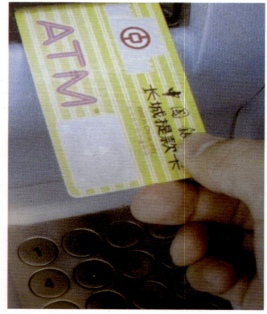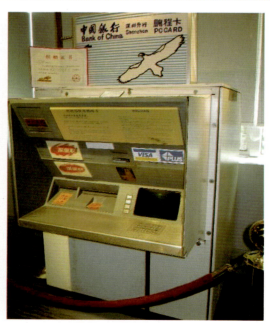

▲ ATM 长城提款卡　　　　　　　　▲ 深圳分行早期引进的 ATM 机

他们甘于奉献，从未佩戴勋章和鲜花，但作为中国信用卡产业的奠基人和见证者，他们的足迹已经在中国金融史上留下了浓墨重彩的一笔，他们是中国信用卡产业永远的无冕之王！

第二节　中国第一张长城卡——北京长城卡

※ 国内外汇券制度

改革开发以来，国家对外经济、文化交流活动日益频繁，来中国工作、旅游的外国人、华侨、港澳台同胞逐年增多，专门为其服务的单位机构也应运而生，外币也逐步进入中国。而我国实行的是单一货币政策，人民币是中国唯一的流通货币，其他外币在中国流通都是非法的，当时很多单位和个人，为了获取利益，大量倒卖外汇，严重扰乱外汇市场，给国家造成巨大损失。为了适应社会主义新形势下的经济发展，加强外汇管理工作，为国家储备更多外汇，经国务院批准，授权专门负责外汇兑换工作的中国银行独家发行可在全国涉外服务相关单位使用的外汇兑换券。

外汇券，全称中国银行外汇兑换券，俗称"外汇券"，为中国银行发行，曾在中华人民共和国境内流通、特定场合使用，面额与人民币等值的一种特定货币，外汇券自 1980 年 4 月 1 日开始流通，1995 年 1 月 1 日停止使用。面额分为 1 角、5 角、1 元、5 元、10 元、50 元、100 元 7 个券别，全套总面额为 316.6 元。外汇券分 1979 年版和 1988 年版两种，其中 1988 年版只有 100 元和 50 元两种面值。外汇券与人民币等值交换使用，可以方便外国人、华侨、港澳台同胞在中国内地的消费活动，可以随意在中国各地的指定地方，购买只供外汇券使用的紧缺免税商品，出行、住宿都可以使用，而且可以携带出境，随时到指定银行兑换成外币，或留着以备下次来华时使用，不受时间和地方的限制，很多外国人当时都管外汇券叫"旅游货币"。因为其流通性更为广泛，所以更加受到欢迎和喜爱。

在当时，外汇券是人们梦寐以求的一种有价票据，同时具有货币的基本功能，更是一种尊贵身份的象征。同时，外汇券在人民币和外币之间也起到了重要的桥梁作用，为活跃人民币与外币的交流，提高人民币在国际间的地位，增加国家外汇收入和储备，做出了重要的贡献，更为后来中国银行北京分行发行外汇人民币长城卡，奠定了深厚的基础，其影响极其深远。

▲ 中国银行外汇兑换券

※ 成立信用卡筹备小组

国家实行外汇券管理制度以后，指定中国银行独家开展外汇券兑换、管理业务。事实上，北京作为中国的首都，也是中国经济和文化交流中心。当时有 3000 多家在京公司、商社具有涉外往来业务，这些公司、商社均在中国银行北京分行开户，日常工作中的商务支出、消费支出，包括购买飞机票、饭店消费等全部需要外汇券结算，对外汇券数量需求较大。同时，由于外汇券清点量较大，也存在账务管理和人员成本过高等问题。

针对外汇市场的实际需求，北京分行审时度势，前往部分拥有涉外业务的驻京公司、商社开展调研。经大量走访，北京分行认为凭借本行多年代理国外银行信用卡的经验，可以将外汇券兑换业务作为切入点，自主发行信用卡。这样既能满足公司、商社对外汇券的使用需求，又能丰富结算方式、提高工作效率、降低工作成本，方便北京地区具有涉外业务的公司、商社和工作人员的支付结算需要。随后，中国银行北京分行业务部胡扶农会同分行研究室主任李芬，起草了《关于中国银行北京分行发行外汇人民币卡的可行性报告》，该报告得到了时任行长石建增和分管副行长韩志义的赞同和支持，决定北京分行自主发行满足外汇支付结算业务的信用卡。

根据分行决定，北京分行业务部专门成立了外汇人民币卡筹备小组，由业务部负责外汇券兑换工作的胡扶农（后离行）牵头负责，并根据工作需要从相关部门抽调 4 人，分别负责信用卡市场拓展、信用卡设计制作、支付结算系统开发等任务。至此，北京分行外汇人民币卡筹备工作正式启动。

初期，筹备小组成员走访了大量驻京涉外公司、商社和商务人员，宣传推广北京分行的外汇人民币卡。从信用卡发展历史看，欧美地区的信用卡业务较为成熟，该地区人们普遍接受信用卡作为金融支付手段，但由于历史习惯和交流障碍，驻京欧美公司、国内领事馆及欧美地区来京人员对北京分行外汇人民币卡并不认可；与此相反，驻京日本公司、商社和其他国内涉外公司对此持欢迎态度，如常驻北京饭店的日本三菱商社，拥有员工一百多人，日常财务现金管理成本较高，认为外汇人民币卡能够很好满足该商社降低资金投放量的需求，商社将来可以在北京分行开户，为公司员工申办外汇人民币卡，满足购买飞机票、酒店消费、商场购物和日常财务管理的需要。

与此同时，筹备小组也着手支付清算系统开发工作。当时，北京分行尚未普及电脑，少量电脑主要用于账务管理系统。为此，筹备小组从电脑部抽调了专业技术人员专门从事外汇人民币卡软件开发，经多日加班加点、编程测试，最后成功开发了外汇人民币卡的支付系统，满足了外汇人民币卡的支付

▲ 中国银行北京分行

结算需要。

随着工作的整体推进，筹备小组针对外汇支付需要和地域文化特点，提出了拟将长城、地球、熊猫、牡丹等作为外汇人民币卡品牌的建议，并向中国银行总行做了专题汇报，最终中国银行总行选定"长城"作为北京分行外汇人民币卡的品牌。之所以选择长城，是因为作为世界第七大奇迹，长城是中华民族的骄傲，她象征着中国的古老文明和智慧，而中国银行正朝着金融现代化和国际化方向，全力拓展信用卡业务，两者结合代表着长城和中国银行都是中国的骄傲，两者实现了古代文明和现代文明的和谐统一。

北京分行长城卡版面设计延续了珠海分行中银卡的风格，卡面分为上下两部分，上面三分之一部分为行名、标识区域，下面三分之二部分为长城卡正面风光，并将长城卡左上角的布币换成了长城徽章图案。此后，为选取卡面所用的长城风光背景，筹备小组成员韩原忠（后离行）多次前往长城拍照取景，但效果不佳，故卡面背景迟迟未能确定。后来，筹备小组前往北京友谊商店拍摄大厅墙壁悬挂的长城风光壁毯，此地毯为羊毛编制而成，画面风格古朴典雅、庄严厚重、磅礴大气。最后，筹备小组选定壁毯上的长城风光作为外汇长城卡版面的背景图案。

※ 中国第一张长城卡正式发行

1986 年 6 月 1 日，中国银行北京分行正式发行了外汇人民币长城卡。该卡分为单位卡和个人卡，有效期是一年，长城卡发卡对象是外国长期驻华机构及个人、三资企业及个人、国内企事业单位及个人，短期来华外宾、港澳台同胞及国内机构或个人，申领该卡时 1000 元起存，上不封顶。在中国银行北京分行开户的涉外公司、商社申办成功后，可以持有国家外汇管理局批准的外汇三联单、人民币支票到北

▲ 中国银行北京分行外汇人民币长城卡

京分行办理业务，将外汇人民币存入卡内，用于购买飞机票、酒店消费和商场购物，其中，消费金额不超过 300 元，无需北京分行授权；超过 300 元的，受理单位将使用压卡机，对外汇人民币长城卡压单操作，并在签购单上填写消费金额，得到北京分行授权后进行交易。

按外汇人民币卡章程规定，卡码由三部分组成，开头号码是 4 位号码，固定为 8140，这是中国银行分配北京分行的外汇账户号码，也是北京分行的外汇人民币科目账号；中间部分是 7 位号码，为在京有涉外业务的公司、商社在北京分行的开户账号；最后部分为 3 位号码，为公司、商社中持卡人的账号，同一公司内部持卡人账号按序排列。（根据前期调研结果，在京有涉外业务的公司、商社有三千余家，但最大规模的公司员工只有一百余人，北京分行确定尾号保留 3 位号码，足以满足公司、商社工作人员数量的需要）同时，为了符合中国对外汇管理的相关规定，适应国家外汇管理政策，北京分

▲ 中国银行北京分行外汇机票专用卡

行在部分外汇人民币卡的正面打上字母 CAAC 的字样，表明此卡仅限于购买飞机票，不能进行酒店消费和商场购物。在一定意义上，此卡也是中国第一张银行专用卡。

北京分行外汇人民币长城卡发行以后，取得了较好的社会效益和经济效益，业务量逐月上升。据统计，当年底外汇人民币长城卡交易额达 100 万元，北京市内长城卡特约商户近 100 个。

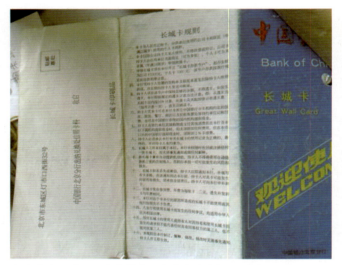

▲ 北京分行首批长城卡持卡人办卡申请表（1986 年）

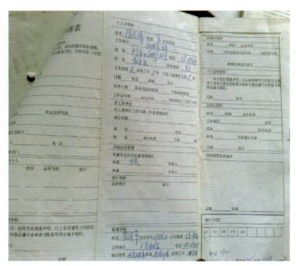

※ 青岛分行代理发行长城卡

北京分行外汇人民币长城卡发行后，社会反响强烈，经济效益明显。中国银行总行也面向全国推广介绍了北京分行的先进做法和好的经验。此后，天津、上海、广州、珠江等分行陆续来京学习长城卡兑付业务，其中，青岛分行尤为积极主动。事实上，青岛是我国首批沿海开发城市，也是我国 15 个经济中心城市之一，一直是山东经济发展的龙头城市，有很多国外公司、商社和商务人员入驻青岛，涉外商贸活动频繁，因此，对于外汇兑换、使用，尤其是购买飞机票方面有强烈的需求。经多次交流，北京分行与青岛分行达成了外汇人民币长城卡合作协议，即青岛分行作为北京分行的代理行，借助北

▲ 中国银行青岛分行外汇长城卡

京分行的硬件和软件系统，在青岛地区推广外汇人民币长城卡，两行之间根据相关代理协议进行结算。此后，长城卡开始走向全国。此卡借用北京分行长城卡，只是在卡面右下角凸印"QD"字样，以示区别。

※ 推广长城卡兑付业务

当时，中国银行总行认为，国内信用卡业务应当试点先行，条件成熟后再逐步拓展，而北京分行发行的长城卡支付快捷，效果明显，应当在全国范围内予以推广，尤其是长城卡的兑付业务。凡是国外信用卡的兑付点也应当是长城卡的兑付点，以便北京分行发行的长城卡可以在全国通兑，能够为持卡人提供优质便利服务。同时，总行发布通知《(86) 中业字第 367 号》，决定将北京分行发行的长城卡作为中国银行系统的信用卡品牌，并要求北京分行接到通知后，将本行发行的长城卡卡样、各类凭证、业务手册、宣传广告等材料寄至中行营业部及各管辖分行。

当年年底，中国银行总行在全国范围内发行了人民币长城卡，因此，北京分行出现了外汇人民币长城卡与人民币长城卡双卡并存、同时使用的局面。两张卡虽然功能不同，一张卡属于人民币账户，另一张卡属于外汇人民币账户，但两个账户能够互补通用，共同服务于涉外商务和国内商务的支付结算。1993 年 12 月 29 日，中国人民银行发布公告，1994 年 1 月 1 日外汇券停止发行，并于 1995 年 1 月 1 日起停止流通。伴随外汇券退出市场，北京分行外汇人民币长城卡也随之结束历史使命，退出了历史舞台。

※ 发行江门如意卡

中国第一张信用卡在珠海分行诞生后，在珠三角地区引起了强烈的反响和轰动，该地区各家银行纷纷到珠海交流，学习珠海分行发行信用卡的经验和运营模式。当时，江门距离澳门很近，涉外宾馆较多，外贸活动频繁（明清开始，江门即为西江南路对外贸易的水路交通枢纽和商品流通中心），有自主发行信用卡的客观需要。同时，中国银行江门分行多年代理外国信用卡，在组织机构、人员保障、信用卡操作模式方面也有一定的经验。在珠海分行的支持下（时任中国银行江门分行行长龚灿耀与珠

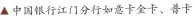
▲中国银行江门分行如意卡金卡、普卡

海分行行长顾广为同班同学），江门分行指定存汇科承担信用卡发行工作，具体工作由科长郑孝辉负责。经过一段时间调查研究和具体实践，1986 年底，中国银行江门分行也发行了自主品牌信用卡——江门如意信用卡。

※ 受理万事发达卡

1985 年 5 月 1 日，为适应国内旅游事业的发展，香港南洋商业银行发行了万事发达卡（FEDERAL MASTERCARD）。1985 年 6 月 7 日，中国银行总行与南洋商业银行签订了万事发达卡、万事达信用卡取现业务及直接购物业务协议。同意各代办行办理万事发达卡（FEDERAL MASTERCARD）的同时，其他万事达卡（MASTERCARD）取现和直接购物的签购单据可通过香港南洋商业银行办理清算手续（香港汇丰银行发行的 MASTERCARD 除外）。信用卡结算以外汇人民币为单位，持卡人每天在同一代办点使用信用卡，取现金额不得超过 500 元，如果持卡人兑现超过限额，代办行可在限额 10% 范围内先行支付。

※ 印制长城卡黑名单

为适应信用卡业务的发展，按照"集中管理、节俭开支"的原则，1987 年 8 月 15 日起，中国银行总行决定统一印制长城卡黑名单，每月印发两次，每月 5 日和 20 日为印发日期，而发卡行应于每月 1 日和 16 日前将本行的长城卡遗失卡、被窃卡、假卡报至总行国际部，并将本行发现的长城卡遗失卡、被窃卡、假卡及时通知相关发卡行。

第三节　中国第一张全国通用的长城卡

作为改革开放后实施的第一个五年计划，"六五"（1981—1985）期间我国贯彻"调整、改革、整顿、提高"的方针，进一步解决了阻碍经济发展的各种遗留问题，全国经济和社会面貌发生了深刻变化。五年中，国民生产总值平均每年增长 10%，城乡居民收入大幅度增长，农民人均纯收入平均每年增长 13.7%，城镇职工家庭人均收入平均每年增长 6.9%（扣除物价上涨因素），进出口贸易总额合计达到 2300 亿美元，比"五五"时期翻了一番，有中国特色的社会主义建设取得了举世瞩目的成就，特别是 1984 年 10 月，中共十二届三中全会通过了《中共中央关于经济体制改革的决定》，明确提出社会主义经济是公有制基础上的有计划的商品经济，要进一步贯彻执行对内搞活经济、对外实行开放的方针，加快了以城市为重点的整个经济体制改革的步伐。

党的十二届三中全会通过的《中共中央关于经济体制改革的决定》明确指出，社会主义经济是公有制基础上的有计划的商品经济，进一步明确了计划与市场的关系。1987 年，中国共产党第十三次全国代表大会指出，在以公有制为主体的前提下要继续发展多种所有制经济，继续鼓励城乡合作经济、个体经济和私营经济的发展。在国家政策的指引和推动下，市场调节在国民经济中的重要地位逐步显现，国营企业所有权和经营权逐步分离，经营灵活性和自主性进一步加强。同时，除了全民所有制、集体所有制以外的个体经济和私营经济开始蓬勃发展，生产资料市场和消费品市场开始繁荣起来。

※ 发行全国人民币长城信用卡

1985 年，信用卡在中国的受理市场已经成长了六年。期间，中国银行秉承"积跬步，至千里"的踏实态度，一路走来，一路收获，积累了信用卡运营的宝贵经验，特别是国务院《关于中国人民银行专门行使中央银行职能的决定》出台后，以中央银行为统领、分设四大专业银行的体制建立起来，中国银行被确定为国家外汇专业银行，发展信用卡业务方面具备了更为得天独厚的优势。同时，改革开放政策的实施，使我国的国民经济得到迅速发展，国内市场逐步繁荣，商品交易日趋活跃，由此带来了信息、产品、资金、人员的大流通，传统结算方式已无法满足人们的支付需求，客观上一种安全方便的新型支付方式呼之欲出。此外，计算机和通信技术在国内的发展和应用，为信用卡业务提供了技术支持。同时，1985 年珠海分行中银卡和 1986 年北京分行长城卡发行后，因其"先存款后消费"的产品属性，成为银行吸纳存款的一个有效工具。在"扩大存款、增加储蓄"的金融宏观调控大背景下，中国银行开始更为关注自主发行中国信用卡。

中国银行筹备发卡时，万事达国际组织无偿赠予了中国银行两台当时最先进的 IBM 主机。当两台主机入关时却被海关扣留，要求缴税。机器分文未花，却要花钱缴税，而且当时行里也没有预算去支付高额关税。后来中国银行向时任国务院副总理的陈慕华作了汇报，国务院特批免税引进了这两台设备。

1986 年 10 月，中国银行发行了中国第一张全国范围使用的人民币长城信用卡，并将长城卡作为中国银行系统内统一的信用卡品牌。本着积极稳妥的原则，中国银行在全国范围内进行推广，并由总行统一制定长城卡业务章程、长城卡版面、标识。原则上以管辖分行作为发卡行，其他分行、支行可以代办。

中国银行人民币长城信用卡延续了珠海分行中银卡和北京分行长城卡的设计风格，卡面分为上下两部分，其中上部分为彩色的长城图案，长城蜿蜒曲折在群山峻岭之中，在朝霞映射下气势恢宏、起伏奔腾，整体画面秀丽壮美；下部分为蓝色底案，隐约可见多排 BOC 字母，右下角为长城卡早期标识（GWC）。该卡分公司卡和个人卡两种，国内企事业单位、机关团体、在华常驻机构、

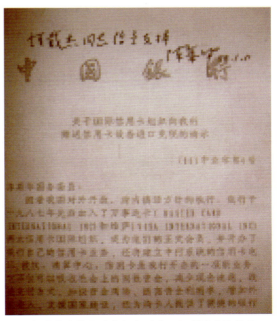

▲ 国务委员陈慕华对中行免税进口机器请示的批示

▲ 中国银行人民币长城卡单位卡、个人卡

合资企业可以申领公司卡。国内机关团体、企事业单位的职工及国内居民（年满 20 周岁）可以申领个人卡。公司卡持卡人由任用单位书面指定，公司卡可以申领若干张，个人卡申领人可以为其亲属（年满 18 周岁）申领附属卡。

按长城卡章程规定，人民币长城信用卡卡码排列规则为：第 1 位数为 8，这是长城卡标志代号；第 2 位至第 5 位为中国银行联行行号（如北京 0142，天津 0202，上海 0303），第 6 位为卡类代号；第 7 位至 12 位为持卡人顺序号；第 13 位为替换号；第 14 位为主卡代号，第 15 位为附属卡代号，第 16 位为检验号。

▲ 首批受理长城卡的中资商户——广州白天鹅宾馆

发行初期，长城信用卡属记账性质，申领者须在中国银行开立"长城卡存款专户"，公司卡起存金额为 5000 元，个人卡 1000 元，该专户存款按银行规定的活期存款利率计息。持卡人应在专户中保持足够的存款余额以备使用，只有急需时才许善意透支，透支息从透支当日起 15 天内按年利率 9.36% 计息，从第 16 天开始加倍计收。按照长城信用卡章程规定，长城卡仅限于合法持卡人本人使用，不得转借或转让，长城卡合法持卡人可凭卡在中国银行各分支机构支取现金，在长城卡所属特约单位直接购物及消费，但持卡人取现时应出示本人身份证件。长城人民币卡免收参加费，主卡年费为人民币 12 元，附属卡 10 元，遗失补发收取工本费。持卡人凭卡直接购物及消费均不收取任何费用，在当地取现免收费用，异地取现收取 1% 手续费。

中国银行历史上第一张人民币长城信用卡赠送给了中国银行卡诞生的支持者——陈慕华。

1987 年 12 月，中国银行推出了第二版人民币长城卡。

▲ 中国银行人民币长城卡（第二版）

※ 异地大额购物结算业务

中国银行发行长城卡以后，取现和直接购货服务给社会大众带来极大方便，受到社会各界的极大关注，长城卡作为一种全新的支付工具逐步被人们认识和接受。但在实践中，天津分行发现原有异地大额支付方式存在诸多不便：一是随身携带大量现金，这种方式不方便且缺乏安全性；二是通过邮局汇款，这种方式时间长，又要缴纳异地存取款手续费。天津分行认为，如果推出信用卡异地购货转账业务，只要事先在信用卡里存足备用金额，在异地取现后支付，完全可以避免上述问题，并能够有效延伸长城卡业务范围，进一步拓展信用卡市场。为此，在全国信用卡工作会议期间，天津分行积极联络中国银行各分行，希望联合开展此项业务，并认真研究资金划拨、账务处理、操作流程等业务，起草了具体业务方案，向总行提交了试办长城卡异地大额购货结算业务请示。

中国银行总行经过认真研究，认为此项业务能够有效拓展市场，起到支持流通和搞活经济的作用，决定在中国银行各分行中推出长城卡异地大额购货结算业务。1987 年 11 月 26 日，中国银行国际部发布了《中国银行关于试办长城卡异地大额购物结算业务的函》[（87）中业五字第 1381 号]，针对企业异地采购支付需求，在全国试办长城卡异地大额购货结算业务。持卡人异地采购进行支付结算时，对每笔 5000 元人民币以上的异地货款，按照货款结算方式处理，手续费最高不超过 50 元；5000 元以下的货款仍按照长城卡取现办理，每笔收取 1% 的取现手续费。

推出该项业务后，全国各地分支机构吸揽大额存款，消费额大幅增长。根据万事达国际组织的年度统计数据，中国银行创造了信用卡单笔消费世界最高记录。长城卡异地大额购货结算业务将信用卡由单纯的支付工具转变为支付结算工具，此项业务需要预先存款，极大地增加了银行的吸存能力，解决了银行资金来源问题，国家金融宏观调控要求也得以贯彻落实。此项业务是中国银行适应中国经济发展的创新之举，为国营经济发展提供了有力支持，更为中国民营、个体经济的发展带来了极大的便利和保障。

※ 长城信用卡异地存款业务

1988 年，在异地大额转账结算业务基础上，中国银行又在全国范围内推出长城卡异地大额存款业务。通过此项业务，中国银行解决了异地资金周转的安全问题，销货企业在外地收到款项，可以直接存入银行，避免携带大量现金的不便。此外，异地大额存款业务客观上为企业异地清算债务提供了解决方案。当时，如果企业财务人员到外地去清理拖欠债务，对方当事人通常同意还债，并一起到银行汇款。但债权人离开后，债务人往往立即将汇款撤回，继续拖欠原有债务。中国银行推出长城卡异地存款业务后，债务人不能随意撤销还款行为，而且款项到账及时，受到债权企业的广泛欢迎。

第三章

长城卡步入世界舞台

1987—1988

20 世纪 80 年代后期，我国国民经济保持持续较快的发展势头，1988 年全年国民生产总值达到 13853 亿元，按可比价格计算比上年增长 11.2%，国民收入达到 11533 亿元，按可比价格计算比上年增长 11.4；对外开放进一步扩大，进出口总额突破 1000 亿美元，比上年增长 24.4%。[①] 由于经济生活中社会总需求仍然大于总供给，金融宏观调控的基本指导思想仍是适当紧缩，发挥银行在调节经济中的杠杆作用被摆到突出位置。[②] 于此同时，国内金融体制改革的步伐加快，打破了资金吃大锅饭的状况，专业银行之间的业务可相互交叉，客户和银行间形成了双向选择关系。体制的变革、竞争的兴起给中国银行带来了时代的挑战，也赋予了信用卡业务以难得的发展机遇。1987 年，北戴河会议吹响了全辖业务大发展的冲锋号角，这一年是中国银行信用卡业务全面起步的一年，也是长城卡从中国向世界进军的一年。

第一节　信用卡国际交流合作

※ 信用卡业务路在何方

1987 年，信用卡发卡业务进入第三年。三年里，在不断创新实践中，中国银行创造了许多骄人的业绩。但是，在新旧业务、新旧思想的碰撞中，在信用卡业务发展方向上，中国银行内部始终存在着争论，认识尚不统一。此外，从全国范围看，各地信用卡业务也存在较大差距，北京、广州、上海、珠海等地分行信用卡业务已渐入佳境，但国内其他地区分行尚未起步。

此时，国际、国内金融形势也发生了深刻变化。国际上电子技术的快速发展给金融事业带来了新的机遇，银行信用卡业务发展也越来越倚重电子科技实力，各家商业银行纷纷探索新形式，努力发展

[①] 引自《1989 年 3 月 20 日在第七届全国人民代表大会第二次会议上的政府工作报告》。

[②] 引自 1988 年《李鹏姚依林听取一月人民银行分行行长会议汇报时指出：国家进行宏观调控，银行起着关键作用》，原载 1988 年 1 月 22 日《人民日报》。

支付结算业务。在国内，金融体制改革步伐逐渐加快，国内商业银行之间也由原有的专业分工关系转变为相互竞争关系，这些变化给以外汇、外贸为主的中国银行带来了冲击和挑战。中国银行必须依托原有从业人员和有限网点，与国内强大的同业对手竞争资源，解决资金来源等问题。在破解人民币业务短板等问题过程中，中国银行认为必须大力开展信用卡业务，才能提升吸存能力，有效带动人民币存款，这是一项具有较大发展空间的银行业务。

※ 全国第一次信用卡会议

1987 年 10 月 22 日，中国银行在秦皇岛北戴河召开了第一次全国信用卡业务工作会议。李裕民副行长、国际部舒先礼总经理以及全国 44 家分行共 86 位代表出席了会议。在为期三天的会议中，李裕民副行长就国际、国内金融形势及中国银行如何立足改革、加强信用卡业务领导、建设专业性队伍作了重要讲话；北京、上海、广州、珠江、珠海五个分行就开展信用卡业务做了经验介绍，总行第一批赴万事达国际组织电脑处理中心学习小组作了汇报发言；最后，舒先礼总经理作了总结发言。

会议期间，与会人员就信用卡公司机构设置、全国信用卡授权通信网络系统设置方案、开办长城卡业务等具体话题进行了多次讨论，并就相关议题初步达成了共识，明确了信用卡原则上不允许透支及授权清算、取现额度、备用金、机构设置等具体概念，制订了先大城市再全国、先国内卡再国际卡以及以公司卡为主个人卡为辅的发展步骤，并对业务工作难题集中讨论，提升了与会人员对信用卡业务的了解和认识。

北戴河会议是中国银行信用卡业务第一次全国性专业会议，是中国银行信用卡发展历程中一次意义深远的转折，吹响了中国银行业务大发展的号角。1988 年中国银行新增加发卡分支机构 38 个，新开发特约商户 1000 家，全年发卡量达到 5 万张，交易总额 7 亿元人民币，吸收存款 1.1 亿元。同年，中国银行总行在原非贸易处的基础上专门成立了信用卡部，业务架构日渐清晰，专业化队伍逐步建立，中国银行信用卡业务开始步入正轨，形成了百家争鸣、百花齐放的新局面。

第二节　签约国际信用卡组织

※ 成为国际组织首家中国会员

信用卡是典型的规模带动效益的产业，具有天生的双边市场特性。为扩大市场规模，吸引更多的商户和持卡人，国外众多银行纷纷加入了作为双边市场平台的信用卡组织。

20 世纪 80 年代，维萨（VISA）和万事达卡（Master Card）两大国际组织在银行卡领域独领风骚。维萨国际组织（Visa International）的前身是美洲银行信用卡公司，初期与西欧国家部分商业银行联盟成立了国际信用卡服务公司（IBANCO），1976 年 IBANCO 改组为 Visa International。而万事达卡国际组织起源于 1966 年组建的同业银行卡协会（Inter Bank Card Association），1969 年购买 Master Charge 的专利权，统一了旗下信用卡的名称和式样，并于 1979 年更名为"万事达卡"（Master Card）。

▲ 李裕民副行长参加中行加入万事达组织签字仪式

作为行业翘楚，维萨和万事达卡两大国际组织拥有众多的会员机构和特约商户，掌握着经营授权许可、交易操作规程、信息交换等关键领域的话语权。因此，为进一步拓宽长城卡的发展空间，充分利用国际组织的网络优势，中国银行认为应积极加入维萨和万事达卡国际组织，吸取国外信用卡业务经营管理的先进经验，推动中国信用卡走出国门、步入世界舞台。

同时，经过多年的改革开放，中国在富强之路上迅速崛起，经济发展的巨大成就让全世界都把目光聚焦到了中国市场。维萨和万事达卡两大国际组织为了争夺信用卡的潜在市场，都意图抢先一步与中国金融机构建立业务联系。

1987 年 3 月 26 日，万事达卡年会在美国旧金山（San Francisco）顺利召开，此次年会迎来了一位特别的新会员银行——中国银行。时任中国银行副行长李裕民代表中国银行签署协议，并入选万事达

▲ 中国银行加入 VISA 国际组织签字仪式

卡董事会，成为 28 位董事之一。《福布斯》（Forbes）杂志称，"这是第一次由一位中国人担任一家美国企业的董事"。因中国银行是国内第一家加入万事达卡国际组织的银行，国家领导人对此事非常重视，特别批准中国银行在人民大会堂举行新闻发布仪式，这是中国信用卡第一次走进庄严的人民大会堂。

1987 年 6 月，中国银行加入 VISA 国际组织，从此拉开了中国银行与两大国际组织携手合作的序幕。20 世纪 90 年代末，工商银行、建设银行和农业银行也陆续了加入万事达卡国际组织及 VISA 国际组织。

※ 中国第一张人民币长城万事达卡

1987 年 3 月，中国银行加入了万事达卡国际组织，随后中国银行与该组织展开了广泛而又深入的合作。1987 年 12 月 20 日，中国银行经与该组织商定，发行了人民币长城万事达卡。该卡发行后，新版人民币长城卡与原人民币长城卡同时流通使用，对于 1988 年 1 月 1 日后提出申请的持卡人，统一发行新版人民币长城卡。按照总行通知要求，总行营业部发行的人民币长城万事达卡编号为

▲ 中国第一张人民币长城万事达卡

8000 4000 0000 0000，代号为 HO，并由总行国际部信用卡总中心代授权。长城万事达国际卡卡号编排如下：卡码共计 16 位，4 位一组，分为 4 组。前 6 位号码是中国银行长城万事达国际卡标号 541867，第 16 位是检验号。长城卡检验号采用国际标准的 LUHNFORMULA MOD—10（2121）计算方法。按信用卡章程规定，旧版人民币长城卡和新版人民币万事达卡同时流通使用，旧卡使用到有限期满为止。

※ 中国第一张人民币长城维萨卡

中国银行加入 VISA 国际组织后开始筹备人民币长城维萨卡（GREAT WALL VISA CARD）的发行工作，1987 年 8 月，中国银行总行发行了人民币维萨卡（GREAT WALL VISA CARD），该卡不分个人卡和公司卡，取现限额为 400 元，直接消费限额为 1000 元，超过限额需要请求授权后，方可办理。该卡的发卡对象、使用范围、其他业务规定及操作程序均与人民币长城万事达卡相同。人民币长城维萨卡卡号编排如下：卡码共计 16 位，4 位一组，分为 4 组。其中，前 6 位号码是中国银行人民币长城维萨卡标号 456351，第 16 位是检验号。

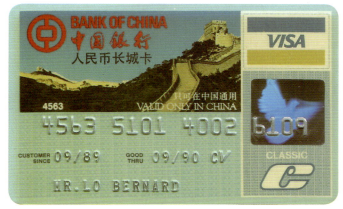

▲ 中国第一张人民币长城维萨卡

总行规定，明确人民币维萨卡发行工作由总行整体控制，并暂由总行和北京分行发行。经总行批准发行维萨卡的分行需要事先申请安装"V"字，由总行统一与国外联系。由于 1986 年 10 月发行的人民币长城卡的卡号首位字母与所有维萨卡的卡号首位字母相同，为此，总行要求所有分行、支行都应对长城卡经办人员及所属商户进行专门培训，避免错误使用人民币长城维萨卡。

※ 建立信用卡授权总中心

信用卡发展初期，中国银行各发卡分行的系统之间不联网，A 分行所发卡到 B 行特约商户消费，如果超过了一定限额，需要取得 A 分行的授权才可以进行交易。

中国银行加入万事达卡和 VISA 两大国际组织后，为了给持卡人提供更加快捷、优质的授权服务，在国际组织的帮助下，1988 年 6 月在北京成立了信用卡授权总中心，办理万事达卡和 VISA 卡的授权业务，并由此在全国建立了三级授权体系，即总行设授权总中

▲ 工作人员在授权中心值班，前面是张波

心、省行设授权分中心、省内各发卡行设本行授权中心。北京授权总中心配备了电话、电传、微机等当时先进的电子通讯设备，为持卡人提供 24 小时服务。中国银行授权总中心正式建成后 4 个月内，就完成了 2000 多笔授权服务，累计金额达 1200 万元。[①]

由于授权总中心业务量较大，而授权人员编制有限，总行内非授权岗位的卡部员工经常主动加入到值班行列。因此，无论是卡部老总，还是普通员工，都有过在授权中心值班的经历。

※ 外卡收单业务

1988 年 10 月，中国银行成功接通了与万事达卡处理中心和维萨卡处理中心的环球卫星通讯网络，并在总行安装了万事达 Series-1（即 S/1）会员界面处理机和维萨 MIP/PC 会员界面处理机，使国外信用卡在中国使用时可以通过授权总中心向全球各发卡行取得授权。至此，万事达卡和 VISA 卡在中国消费需要授权时，从授权发出到收到授权答复可在半分钟内完成。[②]通过改善授权通讯网络，大大缩短了授权时间，提高了收单工作的效率和质量，进一步方便了国内外持卡人使用信用卡进行取现和消费。

▲ 当年授权使用的"大哥大"

自从代办外国信用卡业务以来，中国银行业务量以平均每年 80% 的速度递增。1988 年，收单总额已达 3 亿美元，其中国外信用卡在国内直接消费约为 2.8 亿美元。截至 1988 年底，中国境内共有 2000 多家特约商户接受万事达卡、维萨卡、运通卡、大来卡、JCB 卡、发达卡和百万卡等 7 种国际上通用的信用卡。这些国外信用卡交易均通过中国银行结算，为海外来华公务和旅游人士提供了快捷、方便的服务。[③]

第三节　中国第一张外汇卡——长城万事达外汇卡

人民币长城信用卡在国内发行后，经过几年的宣传推广，持卡人真真切切的感受到了这种新型支付方式给工作和生活带来的便利和安全，人民币长城信用卡的影响力不断扩大。而随着国内外经济、外贸、旅游等领域不断深化交流，国外在华常驻机构、三资企业工作的外籍人士以及经常出国的中国人，都纷纷向中国银行提出建议，希望中国银行能够提供一款在国内外使用的国际信用卡。

---

① 数据来源《1989 年中国金融统计年鉴》。

② 1993 年 9 月第五次全国信用卡工作会议文件《加速电子化建设　支持信用卡发展》。

③ 数据来源《1989 年中国金融统计年鉴》。

※ 中国第一张长城外汇卡

1988 年 6 月 18 日，为了满足市场的需求，进一步扩大长城卡业务，中国银行成功推出中国第一张长城万事达外汇卡。首批外汇卡在北京总行和广州分行发行，分公司卡和个人卡两种，公司卡申领对象是在华常驻机构、三资企业、侨资企业、中外合资企业以及有经常外派任务的国内单位，个人卡的申领对象是在华常驻人员、因公出国人员以及有合法外汇收入的国内居民。公司卡持有人由任用单位书面指定。

▲ 中国第一张人民币万事达外汇卡

公司卡申领人可以申领公司卡若干张，个人卡申领人可为其亲属（年满 18 周岁）申领附属卡。持卡人凭卡可在中国银行各分支机构取现，在特约商户直接购物或支付消费。

为了控制风险，申领人申办长城万事达外汇卡须在中国银行开立保证金专户，公司卡保证金最低起存金额为 10000 元人民币等值外汇；个人卡为 5000 元人民币等值外汇。该专户按照中国银行规定的存款利率计息，保证金只有经中国银行同意，持卡人才可使用，且用后应及时补足。持卡人应在收到银行对账单 15 日内还清用款，如逾期未还，银行从发出对账单当日起按 2.5%（月息）计收利息。并且持卡人在收到对账单 15 日内应还清用款。外汇长城万事达卡免收参加费，主卡年费为 48 元外汇人民币，附属卡为 24 元外汇人民币。持卡人凭卡直接购物或支付小费不收取任何费用，取现收取手续费 4%。

按章程规定，长城万事达外汇卡编号共计 16 位，前 6 为是国际组织用号 541867，第 16 为检验号。根据万事达国际组织规定，采用 LUHN FORMULA MOD—10 方法计算。

长城万事达外汇卡以人民币为计价单位，一切外币的收付均按当日中国人民共和国国家外汇管理局公布的牌价，以人民币计价结算。该卡仅限合法持卡人本人使用，不得转借或转让，合法制持卡人凭卡可在本行各分支机构支取现金，在特约单位直接购物或支付消费，取现时应出示本人护照或身份证件。长城万事达外汇卡可以在中国境外指定的银行或商户支取现金。在指定的商户直接购物或支付消费，按照国际信用卡组织相关规定办理。

1988 年 9 月 6 日，中国银行总行向各海外分行、代表处、香港中银集团下发通知，要求各海外分行均应按章程规定受理长城万事达外汇卡，但法兰克福、巴拿马、多伦多代表处和开曼分行除外。此卡在海外分行的取现限额为 100 美元或等值 100 美元的中国银行挂牌 17 种其它外币。如取现超过 100 美元，应取得总行授权中心授权。同时，香港中银集团各分、支行及澳门支行在办理长城万事达外汇卡取现业务时，应将长城万事达外汇卡视同港澳地区以外的国际万事达卡，不得收取手续费，并通过南洋商业银行信用卡公司清算。

1989 年，因卡面颜色容易引起国外持卡人歧义（原有卡面为粉色，同性恋平权运动中，使用粉红倒三角为运动符号），部分持卡人提出了调整卡面颜色的修改建议。为此，中国银行重新设计了新版面，发行了第二版长城万事达外汇卡。

因首次发行长城万事达外汇卡，中国银行严格规范程序，加强风险控制，要求各海外分行在办理取现业务时，应首先核发总行印制的

▲ 中国银行第二版人民币万事达外汇卡

黑名单，如该卡属黑名单之列，应将该卡没收，剪为两截寄回总行；其次各海外分行应核对长城万事达外汇卡持卡人护照或其他证件，并将证件名称及号码记录在取现单上，由持卡人现场签字，经核对无误后，方可付款；最后，对于存疑的长城万事达外汇卡，可使用紫光照射卡片，卡面会出现"MC"字样，以此辨别卡片真伪。

1991 年 7 月，为发挥长城万事达外汇卡在国外清算方面的优势，避免携带现金到国外出差的诸多不便，中国银行对总行到国外出差的副总经理以上的干部（包括副总经理），以及中国银行派驻海外行有外汇卡需求的总经理发放长城万事达外汇卡。

1992 年 4 月，根据 1990 年万事达国际组织更新万事达卡版面的相关规定，中国银行重新设计了万事达国际卡 LOGO 的卡面图案，完成了新版万事达国际卡的制作，卡面采用俯瞰画面，取万里长城在崇山峻岭间蜿蜒盘旋之态，磅礴大气，声势夺人，并明确 1992 年 12 月 31 日为旧版万事达国际卡的使用终止时间。

▲ 中国银行第三版人民币万事达外汇卡

1993 年 5 月，中国银行与 VISA 国际组织合作，发行了长城威士国际卡。2005 年，中国银行对原有版面进行了改版，发行了第二版长城威士国际卡。

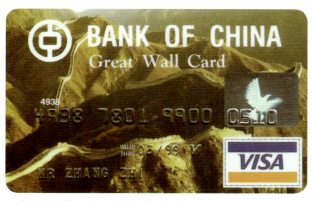

▲ 中国银行第一版人民币维萨外汇卡

▲ 中国银行第二版人民币维萨外汇卡

※ 中国第一张外汇奥运长城卡

1988 年 9 月 17 日至 10 月 2 日，第 24 届夏季奥运会在韩国首都汉城举行。中国选派 301 名选手参加比赛，并在本届奥运会上获得了 5 枚金牌、11 枚银牌和 12 枚铜牌，总分数居第 11 位。

中国银行以韩国汉城奥运会为契机，积极与 VISA 国际组织及奥委会沟通协调，携手发行了长城国际奥运会卡。该卡分金卡和普卡两种卡面，金卡以黄色为主色调，普卡以粉色为主色调。卡片除卡面颜色上有所区别外，金卡右下角印有字母 "P"，其上面标注了英文字母 "premier"，普卡则在右下角印有字母 "C"，其上面标注了英文字母 "classic"。

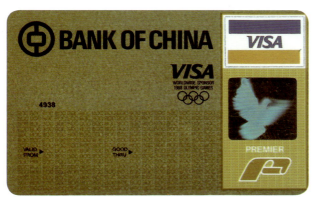

▲ 中国银行长城国际奥运会卡金卡、普卡

长城外汇卡在问世之初就站在巨人肩膀之上，其利用国际组织遍布全球的网络系统，可以在 170 多个国家和地区的 980 万家特约商户取现、消费，满足了长城外汇卡持卡人吃、穿、用、住、行的全方位消费需求，可谓 "一卡在手，走遍全球"，中国信用卡由此从中国走向了世界舞台。

行业领军　铸就辉煌
1989-2001
第二部分

第四章
长城卡领军时代
1989—1992

伴随改革的不断深入，我国经济蓬勃发展，社会不断进步，综合国力进一步增强，各方面都取得了举世瞩目的重大成就。1992年国民生产总值接近2.4万亿元，进出口总额达到1650亿美元。1987年—1992年五年间，工业总产值平均每年增长15%，累计利用外资609亿美元，全社会固定资产投资完成2.6万亿元。与此同时，人民收入和生活水平进一步提高，1992年同1987年相比，城镇居民人均生活费收入增加910元，达到1826元；农村居民人均纯收入增加321元，达到784元。蛋类、肉类、食用植物油的人均消费量已相当或接近世界平均水平，城镇电视机、电冰箱等耐用消费品的普及率达到中等收入国家水平。[①]

信用卡，在中国改革开放的大潮中适时而生，也伴随着改革开放的不断推进而发展。1989年4月，中国人民银行提出推行"三票一卡"（即汇票、本票、支票和信用卡）新的结算方式，为信用卡事业的发展起到重要的推动作用，并确立了信用卡在结算中的重要地位。在经过了最初几年的摸索之后，中国银行逐渐建立起规范的信用卡制度体系和组织体系，助推和加速了信用卡业务的进一步拓展，为中国银行成为在国内信用卡领域排头兵地位奠定了坚实的基础。

第一节　引领国内业界风标

※ 规范长城卡相关制度

自1985年首发信用卡以来，中国银行不辍耕耘，不断积累和收获。特别在国家政策的引导下，中国银行发卡数量大幅提高，社会大众开办信用卡的热情日益高涨。为了统一规范中国银行的产品和服务标准，形成整体竞争力，1989年，在总行信用卡二处张卫东处长的推动下，岳毅、周铭佳、沈荣根、

---

① 摘自国务院总理李鹏1993年3月15日在第八届全国人民代表大会第一次会议上的报告，原载1993年4月2日《人民日报》。

徐如善、丁峙、陈一斌、敖景光等各分行业务骨干会聚上海，组成《信用卡业务手册》编写工作组，着手起草一套能够有效指导信用卡业务开展的统一规范和标准制度。

▲ 中国银行信用卡业务手册

编写工作组全体成员全部来自信用卡业务一线，有着丰富的实践经验和管理经验，在全体成员的努力下，一周左右就完成了业务手册的起草工作。《信用卡业务手册》涵盖了卡片制作、编号规则、授权、清算、风险管理、市场推广等方面内容，形成了一套较为完整的操作运营规范体系。①

通过建立信用卡专业制度体系，中国银行将各分行业务实践纳入到总行统一业务标准框架之下，总结出一套适应中国市场实际需要的业务管理和操作规范，为各分行开展信用卡业务提供了指引和参考。同时，总行也将先进的实践和管理经验在中国银行系统内予以普及和推广，为中国银行信用卡业务快速步入正轨奠定了良好基础。1990 年，中国银行全年新增发卡行 40 家，使中国银行发卡行总数达到 190 家；新发行人民币长城信用卡 10 万张，比 1989 年增加 27%；年末吸收存款余额 6.5 亿元，比 1989 年增加 170%；全年交易额 38 亿人民币，比 1989 年增加 156%；到 1990 年底，全国已有近 20 万长城卡持卡人；接收长城卡的特约商户已达 5000 多家，比 1989 年增加 3000 多家。1990 年，中国银行代理国外卡业务也有较大增长，交易额达 14 亿外汇人民币，比 1989 年增长 23%，创历史最高交易额。②

"七五"期间中国银行代理国外卡业务发展表

代理国外卡	交易量（外汇人民币：亿元）	增长（%）
1981—1985 年	2.3	/
1986 年	5.2	126
1987 年	8.5	64
1988 年	12.0	41
1989 年	11.5	−4
1990 年	14.0	23

随着中国人民银行出台了"三票一卡"政策，以及中国银行信用卡业务的引领示范作用，进一步推动了国内信用卡业务的全面发展。继中国银行之后，1989 年 10 月，中国工商银行开始在北京、上海、天津开办牡丹卡业务。1990 年 5 月，中国建设银行广州市分行开始发行建设银行万事达信用卡；1991 年 3 月，中国建设银行开始发行建行维萨卡。1991 年初，中国农业银行开始发行人民币金穗信用卡。

---

① 根据原中国银行天津市分行徐如善同志口述整理。

② 数据来源：《1991 年中国金融统计年鉴》。

※ 提升长城卡尊贵身份

随着中国银行信用卡业务的不断拓展，长城卡得到了越来越多的市场认可。与其他同业相比，中国银行依托高标准的客户服务和庞大的特约商户网络，长城卡获得了较高的知名度。

中国银行长城卡推广发展前期，特约商户均以涉外宾馆、饭店以及高档百货为主，且持卡人多为具有一定社会地位或经济基础的高端人士，辅之长城卡审批程序较为严格，准入标准较高，因此，在20世纪90年代中国银行长城卡被称为中国的"贵族卡"，其成为那个年代身份和地位的象征。

※ 服务青少年运动会

1989年9月，全国第二届青少年运动会在沈阳举行。中国银行与运动会组委会签署合作协议后，组委会向国内各省、市、自治区体育代表团发出通知，明确运动会期间各项费用通过中国银行长城卡支付。为此，中国银行沈阳分行与沈阳市各大饭店、宾馆、商店签订了受理中国银行长城卡协议，并共同组成长城卡服务集团，为运动会期间体育代表团提供取现和消费服务。同时，中国银行总行要求各地分行要积极与所在地体育代表团沟通，主动上门服务，为参加第二届青少年运动会的代表团、运动员、教练员和新闻工作者发行长城卡，力求借助运动会东风，进一步扩大中国银行长城卡的影响，推动东北地区信用卡业务的发展。

※ 开拓收单业务市场

收单初期，持卡人在商户刷卡交易后，商户要自行填制和整理单据，并按期送到银行进行资金划拨。伴随着国内其他银行纷纷开展信用卡收单业务，在收单市场上出现了国内同业市场竞争。为提升商户收单服务，1989年上海分行创造性的开展了上门收单业务，此项业务极大方便了商户的交易管理，避免了商户整理、送交单据等诸多繁琐程序，立即得到商户的认可和欢迎，中国银行的收单业务也得以迅速扩展。1991年第三次全国信用卡工作会议中，杨惠求副行长表示，上海

▲ 中国银行定期发送的消费指南（列明各地收单商户）

42

分行上门收单服务是信用卡服务的一项创新举措，各地分行要积极取经学习，发展优质服务、增强竞争力。

1991 年，银行同业之间信用卡业务，尤其是收单业务的竞争已经渐趋激烈，同业的商户扣率也随之一降再降。为了应对这种竞争局面，发挥中国银行各部门之间的综合竞争优势，上海分行信用卡科会同其他部门进行整体联动服务，为客户提供全套金融服务。此项服务极大便利了特约商户，密切了银行和商户之间的合作关系，进一步稳固了中国银行在上海收单市场上的领先地位。[①]

▲ 沈阳分行与商户开展联谊活动

▲ 黑龙江分行同商户收银员于镜泊湖联谊合影

※ 直接收单清算业务

直接收单清算业务，即中国银行将国外持卡人在国内的信用卡交易单据加工处理后，不再提交给委托行，而是通过国际组织的清算系统直接与国外发卡行进行清算。[②]1991 年前，中国银行在外卡收单市场始终保持着绝对优势，但受网络、技术、设备所限，中国银行主要以代理角色进行外卡收单。收单以后，万事达、维萨信用卡的交易单据需寄至南洋商业银行、东亚银行、汇丰银行、马婆金融公司等国外信用卡机构进行清算。按清算协议规定，清算一笔信用卡业务，商户要将交易额的 4% 作为手续费支付给签约银行，然后按照国内代理行 1.5%、委托行 1.0% 与发卡行 1.5% 进行分配。这样既拖延了清算时间、难以控制风险，又降低了银行收益。如果中国银行自己收单清算，即作为收单行直接与发卡行进行清算，可以获得商户扣率中的 2.7% 作为收益。

此外，自 1989 年以来，国外信用卡收单行已经开始与国内其他专业银行签约，通过专业银行与中国银行争夺商户。此时，中国银行已经意识到，由中国银行独家垄断国内信用卡商户市场已不现实，必须逐步拓展新业务、提升服务标准来巩固市场，引导市场竞争朝着有利于自身的方向发展。为此，中国银行积极争取早日实现直接收单清算。

中国银行加入万事达、维萨国际组织后，相继开通了连接两大国际组织电脑中心的通讯线路，技术上为中国银行直接收单清算业务提供了保障。随后，万事达、维萨国际组织先后赠送中国银行价值

---

① 根据中国银行上海分行沈荣根、史久大口述整理。

② 1993 年 9 月第五次全国信用卡工作会议文件《加速电子化建设　支持信用卡发展》。

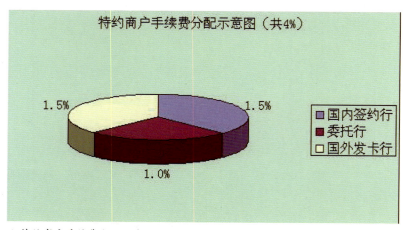

▲ 特约商户手续费分配示意图

近 300 万美元的电脑设备和相关软件，协助中国银行培养专业技术人才，全力支持中国银行开展信用卡业务。1991 年 3 月，中国银行实现了万事达卡在中国境内的直接收单清算，1992 年 4 月，又成功实现了维萨卡在中国境内的直接收单清算，并且分别通过了两大国际组织的技术鉴定和验收。1992 年 7 月，在南洋信用卡公司协助下，中国银行在北京成立了总行国际信用卡操作中心，将全部电脑清算数据的输入及处理转移到操作中心集中处理，操作中心也随之与国际万事达卡和维萨卡实现联网。

中国银行操作清算中心成立后，信用卡业务跨上了步入了更高层次，中国银行成为国内唯一一家既发行国际信用卡，又可以对外卡进行国际清算的专业银行，始终保持着国内信用卡业务的领先地位。

※ 第二次全国信用卡工作会议

1989 年 8 月 8 日—11 日，中国银行在大连市召开全国第二次信用卡工作会议。参加会议代表 64 人，分别来自中国银行各分、支行、指定行和总行相关人员。会议围绕发卡任务、外汇卡收单清算、授权中心建设、长城卡兑现任务、信用卡机构设置等方面进行了总结，并要求下一步重点做好三个方面工作：一是要积极开拓人民币长城卡市场，扩大特约商户范围，拓展旅游、商业网点，提高服务质量。二是各分行、支行要普及长城卡业务知识，可结合本地实际情况多渠道、多形式进行宣传。三是要建立、健全各项规章制度，加强地区之间、部门之间协作，充分发挥中国银行整体优势，确保在同业竞争中立于不败之地。四是要注意信用风险控制，重点做好发卡前资信调查工作，降低长城卡业务的风险。

第二节 机构建设初具规模

※ 初建信用卡组织架构

全国信用卡业务工作会议后，中国银行各分行对信用卡业务逐渐重视起来，纷纷按照总行要求积极开办信用卡业务，并设置相应的组织机构。在实际操作过程中，各分行本着因地制宜的原则，摸索建立适应自身业务发展的机构组织形式。其中，业务规模较大的分行，成立了专门负责信用卡业务的处、科；业务规模一般的分行，往往在一个部门中指定专人负责信用卡业务，待业务发展成熟后再设立信用卡机构；部分经济发达、业务扎实、人员基础较好的地区，则尝试成立信用卡公司。

1989年3月，中国银行上海分行正式成立信用卡部，成为中国银行首家成立信用卡处的分行。1992年2月，深圳分行将信用卡业务从储蓄处分设出来，单独成立信用卡处，并在处内分设业务、管理、ATM三个科。同时，深圳分行将信用卡机构逐步延伸到了网点一级，成为当时唯一一家下属所有网点都开办信用卡业务的分行。

为适应金融体制改革和加强业务管理需要，部分业务基础较好、专业骨干队伍比较完备、系统和运营环境比较健全的分行，在借鉴国外和香港成功经验的基础上，开始尝试进行公司化改革。自1992年起，广州、上海、杭州、深圳等地先后成立了专业信用卡公司。

在中国银行总行大力推动和分行积极配合下，中国银行信用卡机构设置进展较快，1992年6月底，中国银行设立处级机构26个，科级机构163个，专兼职信用卡工作人员共1768名，一支业务强、干劲足、有理想的专业化队伍建立了起来，标志着中国银行信用卡机构设置工作基本完成。

※ 广州市分行信用卡公司成立

多年来，珠江分行（广州市分行前身）信用卡业务始终处于排头兵地位。20世纪70年代末，珠江分行开始代理国外信用卡业务；1986年，开始办理长城卡业务。1991年，珠江分行所辖分支行全部开展了长城卡业务，并且在开拓和巩固市场上有诸多好的方法和举措。在发展特约商户过程中，珠江分行信用卡卡部门联合信贷、结算、企业存款等部门，共同进行商户拓展工作，通过分行各部门间的配套服务，逐渐吸引了大批特约商户。此外，珠江分行还冲破原有条条框框，扩大特约商户范围，从原有的酒店、餐厅拓展到工艺商场、百货大楼、旅行社、美容院、医院、民航售票处等，当年就增加103个特约商户。

1992年，珠江分行已经办理了六年长城卡业务，拥有十余年代理国外信用卡的经验，并先后发行了长城人民币信用卡和外汇长城万事达卡，业务初具规模，管理经验成熟，组织机构与电脑网络日渐完善，完全具备了成立信用卡公司的基础条件。1992年7月31日，经中国人民银行批准，中国银行广州市分行信用卡公司正式成立，走出了中国银行信用卡公司化的第一步。[①] 广州市分行信用卡公司为珠江分行全资附属机构，作为独立法人实体，公司实行独立核算、自负盈亏，其年终决算、盈利由珠江

▲ 中国银行珠江卡

---

① 1992年8月25日中国银行总行信用卡部《业务简报》（第15期）。

行统一处理。此外,该公司在机构设置上为处级机构,对外称"公司",公司领导称"总经理";公司下设科,对外称"部"。①

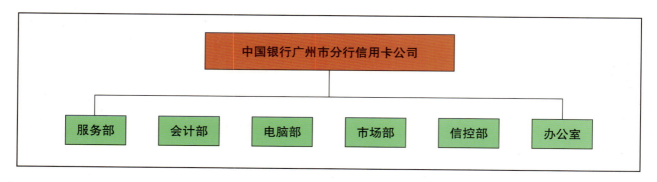

广州市分行信用卡公司成立后,上海、杭州、深圳、沈阳、哈尔滨等地也相继成立了信用卡公司。通过信用卡公司,分行拥有了更多的经营信用卡业务自主权,可以根据市场需要,合理配置人、财、物等综合资源,分工和协调更加顺畅,进一步拓宽了分行信用卡业务发展空间。

▲ 1993 年 3 月沈阳市中国银行信用卡公司成立

▲ 1993 年中国银行哈尔滨市信用卡公司成立

※ 建立信用卡业务协作区

九十年代以来,随着我国金融体制改革不断深入,国内各专业银行业务开始出现交叉,信用卡业务也由原来的中国银行独家垄断经营,发展到各家专业银行竞相发卡,竞争日趋激烈。面临这种局面,中国银行需要逐步提高经营和管理水平,充分发挥整体优势,在竞争中继续站稳脚跟、谋求信用卡业务的更大发展。

当时,中国银行已有 190 家发卡行,在国内已经初具规模。经过认真分析业务发展现状,在研究分行合理化建议,系统对比优劣势的基础上,中国银行审时度势,做出了建立信用卡业务协作区的决定,以促进分行之间的横向交流,加强对分行的纵向管理。协作区成员包括管辖分行、计划单列市分行和特区分行,全辖共分为南方协作区、华东协作区、华北协作区及西北协作区四个大区。

---

① 1992 年 5 月中国银行总行下发珠江分行《关于申请成立 "中国银行广州市分行信用卡公司" 的意见》(中银卡 [1992] 14 号)。

▲ 第一届南方协作区会议（摄于珠海）

▲ 第二届南方协作区会议（1992年11月21日）

▲ 第二届北方协作区会议（1992 年于哈尔滨）

　　根据中国银行总行信用卡业务政策，各协作区要组织本区内各行之间信用卡业务的协调工作，就加强管理、沟通信息、交流经验等方面提出本区意见，就信用卡业务的各项规章制度向总行提出参考意见。各协作区成立协作委员会，负责本区活动安排和相关事宜，委员会由本协作区内各分行推选数名主管信用卡业务的负责人组成。

　　信用卡协作区实行年会制度，第一届年会由河南分行、山东分行、广东分行和北京分行担任主任行，负责本区会议的召集和组织工作。1992 年，在主任行精心组织下，第一届协作区年会相继召开，制定了本协作区章程，拟定了工作计划，交流了开展信用卡业务的经验和体会。实践中，各协作区还通过区域性会议、专项课题调研、业务培训及编辑交流简报等方式开展丰富多彩的协作区交流活动。①

　　通过实行协作区制度，中国银行各分行拥有了信用卡业务交流平台，密切了业务合作关系，加强了经验沟通和分享，为强化组织管理、促进业务发展、增强对外竞争实力起到了巨大推动作用。

第三节　长城卡遍布神州大地

※ 信用卡普及全国

　　伴随着业务规则逐步完善、机构设置逐步完成、专业化队伍逐步建立，中国银行长城卡各项业务

---

①　1991 年 2 月 19 日中国银行总行下发的《关于成立信用卡业务协作区的意见》（中银卡一〔1991〕13 号）。

从无到有、从小到大，在全国范围内迅速推广普及。1991 年 9 月，中国银行西藏分行发行人民币长城卡，结束了西藏没有信用卡的历史，长城卡成为我国第一张在全国范围内发行的信用卡。

▲ 广东分行早年在进出口交易会门口进行长城卡咨询（1990 年）

此后，从东海之滨到青藏高原，从漠北雪域到南岛椰林，中国银行长城卡覆盖了全国范围，其在神州大地上以其始终如一的卓越追求为人们提供着快捷便利的金融服务。

※ 全国 24 小时代授权服务

随着中国银行不断拓展长城卡发卡范围的和扩大业务规模，授权体系建设等各项管理与服务也需要逐步完善。

长城卡初创时期，中国银行采用电话方式进行授权，如遇非本行发行的长城卡超限额交易时，需发卡行电话授权。银行各网点在办理柜台取现或商户刷卡消费时，先打电话到收单行卡部，收单行卡部往往耗时较长。面对这一问题，中国银行及时组织相关人员对授权问题进行了调查研究，对此，中国银行决定在全国范围内实行长城卡异地交易代授权制度，要求各分行建立 24 小时代授权制度，负责辖内各发卡行的长城卡异地交易代授权业务。

按代授权制度规定，当异地代办行（授权请求行）在北京时间早 8

▲ 持卡人用长城卡购物

点至晚 6 点期间与发卡行请求授权，但与发卡行联系不上的，或虽联系但 5 分钟内无任何反应的，或在北京时间晚 6 点至次日早 8 点及节假日的情况下，代办行直接向发卡行的管辖行请求代授权的，管辖行应当在 5 分钟内负责给予请求行明确的授权回答。

如果异地代办行在上述管辖行授权时间内不能与其取得联系，可直接与中国银行总行授权中心联系，总行将酌情进行代授权处理。

通过实行全国范围的代授权制度，极大完善了中国银行授权系统，缩短了客户交易时间，大大提高了长城卡代授权的效率和能力。

※ 统一 ATM 自动提款卡版面

多年来，为改善金融服务，扩大吸存能力，中国银行各分行中部分基础条件较好的分行相继购置、使用了 ATM 自动提款机，并结合本行特点，发行了别具一格、独具特色的 ATM 自动提款卡。1990 年 2 月 9 日，为便于统一管理，发挥中国银行长城卡整体优势，中国银行要求各分行开办 ATM 自动提款业务，必须采用总行统一设计制作的 ATM 长城提款卡，原有自行设计的 ATM 卡，要陆续更新改发总行发行的 ATM 卡。该卡卡面设计由几何造型的长城、粉色的 ATM 与中国银行标志相融合，卡面以黄色为主色调，配以数条白色底纹，整体画面简洁明快。

在中国银行推行统一 ATM 长城提款卡过程中，辽宁分行结合实际，单独设计了长城提款卡，在

▲ 中国银行 ATM 自动提款卡个人卡和单位卡

▲ 中国银行 ATM 自动提款卡（辽宁地区）、第二版长城提款卡

大连、鞍山、辽阳、铁岭等地发行。该卡与统一 ATM 长城提款卡完全相同，只是右下角无早期万事达标识。1995 年，中国银行改版了原有版面，发行了第二版长城提款卡。

※ 发行人民币长城万事达金卡

1990 年 9 月 22 日—10 月 7 日，第 11 届亚运会将在中国北京举行。这是中国举办的第一次综合性的国际体育大赛，来自亚奥理事会成员的 37 个国家和地区的体育代表团的 6578 人参加了这届亚运会。中国台北时隔 12 年后，也作为中国一个地区的代表队重返亚运大家庭。

为迎接亚运会的召开，进一步扩大长城卡的影响力。1990 年 8 月，中国银行决定发行人民币长城万事达金卡。面向信誉良好，信誉评估及经济状况评估均达到 A 级的公司和个人发行，金卡的发行量控制在普通卡发卡量的 1% 以下。该卡分为公司金卡和个人金卡两种，其中公司金卡的起存金额为 15000 元人民币，个人金卡的起存金额为 3000 元人民币。信用卡商户可以不区分公司金卡及个人金卡，购物限额均为 2000 元人民币；取现限额为 1000 元人民币。

▲ 中国银行人民币长城卡（第三版）单位卡、个人卡

人民币长城万事达金卡由中国银行总行统一制作，各分行需事先向总行申领，其审批程序与人民币长城万事达卡相同。

1991 年 10 月，中国银行收到万事达卡亚太区通知，要求各成员行更新万事达旧标志，改换万事

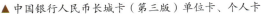
▲ 中国银行人民币长城卡（第三版）单位卡、个人卡

达新标志。随即，中国银行通知北京、天津、上海、广州、珠江 5 家分行 11 月底前完成此项工作。1991 年 12 月，中国银行更新万事达卡标志后，对人民币金卡进行了改版，对原有卡面进行了调整。

※ 陆续召开全国信用卡工作会议

1991 年 5 月 14 日—18 日，中国银行第三次全国信用卡工作会议在北京召开。此次会议总结了第二次全国信用卡工作会议以来中国银行信用卡业务的发展情况和基本经验，认真分析了中国银行信用卡工作面临的形势，听取了北京、广州、珠海、上海、沈阳等分行的经验交流，集体讨论了开展信用卡的必要性及如何开展经营管理等相关议题，并提出了下一步重点开展的几项工作：一是各分行要抓紧建立健全专门信用卡机构，合理配置信用卡业务专业人员。二是各分行要结合实际，制定、完善信用卡工作制度和内部管理制度。三是各分行要发挥各地地方优势，围绕现有的人、财、物配备情况，积极整合相关资源，内部挖潜，发挥资源的综合效益。四是当前信用卡业务竞争非常激烈，各分行要明确方向、抓住重点，认真学习其他分行好的经验，使信用卡工作取得更大的成绩。

1992 年 9 月 15 日—19 日，中国银行第四次全国信用卡工作会议在北京召开。会议主导思想是要认真学习和贯彻邓小平同志南巡讲话精神，总结经验、抓住机遇、解放思想、真抓实干，推动长城卡再上新的台阶。

会上，香港南洋信用卡公司苏诚信、中国银行新加坡分行张联利分别从信用卡业务发展、规范管理、市场拓展、资源配置等方面做了经验介绍，并对国内信用卡的发展提出了各自的建议，使全体与会人员能够了解香港中银集团和海外分行信用卡业务状况，收益很大。同时，会议也明确了下一步重点工作：一是各行要解决机构设置和业务范围问题，为信用卡业务发展创造条件，奠定基础。二是加强内部管理，提高工作人员素质，进一步改进授权服务问题，提高长城卡优质服务标准和服务质量。三是关于成立信用卡公司的问题，各分行如果通过人民银行审批，也具备成立信用卡公司的基本条件，总行将予以积极考虑。四是要完善地区信用卡协作区会议，继续坚持这个学习交流平台，定期组织成员行互相学习、观摩，总结并推广经验。

第五章
屹立国内业界之巅
1993—1996

1992 年，邓小平南巡讲话和中共十四大会议，为中国的改革开放和社会发展注入了新的活力，中国经济建设进入了一个蓬勃发展的新时期。中国金融体制改革深入推进，政策性金融与商业性金融分离，以中国人民银行为领导、国家政策性银行和国有商业银行为主体、多种金融机构并存分工协作的金融组织体系基本形成。同时，中国金融业务对外开放进一步扩大；金融电子化步伐加快，"金卡工程"在全国予以推广，确立了在我国 400 个城市覆盖 3 亿城市人口的广大地区基本普及金融卡应用的目标。面对金融改革浪潮的风起云涌，中国银行坚持"紧抓机遇，真抓实干"的精神，发挥海内外行的整体优势，大力拓展信用卡业务，加速收单、发卡业务系统规范化建设，以不断的探索与创新推动着中国电子货币的成熟化发展。

第一节　中国第一张海外信用卡——新加坡龙卡

90 年代初期，中国国内的信用卡产业日渐活跃，继中国银行发行长城卡之后，工商银行牡丹卡、建设银行龙卡、农业银行金穗卡、交通银行太平洋卡等各种卡片也相继推出。而随着改革开放的深入发展，我国涉外金融业务也在稳步发展，在引进外资金融机构的同时，也在有计划、有步骤的在境外增设或恢复金融机构，积极开拓海外金融业务。此时，中国银行以其稳健的海外业务优势，再一次开启了信用卡行业之先，在新加坡分行发行了我国第一张海外信用卡——新加坡龙卡，中国信用卡由此走出国门，走向世界。[1]

※ 同业竞争异常激烈

新加坡立于马六甲海峡之畔的璀璨明珠，是一个城市国家，原名为狮城，整个国家也是一座城市，有"花园城市"的美誉。在这里，中国银行谱写了一段信用卡发卡史上的传奇故事。

---

[1]　本节相关史料参考 1994 年 8 月 29 日《联合晚报》"龙的世界特辑"及张联利总经理口述。

53

1991年，为进一步拓展信用卡海外业务，中国银行信用卡部张联利调任中国银行新加坡分行。当时，新加坡银行业已经较为成熟，开业银行共计有200多家，且各行分支机构众多，甚至某一家外资银行在新加坡就有20多家分行。比较而言，当时中国银行只有4家分行，而且在中国银行发行信用卡之前，新加坡各大银行早已发行了自己的信用卡。同时，新加坡政府为避免社会出现滥用信用卡、追逐高消费的不良风气，对申请信用卡的条件设置极为严格。据统计，当时新加坡具有申请信用卡资格的仅有七万多人，且这些信誉良好人士早已拥有一张或多张信用卡。

总体而言，中国银行面临着激烈的同业竞争，信用卡市场近乎饱和，发卡业务竞争激烈，新加坡境内其它银行在信用卡业务和金融资源支持等方面都具有绝对优势。此时，中国银行要在新加坡信用卡市场上发行自己的银行卡，无疑面临了一场非常艰苦、竞争激烈的商战。

※ 中国第一张海外信用卡问世

虽然同业竞争激烈，自身资源匮乏，信用卡发行工作开始即处于不利局面，但中国银行新加坡分行全体员工并未退缩半步，而是坚定信心、兢兢业业，积极采取针对性措施，研究新情况，总结新经验，以实事求是的科学态度和勇于付出的献身精神迎接挑战。

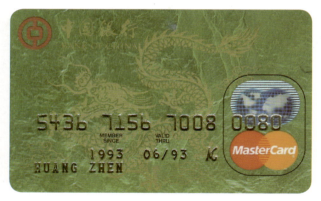

▲ 中国银行新加坡分行万事达龙卡

▲ 中国银行新加坡分行维萨龙卡

针对新加坡信用卡市场，新加坡分行做了细致而周密的市场调研，结果显示：新加坡是以华人为主体的社会，政府总理、部长以及大部分社会成功人士都是华人出身，他们普遍对中国传统文化有极

高的认同感和归属感。新加坡分行认为，龙是
中华民族（即大多数华人）的图腾、象征。龙
文化上下八千年，源远而流长，是中国文化的
突出符号，龙的形象深入到了社会的各个角落，
影响波及了华人社会文化的各个层面，海内外
华人都对自己是"龙的传人"深感自豪，如果
信用卡版面设计为以龙为主体图案，定可引起
新加坡华人社会的共鸣，在充满同质化产品的
信用卡市场中独树一帜。为此，新加坡龙卡的
概念就此诞生。

▲ 中国银行新加坡龙卡的创意团队（从左至右为林舜让、周丽云、陈川波、张联利）

　　1993 年 9 月 16 日，中国银行新加坡分行在新加坡文华酒店举行了"龙卡（Dragon Card）"发卡仪式。
龙卡有维萨龙卡和万事达龙卡，两卡图案相同，金卡和普卡分别以金黄、墨绿为底色，卡面是中国传
统图案"龙"，其形态恣肆舒展、闲适自居，而龙卡的宣传语更是极具感染力："龙的传人在龙的故乡
用龙卡。"

▲ 1993 年 9 月 16 日，龙卡发行仪式现场

※ 龙城书写传奇

　　新加坡分行龙卡发行以后，在新加坡华人社会中引发了一股申办龙卡热潮，新加坡规模最大的华

人银行行长也前往新加坡分行申办龙卡。无心插柳柳成荫，十二生肖是华人社会历史悠久的民俗文化符号，生肖文化蕴含丰富的传统思想和动物崇拜。现代，华人社会更是把生肖作为春节的吉祥物，成为娱乐文化活动的象征。因此，龙卡发行后，也受到了龙年生肖群体的追捧，冥冥之中龙卡开启了中国银行卡产业生肖卡的先河。当时，新加坡分行分别在新加坡《联合早报》和《海峡时报》刊登广告，随后，分别回收了 700 多份申请表，和 1000 多份申请表，反映出社会大众对新加坡龙卡产生了极大的兴趣。

中国银行新加坡分行在激烈竞争中打了一场漂亮的反击战。龙卡受到市场追捧，主要在于中国银行具有的独特优势：首先，中国银行是中国国有大型银行，来自于龙的故乡。随着改革开放的深化与扩大，中国巨龙已经腾飞在世界东方，中国银行依托日益崛起的祖国，把握住了发行信用卡的最好时机。其次，中国银行新加坡分行开展业务时力推中英双语通用，既符合新加坡政府的双语政策，也扩大了信用卡业务受益群体，为华人社会提供了极大便利的同时，也为英文背景的客户打开了服务窗口。第三，中国银行新加坡分行的龙卡持卡人可以凭借龙卡，在中国内地及香港、澳门众多特约商户刷卡消费，并享有专有折扣，这种优惠在当地信用卡中绝无仅有，具有较强的竞争优势。

在新加坡信用卡市场，龙卡后发而先至。仅一年时间，新加坡龙卡的发卡量（含维萨卡和万事达卡）超过两万张，其增幅在同业中稳居首位。如此骄人业绩至今还令张联利总经理记忆犹新："新加坡分行龙卡当年的发卡量达到了某大型外资银行新加坡分行 10 年发卡量，信用卡发卡仅一年就拿下了相当于中国银行新加坡分行存款业务经营六十年的市场份额。"

新加坡分行龙卡在信用卡市场中的优异表现震惊了新加坡业界，成为各大媒体争相报道的对象，当地知名华人报纸《联合晚报》还特地出版了"龙的世界特辑"，专题报道龙卡信用卡，并对张联利总经理进行了专访。

1994 年，中国银行新加坡分行被评为新加坡最佳发卡行。同年 5 月 26 日，在中国台北举行的"1994年万事达卡区常年会议"上，中国银行新加坡分行荣获了本年度亚太地区最佳促销银行奖的首奖，这是新加坡分行首次获得此项殊荣，也是中国银行海外分行第一次折桂此类国际奖项。

这一国际大奖实属来之不易。万事达卡国际组织首先从亚太地区 125 家会员银行中甄选出 58 家候选银行，共同竞逐四个奖项，然后从 58 家候选银行中筛选出 16 家在宣传和营销方面表现出色的银行入围，中国银行新加坡分行凭借出色业绩一路过关斩将，最终脱颖而出，荣获了最佳促销银行奖的首奖。

新加坡分行成功发行龙卡后，在中国银行海外分行中引起较大反响。借鉴新加坡的成功经验，英国伦敦分行也积极筹备发行信用卡，

▲1994 年中行新加坡分行荣获的"万事达卡最佳促销银行"水晶奖杯

▲ 1994 年 8 月 29 日《联合晚报》"龙的世界特辑"

以进一步推广海外信用卡业务，提升金融服务水平。1994 年 11 月，在中国银行的支持下，伦敦分行建立了信用卡支付结算系统，成功发行了"腾龙"信用卡。1995 年 12 月，中国银行新加坡分行与广东省分行合作，在新加坡发行人民币长城卡，首次将长城卡的发行范围由国内市场延伸至海外市场。

※ 英国伦敦分行发行龙卡信用卡

新加坡分行成功发行龙卡后，在中国银行海外分行中引起较大反响。借鉴新加坡的成功经验，英国伦敦分行也积极筹备发行信用卡，以进一步推广海外信用卡业务，提升金融服务水平。1994 年，伦敦分行向中国银行总行提交了《关于我行申请发行 VISA 信用卡的请示》（英秘字第 35/53 号），拟参照新加坡分行信用卡模式，设计、发行伦敦龙卡。1994年9月23日，中国银行总行回复：一是同意伦敦分行采用新加坡分行发行的龙卡版面，由于中国建设银行国内发行的信用卡改为龙卡，并完成注册，建议伦敦分行将信用卡名称改为"中国银行信用卡"，回避龙卡称谓。同时，为避免新加坡龙卡在国内特约商户拓展不利的教训，建议该卡名称为英文"BANK OF CHINA，×××BRANCH"。二是同意伦敦分行发行印有持卡人照片的信用卡，以防止不法分子冒用丢失、被盗的信用卡。由于此时VISA国际组织已采用CVVC CARD VERIFICATION VALUE安全防伪措施，建议伦敦分行购买相匹配的系统机器。三是中国银行总行就伦敦分行发卡申请分别致函VISA亚太区总部和欧洲区总部，两大区董事会分别在董事会上讨论通过。1994年11月，在中国银行的支持下，伦敦分行建立了信用卡支付结算系统，成功发行了"腾龙"信用卡。

 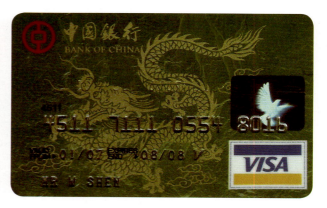

▲ 中国银行伦敦分行"腾龙"信用卡

第二节　系统建设日趋完善

※ 启动金卡工程

　　1993年6月国务院启动了以发展我国电子货币为目的、以电子货币应用为重点的各类卡基应用系统工程，即我们常说的金卡工程。金卡工程广义是金融电子化工程，狭义上是电子货币工程。它是我国的一项跨系统、跨地区、跨世纪的社会系统工程。它以计算机、通信等现代科技为基础，以银行卡等为介质，通过计算机网络系统，以电子信息转帐形式实现货币流通。1993年4月时任中共中共总书记江泽民亲自提出了全民使用信用卡的倡议，同年6月国务院启动了以发展我国电子货币为目的、以电子货币应用为重点的各类卡基应用系统工程——金卡工程。它的实现必将加速我国金融现代化步伐，从而提高社会运作效率，方便人民工作生活。金卡工程建设的总体目标是要建立起一个现代化的、实用的、比较完整的电子货币系统，形成和完善符合我国国情、又能与国际接轨的金融卡业务管理体制，在全国400个城市覆盖3亿城市人口的广大地区，基本普及金融卡的应用。

　　金卡工程明确了中国金融现代化的方向和目标，它的提出和实施，对中国信用卡产业的发展起到了有力的推动作用。中国银行积极投身于这项宏大而艰巨的工程之中,以"紧抓机遇,真抓实干"的精神,大力拓展信用卡业务,加速电子化建设,制定了分阶段实现区域性和全国性联网,不断完善系统网络建设计划,并以此为契机,实现了收单和发卡业务系统规范化发展的重大突破。

> **背景链接**:1993 年 6 月 1 日,江泽民总书记到人民银行清算总中心视察工作时指出,随着社会主义市场经济体制的建立,金融业在社会发展中的作用越来越显著,实现金融电子化,建设好金融信息网络,对于实现金融业的现代化具有积极的作用。
>
> 同年,党的十四届三中全会通过的《中共中央关于建立社会主义市场经济体制若干问题的决定》中明确要求:"实现银行系统计算机网络化,提高结算效率,积极推行信用卡,减少现金流通量"。1993 年 9 月 4 日,国务院副总理邹家华主持会议,听取了电子部关于实施电子货币工程(即:金卡工程)的总体方案和思想建议等情况汇报,并由此掀开了中国金卡工程建设的第一页。

※ 全国首家自动授权系统

为逐步改变人工授权模式,缩短授权等候时间,提高授权效率,中国银行总行决定引进自动授权系统。1993 年,中国银行天津市分行作为试点行,率先启动 POS(授权终端机)收单改造项目。实际上,这个项目在国内属于首创,没有任何经验可以借鉴,在实施过程中遇到很多困难。为此,总行请来台湾嘉利公司提供技术支持,在其帮助下开发了收单系统 CARD POOL,并在天津主要商户安装了 POS 机具。经过不懈努力,1993 年 6 月,中国银行天津分行在国内首家开通了信用卡自动授权系统,成功受理各种外卡和人民币长城卡的授权业务。天津分行的试点成功,使外卡收单授权交易从商户通过总行、国际组织到发卡行全程在线运作,也为全国各分行银行卡授权联网和境内发卡境外使用联机授权奠定了基础,实现了信用卡交易从人工操作向电子化、自动化的转变。[①]

※ 首创国际清算中心

国际清算系统对信用卡业务的国际化发展具有重要意义,也是衡量一家银行国际化发展实力的重要标志之一。在 1992 年以前,中国银行信用卡国际清算工作,只能通过手工收集单据交往香港有关银行进行清算,大部分收益都由清算行获取,中国银行只能获取少量的代办费用收入。为此,中国银行决心组建自己的信用卡国际清算中心。1992 年,中国银行信用卡国际清算中心正式成立,这是国内第一家清算中心,成立伊始即备受国内外同业瞩目。这是 1985 年发行中国第一张信用卡后,中国银行在信用卡领域再次取得骄人战绩。

---

① 根据中国银行天津分行徐如善口述整理。

▲ 中国银行信用卡部国际清算中心全家福

　　1993 年下半年，国内信用卡业务竞争更趋激烈，国内其他专业银行也准备相应成立信用卡国际清算中心，为此，清算中心向中国银行总行领导提交了一份关于引进国际上最先进电子清算系统 EDC 的可行性报告，希望中国银行继续加大资金投入，引进先进技术设备，确保中国银行在信用卡国际清算方面的领先地位。

　　1994 年初春，中国银行率先引进了电子清算系统 EDC，并同步指导分行和商户有关人员学习使用新系统，1995 年下半年，国际清算中心对中国银行 30 余家分行、1000 余家商户进行了培训指导。

1995 年国际清算中心清算总额达 20 亿元，占全国业务总量的 60% 以上，中国农业银行、中国建设银行、中信实业银行等多家银行的国际卡清算业务都在该中心完成。

　　通过应用 EDC 系统，降低了中国银行清算成本，减少了商户电话授权数量，提高了信用卡交易质量。同时，该设备不但具有自动授权功能，还可以提供电子清算服务，使中国银行的信用卡业务在自动化、电子化方面达到了国际先进水平，中国银行在信用

▲ 国际清算中心员工在机房工作

卡业务系统规范化方面取得了重大突破。

※ 第五次全国信用卡工作会议

1993 年 8 月 25 日—27 日，中国银行第五次全国信用卡工作会议在吉林市召开，此次会议除各分行代表外，港澳管理处、香港南洋信用卡公司、新加坡分行代表也参加了会议，并分别做了经验介绍。会上，周小川副行长做了题为《抓紧联网、强化管理、促进信用卡业务大发展》的重要讲话，充分肯定了中国银行信用卡跨越式发展取得的可喜成就，并就建设外卡清算系统、强化内部管理、综合控制风险、规范机构设置等方面提出了具体要求。会议明确了下一步重点工作：一是加速电子化建设，支持信用卡发展。二是落实规章制度，提高网络管理水平。三是健全内部机构设置，配齐信息技术人员。

※ 应用 AS/400 应用系统

1993 年以前，中国银行各分行的信用卡电脑系统相对独立，各地区数据交换难以实现电子化，黑名单等关键信息也难以快速有效传递。而且，不同发卡行往往基于不同硬件环境和数据格式，各自信用卡应用系统也各不相同，同样造成数据交换和信息共享困难。多数发卡行通常使用 PC 机运行系统，随着信用卡业务量逐年增长，也必然出现处理能力不够和存储能力不足，网络能力差和脱机时间长等问题。

为解决信用卡电脑系统方面存在的问题，适应信用卡业务高速发展的实际需要，1993 年，中国银行深圳软件开发中心和银行卡部合作，研发新一代信用卡电脑系统，设计一款能够实现发卡、收单、授权、清算以及管理的综合性系统。1994 年，深圳软件中心完成了 AS/400 信用卡应用软件系统开发工作，在天津分行实地检测系统运行。1994 年 10 月 1 日，天津分行 AS/400 小型机检测成功，系统正式上线。

1994 年 11 月，中国银行在天津召开 AS/400 信用卡应用软件系统推广培训会，全国 22 家分行派员与会。会上，中国银行副行长周小川表示，AS/400 应用系统是银行卡系统建设一次的大飞跃，这套系统提升了系统处理能力和电子化运营能力，实现了 PC 机处理到主机操作的升级，改变了各分行单独作战的格局，为中国银行信用卡业务系统的电子化、集成化和共享化奠定了基础。

※ 注册长城卡为驰名商标

1986 年，中国银行在国内率先发行了长城信用卡，填补了我国金融业务的一项空白。随后，中国银行根据信用卡业务发展需要，陆续发行了一系列长城信用卡，为推动我国信用卡业务做出了巨大的贡献。截止 1994 年 5 月，长城卡持卡人已达 152 万人，存款余额达 116 亿元，长城卡交易额950 亿元，特约商户超过 3 万家，中国银行下属的独立发卡行达 400 余家，中国银行长城外汇万事达卡可以在世界 170 多个国家和地区使用，长城卡已经成为国内外家喻户晓的知名品牌。但是，由于工作疏忽，中国银行一直未对长城卡进行商标注册，后来发现北京长城饭店已经先于中国银行注册了长城卡。

1994 年 5 月 27 日，中国银行向国家工商行政管理局商标局提出注册申请，要求商标局取消长城饭店注册的商标，将长城卡认定为中国银行的驰名商标。

※ 实现 ATM 外卡取现

1995 年，第四十三届世界乒乓球锦标赛在天津举行。为支持世乒赛顺利开展，向外国参赛人员和观众提供银行卡便利服务，中国银行决定由天津分行开展"ATM 外卡取现"项目的研发工作。

1995 年 2 月，天津分行组成了"ATM 外卡取现"项目开发小组，并将万事顺卡作为首期上线产品。在万事达卡国际组织和台湾嘉利公司的协助下，项目小组历经三个月，克服一系列技术难关，完成各类系统调试工作，"ATM 外卡取现"项目终于在在世乒赛开幕前夕正式投产上线，中国内地首次实现了 ATM 外卡的成功取现！ [①]

第三节　长城卡产品百花齐放

※ 开发医疗卫生市场

改革开放以来，伴随着国外来华旅游、商务人士日益增多，在我国大中城市、重要旅游所在地医院看病的外国患者也相应增加，传统的现金支付方式已难以满足国外来华人士就医的需要。九十年代初，国内医院尚未开展受理信用卡业务，这给国外患者在医院就医带来诸多不便。

▲ 中国银行与卫生部联合举办在医院推广使用信用卡发布会

北京是中国的首都，也是全国政治和文化中心，国外友人因就医而产生的信用卡支付需求也最为强烈。为此，中国银行信用卡部对北京医疗系统进行摸底评估，决定将中日友好医院作为合作伙伴，从而打开医疗卫生领域的信用卡受理市场。其原因在于：首先中日友好医院是日本援建单位，在该医院就诊的外国人比较多；其次中日友好医院院长有日本留学经历，思维相对比较开放，易于接受信用卡业务；最后，中日友好医院是卫生部直属医院，

① 根据原中国银行天津分行徐如善口述整理。

在医疗系统内级别较高，其受理信用卡将对医疗系统有较好的典型示范作用。

为此，中国银行信用卡部领导与中日友好医院领导进行了沟通交流，围绕医疗系统受理信用卡的发展趋势，就医病人就诊所享有的便利服务，以及提升医院金融支付管理水平等方面，双方进行了磋商，最后决定共同开展信用卡业务合作。

随后，中国银行与卫生部积极沟通，并达成了合作意向，中国银行长城卡将为全国各大城市、重要旅游景点的医院提供信用卡结算服务。1993年4月9日，中国银行与卫生部在人民大会堂举行"在医院推广使用信用卡发布会"，正式向医院系统推广使用信用卡，中国银行各分支机构相应与卫生厅下属医院相互协作，共同做好信用卡结算业务。

通过与卫生部协力合作，全国各地医院逐步开展中国银行信用卡结算业务，完善了中国医疗系统的服务环境，为国内外患者看病就医建立了一个优质、快捷的现代化信用卡服务系统。

※ 中国第一张金融智能 IC 卡

20世纪90年代初，智能卡在许多发达国家以及拉美、亚非等发展中国家得到了多方面的广泛应用。但是，我国银行业界对智能卡一直存在争论，认为智能卡只是现有信用卡和 ATM 机的一种替代或自然功能的延伸，难以给现有业务带来额外效益。同时，还存在着智能卡制作成本、客户接受程度、运作模式改变、信用卡市场需求等不确定因素，多家银行对引入金融智能卡一直举棋不定。

相对国内银行同业的困惑，中国银行对金融智能卡应用有着更为坚定的信心和清晰的认知。90年代初，中国银行启动了金融支付领域智能卡研究，联合国内几大研究所专门研发银行支付领域的智能卡系统，并确定海口、三亚、哈尔滨作为中国银行智能卡的试点城市。

1994年，被总行确定为全国智能卡试点后，中国银行海南分行认真贯彻落实总行发展

▲ 中国银行海南分行长城智能卡（IC 卡）发行仪式

战略，以独特的国际化视野，积极学习国内外智能卡技术，并配备专门工作人员，成立研发小组，全力以赴研发智能 IC 卡产品。

1994年6月30日，全国金融系统首家发行的 IC 卡业务推广会在海南隆重举行，智能卡在中国境内宣告诞生。7月1日，海南分行正式向全社会推出 IC 卡，成为全国第一家推出金融 IC 卡的专业银行。IC 卡卡面上方是中国银行标志和行名，下方是长城图案，左边居中是一个 CPU 芯片。IC 卡背面的左

上角为持卡人照片，右上方为持卡人姓名、身份证号码、IC卡卡号，下方为发卡行简短声明。

按人民币长城智能卡业务管理规定，凡是在中国银行海南分行开有企业存款、私人储蓄存款、长城卡客户以及同意IC卡章程规定或IC卡管理办法的申办人，均可成为IC持有人。IC卡分为公司卡和个人卡，公司卡由单位书面指定，并提供单位营业执照复印件及单位法人签名认可，个人卡只须在分行开立IC卡存款专户即可，IC卡有效期为半年。

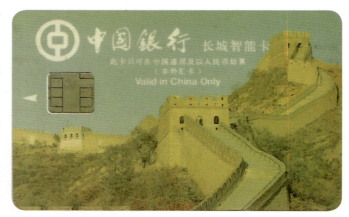

▲ 中国银行海南分行智能卡

中国银行长城智能卡是以当时最先进的智能卡技术为持卡人提供的一种全新金融服务系统，其填补了我国在金融智能领域的空白，提高了银行现代化服务水平，为推动海南地方经济发展和总行试点工作作出了卓越贡献。《人民日报》以"电子货币：IC卡"为题报道了海南中行这一创举。

同时，作为中国银行金融智能卡的试点，哈尔滨分行在也积极开展智能卡开发事宜，并确定由分行信用卡处负责此项工作，具体工作由处长高润庆牵头。随后，哈尔滨分行信用卡处多次组织专题会议研讨，组织实施实地调研，全力开发长城智能卡，并在银行内部发行了测

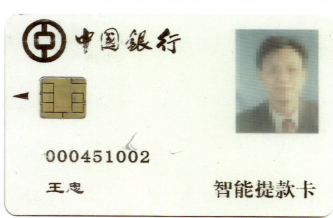

▲ 中国银行哈尔滨分行智能提款卡测试卡

试卡。最后，由于哈尔滨分行硬件和软件环境尚不成熟，长城智能试点工作最终搁浅，未能实现发卡。

※ 中国银行第一张长城联名信用卡

▲ 中国银行长城解百联名卡

20 世纪 70 年代以来，在信用卡盛行的西方国家，联名卡作为信用卡的一种系列产品得到了迅速发展。20 世纪 90 年代初，联名卡的概念传入中国。联名信用卡，顾名思义，是在信用卡基础上，由金融机构和盈利机构联合具名发行的信用卡，通常都是银行卡与公司会员卡、贵宾卡的有机结合。消费者申办的联名信用卡，除具有银行卡所具有的存取现金、刷卡消费、转账等全部功能外，还可以享有发行联名卡的合作公司所提供的各项优惠与服务。通过发行联名卡，实现了一种消费者、商家和银行共同获益的"三赢"模式。联名信用卡面世以后，其独特的优势很快吸引了众多的信用卡持卡人，并成为银行和商家力推的营销产品，风行一时。

1995 年 12 月，中国银行发行了中国第一张联名信用卡——长城 - 解百联名卡。长城 - 解百联名卡是由中国银行杭州分行与杭州解放路百货股份公司联合发行。该卡卡面图案与中国银行第三版长城人民币卡相同，只是在卡面右上角印有解放百货大楼标志以示区别。

长城 - 解百联名卡的发行，为中国银行与盈利机构在更高层次、更新领域中的合作作出了有益的探索，在为消费者提供便利与优惠的同时，也拓展银行与合作伙伴的业务空间。

※ 中国第一张艺术题材国际信用卡

1995 年 7 月 13 日，根据中国银行与日本 JCB 信用卡公司签署的合作协议，中国银行在北京分行、总行营业部试发长城 -JCB 国际卡。长城 -JCB 国际卡为外汇贷记卡，分为公司卡和个人卡两种，申请人无需事先开立信用卡存款保证金账户及信用卡备用金账户，有关账务结算通过北京分行、总行营业部开立的活期外汇存款账户操作。申请人申请该卡时，需事先填写直接付款授权委托书，授权中国银行凭其消费、取现凭证直接借记到申请人在北京分行、总行营业部开立的活期外汇存款账户，此类存款账户的相关业务需事先通知信用卡部门。因账户存取款与 JCB 国际卡消费不能同时反映在一份记录上，客户需持存折到柜台办理业务，先补登未登项，再办理存取款业务。

根据中国银行与日本 JCB 信用卡公司联合发卡的协议，发卡对象为在北京日本商社（或合资企业）及日籍个人（日本 JCB 信用卡公司负责审核）。同时，为给长城 -JCB 国际卡持卡人提供更优质的服务，中国银行要求北京分行和总行营业部设置专门窗口及咨询服务电话，指定专人负责长城 -JCB 国际卡发行工作，并随时保持与日本 JCB 信用卡公司北京代表处沟通联系。

▲ 中国银行长城–JCB 国际信用卡、国际商务信用卡

长城–JCB 国际卡选取我国宋代名画清明上河图局部图案为背景（取拱桥一段），画面典雅、古朴，墨迹似有似无，是中国境内最早的艺术题材的信用卡。

※ 中国第一张国际标准借记卡

1995 年 5 月 1 日，中国银行开通了外卡 ATM 取现业务，实现了国内通往境外的银行卡自动取现的通道，规范了中国银行 ATM 取现的技术标准。在此基础上，为将中国银行的银行卡推向境外，实现在境外 ATM 取现，中国银行继续研发符合国际标准的长城借记卡。实际上，符合国际标准的联线借记卡具有不能透支，可以在全国范围内通存通兑，开立过程中无须对持卡人信用审查等特点，这种产品特性可以弥补长城信用卡信用审批严格造成的市场空缺，既可满足社会高端人士需要，又可服务于工薪阶层。

1995 年秋，中国银行与万事达卡国际组织在北京国门饭店召开了联线借记卡座谈会，就联线借记卡系统建设与发行工作进行了沟通交流。随后，中国银行应万事达国际组织的邀请，派出由中国银行银行卡部侯平副总经理带队、总行和天津分行工作人员参加的考察团，赴国外考察联线借记卡的业务应用和实践情况。通过实地考察，全面了解了联线借记卡的开发、运作、规章制度、技术标准等内容，为下一步研发联线借记卡奠定了较好的基础。

1996 年 4 月，中国银行总行科技信息部、信用卡部联合召集深圳软件中心、广东省分行、山东省分行、天津市分行等部门有关人员进一步研究联线借记卡的软件开发问题。在万事达国际组织的支持下，中国银行选择了系统条件较好的天津分行、广东省分行和山东省烟台市分行作为试点，开始进行联线借记卡的研发工作。电子借记卡的全部交易均需在电脑联线方式下进行，因而对技术要求很高，由于国内的系统建设水平和技术发展与国外存在较大差距，研发工作遭遇了许多技术难题。为此，中国银行多次与台湾嘉利公司等技术支持伙伴进行沟通交流，最终研发出真正符合国际标准的借记卡产品。

1996 年 6 月 1 日，在中国银行长城信用卡发卡十周年之际，中国银行首家推出符合国际标准的人民币借记卡—长城电子借记卡。长城电子借记卡是中国银行贯彻中国人民银行指示精神，按照万事达

▲ 中国银行长城电子借记卡

国际组织发行的 CIRRUS 和 MAESTRO 标准开发的联线运行的电子记账卡，此卡向个人发行，具有存款、取款、消费等功能。持卡人领卡无须提供担保，支付凭个人密码，无须提供身份证件和核对签字，只要密码正确，账户存款有相应余额即可支付。长城电子借记卡可在 ATM 上取款，在各储蓄网点存取款，也可在特约商户消费。发行初期，此卡在试点城市范围内运行，可用于单位代发工资，代收各种费用，也可用于个人在本市存取款和消费。

中国银行长城电子借记卡由总行设计，统一印制。此卡卡面以青色为主，左下角为长城图案，右上角为地球。长城基线延长并有一条垂线指向右上角地球中中国所在的位置。按长城电子借记卡章程规定，此卡卡号为 19 位，不分组排列，最后一位是校验码。按照长城电子借记卡章程规定，年满十八岁的个人向中国银行提交本人身份证，如实填写申请表，可以申领长城电子借记卡。

1997 年，中国银行更换长城电子借记卡版面。此时中国银行银行卡应用网络 NIC-NAP 投入运营，此网络同时支持长城电子借记卡和外卡收单业务，使银行卡应用网络进入国际化、标准化、统一化的新阶段。第二版长城电子借记卡卡面设计不同于 96 年版借记卡，卡面为乳白色，以长城的线条图为主图案，简洁大方。

▲ 中国银行长城电子借记卡（第二版）

1998 年，为规范、统一全国各行借记卡业务，加快长城电子借记卡推广应用，向持卡人提供更为方便、快捷服务，总行下发了《关于修改长城电子借记卡业务管理办法有关规定的通知》，要求对有关规定作出修改：一是借记卡不设置有限期限。新制的空白卡卡面取消借记卡正面英文 "VALID THRU" 字样，原借记卡卡面可继续使用；二是各行借记卡的制卡可采取预制卡方式，借记卡的账号与活期储蓄账号预先建立对应关系，卡面不必印制持卡人姓名，以保证客户当即申请和领卡；三是单卡户、卡折共用户持卡人借记卡密码丢失或遗忘不予挂失等规定。

长城电子借记卡采用国际统一卡号编排规则和写磁标准，可以在 ATM、EDC 终端上方便使用。长城电子借记卡的推出，满足了服务于大众的需求，使长城卡的系列产品向分类化、层次化进一步发展。

※ 试发人民币长城照片卡

1995 年 7 月 1 日，为拓展长城卡业务，增强长城卡市场竞争力，降低风险损失，提高安全保障水平，中国银行按照万事达国际组织的设计标准，面向社会试发了人民币长城照片卡。

▲ 中国银行人民币长城照片卡

照片卡分为普通卡和金卡两种，在设计上采用万事达国际组织 1992 年的设计标准，卡片正面与通行的普通卡和金卡完全相同，但对卡片背面的文字和签名条进行了压缩并向右移动，预留出印制照片的空间。发行照片卡时，须在卡片背面印制持卡人当年免冠像，换卡时也应换上当年彩色免冠像。

中国银行照片卡不但具有长城卡通用的金融使用功能，并且使验卡工作更为直观、方便，增加了安全系数，能够更好地为特约商户、发卡行、持卡人提供金融服务，具有较好的发展前景。

1996 年 2 月 15 日，随着照片信用卡在市场的推广使用，中国银行各分行陆续发行了人民币长城彩照卡。为加强卡片管理，总行对长城彩照卡的卡面编排做出了相关规定。要求长城彩照卡的照片位置位于卡背面左下角空白处，照片大小为：高 20MM，宽 18MM，照片上沿距持卡人签名条 1MM，照片右侧距证件号码字符 5MM。照片应为申请人当年免冠彩照，不能以自然风光为衬底，头像要与照片衬底有明显反差，但衬底颜色不做统一规定。长城彩照卡的证件号码必须印写全位，字体为黑体阿拉伯数字，字号为 5 号字，证件号码首位距卡面左边界 37MM。卡号凸凹字不得打在持卡人面部，以免影响辨识。

▲ 中国银行第二版人民币长城照片卡

※ 开发长城智能加油卡项目

为做好信用卡业务中间市场份额，实现零售业务、公司业务联动发展，按照中国银行以大公司、大零售业务并重，以信息科技为依托的战略发展要求，1996年5月，中国银行北京分行与中石化北京市石油分公司达成了联合开发加油卡项目意向，决定合作开发以智能卡为支付工具的长城加油卡。8月11日，合作双方草签了《加油卡项目合作协议书》。1997年5月，在试点工作的基础上，双方正式签署了《合作开发长城加油卡项目协议书》，长城加油卡项目正式启动。

▲ 中国银行—石油公司石油卡签字仪式

此后三年，中国银行北京分行全力协助中石化北京市石油分公司对其所属81个加油站进行卡机连动改造，实现自动化加油，并在中石化北京市石油分公司及20个区县分公司建立了计算机业务管理总中心及分中心，在81个加油站建立了加油站电脑管控系统，在销售加油票的所有石油公司网点为持卡人提供发卡储值服务，在北京分行信用卡处建立了年处理能力为30万张IC卡的制卡中心和数据处理中心。

1999年5月1日，北京市东城、西城、崇文、宣武等城内八区18个发卡储值点、32个加油站正式投入使用，各发卡点开始受理社会客户办卡申请，中国银行长城加油卡正式面向社会发行。以长城加油卡项目为契机，1997年中国银行北京分行与北京市石油产品销售总公司签定了银行企业合作协议，石油公司在北京分行开立了基本结算帐户。据统计，1997年底—2001年底，石油公司在北京分行的流动资金贷款余额平均保持在2—3亿元左右，最多达4亿元；日均存款余额4000万元左右，承兑汇票现累计发生额为2亿元，综合效益良好。

▲ 中国银行长城加油卡

2000年6月8日，在北京地区成功发行长城加油卡的基础上，中国银行总行领导批准了零售业务部、公司业务部、信息科技部及法律事务部共同提交的《关于上报中国石化金卡工程合作协议书和执行方案的报告》。6月9日，中国银行与中国石油化工股份有限公司正式签署了"中国石化金卡工程银企合作协议书"（同期，中国建设银行和中国农业银行也与中国石油化工股份有限公司联合签署加油卡项目合作协议），在金卡工程领域开展全面合作。随后，中国银行项目工作组协助中国石油化工股份有限公司制定了《中国石化金卡工程总体方案》，编制了《中国石化加油集成电路 IC 卡应用规范》，参与了向国家有关行业主管部门提交立项申请和报告等有关工作，并制定了金卡工程的试点方案，协助中国石油化工股份有限公司在金卡工程建设核心工作方面取得了突出成绩，得到该公司充分肯定和赞扬，成为银行企业深度合作的典范。

※ 规范长城专用卡管理

中国银行开展长城卡业务以来，为拓展长城卡业务市场，为长城卡持卡人提供多方位服务，增强同业竞争能力，吸引社会各界人士申领使用长城卡，中国银行各分行陆续开办了长城专用卡业务，包括加油卡、通讯卡、水电费卡、交税卡、结算卡等。

▲ 中国银行税收卡、加油卡

1995 年 6 月 21 日，为提升中国银行长城卡的品牌影响力，规范长城专用卡管理制度，中国银行下发了《关于加强长城专用卡业务管理的通知》，对各地分行发行长城专用卡作出相关规定：一是各发卡行发行的专用卡，均为中国银行长城卡系列产品，各种专用卡名称前必须冠以"长城"两字。如"长城加油卡"、"长城交税卡"等。二是各种长城专用卡不得使用现行长城信用卡的版面，须另行设计卡

▲ 中国银行长城加油卡、储值卡

种版面，在设计专用卡版面时，可使用长城卡卡徽。三是各发卡行发行的专用卡只限在发卡城市作为专项业务结算，不得代替长城信用卡结算功能或跨区使用。四是各发卡行开办长城卡之前，须将版面设计、卡种名称、业务性质、功能特点、结算用途等，向中国银行总行报告，待批准后方可开办。五是各地分行不得将长城提款卡（ATM）视为专用卡使用，在开办 ATM 业务时，必须使用中国银行统一的长城提款卡。

※ 规范长城联名卡管理

为促进中国银行长城卡业务的发展，加强中国银行与全国知名单位或集团的联系合作，扩大长城卡持卡人市场，丰富长城卡业务范围，1995 年，中国银行明确长城联名卡是长城信用卡的系列品种之一，其发行、管理必须遵循人民币长城卡的基本原则，维护好长城信用卡的良好信誉，并决定挑选几个分行，与商业、学校、电讯、旅游、航空等知名集团试发行长城卡，取得经验后在逐步推广。

▲ 中国银行长城复旦大学联名卡

1995 年 11 月 24 日，中国银行下发了《中国银行长城联名卡业务管理暂行办法》，作出如下规定：一是长城联名卡是由中国银行与指定的企业单位联合发行的长城信用卡，其发行和使用必须遵循中国银行人民币长城卡章程各项规定。二是中国银行长城联名卡的联名单位必须是国企或中外合资的大型企业。各发卡行准备发行长城联名卡之前，须对联名单位的行业、性质、资产、利润、信誉等情况调查分析，在本地同行业综合效益名列前茅的，方可考虑选定为联名单位。各行发卡前须提前向中国银

▲ 中国银行长城劳动模范联名卡、纳税卡

行总行信用卡部完备申报手续。三是中国银行长城联名的版面必须使用中国银行人民币长城卡的标准版面。除在版面右上角指定位置可印上联名单位标记或徽志外，不得改变长城卡整体版面和文字内容，长城联名卡正反两面的设计、图案、技术要求、文字说明，必须按总行确定的标准办理。四是长城联名卡包括单位卡和个人卡，单位和个人可分别申领。五是地区性质的长城联名卡版面，以长城电子借记卡为主，可在右上角加印联名单位名称或 LOGO，不得使用长城信用卡版面；由中国银行总行签约的长城联名卡，可使用长城信用卡版面。

※ 长城卡代收电信费用

改革开发以来，我国电信事业同样取得了令人瞩目的成绩，由于电信用户迅速增多，缴费难逐步成为电信部门亟需解决的问题。中国银行代收电信费用或通过长城卡支付电信费用是缓解缴费难、改善电信服务的有效途径之一。同时，中国银行代收电信费用也会取得较好的经济效益。1996 年 6 月 7 日，为实现双方互利共赢，中国银行与中国邮电电信总局就代收电信费用多次协商，并达成以下共识：一是中国银行各分支机构与相应邮电企业要积极合作、共同协商，尽快推出长城卡代收电信费用业务。二是中国银行代收电信费用可采取多种服务，包括电信用户使用长城卡自动转账，持卡人到电信营业点凭卡付费，用户前往银行营业网点以现金或信用卡交纳电信费用，建立电信付费专用付款账户等多种形式。三是双方要签订相关代收协议，明确收费方式、风险责任等问题，并按照协议内容开办电信费用代收服务。

▲ 中国银行长城移动通讯联名卡、联通缴费卡

※ 召开信用卡专题研讨会

1996 年 1 月 30 日，中国银行在北京召开 1996 年信用卡业务产品规划开发研讨会。会议历时 4 天，达成了以下共识。一是长城卡产品发展要战略性转变，推广具有规模性、效益性的产品，培养消费能力强的持卡人队伍，提高长城卡交易中直接消费的比例。二是推广长城卡系列品种，发挥联名卡、地区卡、专用卡对长城信用卡的优势互补作用，推广发行具有国际标准的联线借记卡，首先在天津市分行试发联线借记卡，并逐步在全国有条件的分行进行推广。三是实现集中授权、清算，尽快建立起省内网络内、外卡整合，可以与中行网络连接，省辖内各行之间的授权、清算通过省辖网自行处置，跨

省授权、清算通过总行网络实现。

第四节　十年磨砺书写传奇

　　中国银行长城信用卡，是中华大地上最早诞生的自主品牌信用卡，历经十年磨砺，信用卡受理范围不断延伸，信用卡发放规模日益扩大，对树立中国银行作为国际化大银行的形象发挥了重要作用，取得了中国货币电子化的骄人业绩和瞩目成就。截至1995年底，中国银行独立发卡行达480多家，特约商户从八十年代初的300家发展到52405家，发卡量达350万张，存款余额达193亿元，累计交易额近1万亿元人民币，存款余额和交易额均名列国内同业之首。十年间，长城卡的发卡量年平均递增134%，存款余额年平均递增566%，交易额年平均递增706%。

▲ 长城卡发卡十周年庆祝会议

　　经过十年发展，中国银行在提供优质服务的同时，长城卡金融功能也在不断扩展。在长城卡原有消费、转账、取现、购物透支等功能基础上，陆续开发了长城卡代发工资、代收费等增值业务。中国银行部分分行还发行了长城联名卡、专用卡、储值卡、IC卡等特色银行卡。同时，长城卡受理网络不断延伸拓展，截至1996年，中国银行在全国各地已安装POS机6500台，ATM1600台，EDC4200台，长城卡收单CARDPOOL和NAS（Network Authorization System）授权系统也正在向全国各地延伸。①

---

　　① 引自《中国银行长城卡十年发展概况》。

1995 年 5 月 12 日，为策划中国银行长城卡十周年纪念活动，扩大长城卡品牌影响力，中国银行信用卡部要求各分行上报十周年相关资料，对各行十年里在信用卡业务中取得的成绩归纳总结，编制大事记，拍摄反映各行信用卡业务发展情况的录像，收集与信用卡业务发展相关的照片和图片资料，全面总结中国银行十年来的辉煌成就和业绩。

1996 年 6 月，时值长城卡发卡十周年之际，中国银行在庄严雄伟的人民大会堂举办了盛大的纪念活动。中国人民银行、工商银行、建设银行、农业银行、交通银行、外管局、五大国际卡组织均派代表到会，共同祝贺中国银行信用卡发展历史上的里程碑时刻。

▲ 中国银行在人民大会堂举行发卡十周年纪念活动

活动中，时任中国银行行长王雪冰致辞发言，他说，回顾长城卡十年，我认为信用卡这种先进的支付工具在中国有广阔的发展前景，就其功能、科技含量来说，在金融流通领域中所发挥的作用是难以估量的。为此，中国银行要继续大力发展信用卡事业。中国银行发行长城卡十年，硕果累累、成效显著。在一定意义上，这只是走向电子货币里程的初始阶段，我们必须吸收国外的先进经验，积极与国际接轨，实现长城卡现代化、规范化和标准化。在今后信用卡业务发展中，要本着强化管理、促进发展、增加效益、降低风险、加快实现信用卡集中授权、清算的指导思想，以电子化为先导，继续发展高品位的信

▲ 中国信用卡走向 21 世纪研讨会暨发卡 10 周年纪念仪式

▲ 1996年沈阳分行开展庆祝长城卡发卡十周年有奖消费活动　　　　▲ 中央电视台"东方时空"记者采访长城持卡人

用卡，推广多功能、多品种、多领域使用的长城卡系列产品。

　　按照中国银行总行要求，全国各地分行纷纷利用长城卡发卡十周年契机，宣传推广中国银行信用卡业务，举办系列缤纷多彩的营销活动，全力在中国金融市场上推广"长城"这一金字品牌。

　　信用卡，这一源自国外的舶来品，随着在中国应用范围日益广泛，渐渐走进了中国社会大众的生活之中。在中国银行引进东美信用卡近二十年，长城信用卡发行十年之后，1996年7月13日，《现代汉语词典》重新修订出版，共增补各类词语9000多条，其中包括"信用卡"一词。

第六章

竞争驱动战略转型
1997—1998

20世纪90年代末，亚洲金融危机爆发，灾难性的浪潮席卷全球，也给中国经济和金融业带来了巨大的冲击和阻力。面对国内外形势的新变化，中国政府制定了增加投资、扩大国内需求、拉动经济增长的政策方针。此时，中国的金融体制改革也迈出了关键性的步伐，银行、证券、保险分业经营和分业监管体制初步形成，商业银行市场化取向的改革稳步深入，《银行卡业务管理办法》等一系列规章制度的出台，标志着国家开始加强对银行卡市场发展的监管与规范经营管理。随着金融体制市场化改革的全面推进，国内信用卡行业呈现出百家争鸣的竞争态势。在各家银行挟后发之利、蓄势出击的市场角逐中，中国银行的信用卡业务在经历了十余年的大发展之后，面临着前所未有的挑战与困境。在外部竞争、监管强化、形势突变的多重挑战下，中行开始积极探索内部体制和机制变革，寻求由分散到集约、由粗放型到质量效益型发展的战略转变，为把信用卡事业推向新世纪做好最关键的冲刺。

第一节　谋求持续创新发展

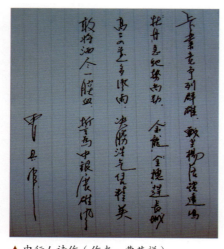

▲ 中行人诗作（作者：曹其祥）

20世纪90年代末，国内信用卡市场群雄并起。中国工商银行的牡丹卡、中国建设银行的龙卡、中国农业银行的金穗卡、交行太平洋卡等后发之师强势出击，全方位角力信用卡市场。1996年，中国工商银行一跃成为中国发卡量最大的银行，牡丹卡发行量猛增到887.4万张。

此时，经历了十余年大发展的中国银行，在竞争洪流的冲击下，前进步伐开始日趋缓慢，先发优势逐步成为守旧隐忧，多年沿袭下来的分散性经营模式，造成区域相互割裂；原有的行政性管理体制，导致业务指导僵化。而且，中国银行近500家发卡行和相应数据处理点的分散式运作，造成了小而全、低水平上的重复建设，导致信用卡业务资源浪费、服务水平低下、操作一人多岗、缺乏制约监督，不仅严重制约了信用卡业务发展，也存在着诸多金融风险隐患。面对这种局面，促进信用卡业务健康发展，增强活力，寻求突破、谋求变革成为中国银行上下的共同诉求。经过反复研究论证，中国银行总行决定有步骤、有计划的对现有信用卡经营、管理、运作体制进行改革，从而建立起适应市场竞争需要和中国银行商业化发展要求的新体制。

※ 实施六统一战略

面对市场形势的深刻变化，1997 年，中国银行提出信用卡业务要实施"逐步向统一授信、统一发卡、统一结算、统一授权、统一宣传、统一系统发展"（简称"六统一"）的宏大战略，明确了信用卡经营机制改革的基本方向，确定了中国银行信用卡业务的战略目标。

一是启动中国银行信用卡三级中心建设。当时中国银行业务模式为分散性的点到点授权、清算，职能上存在交叉重叠，既浪费金融资源又效率低下。因此，中国银行开展了以统一规划、集中经营为目标，以总行、省级行、中心城市分行为主体的三级集中式信用卡管理及运作体系建设。其中，总行信用卡部设立全国性信用卡运作中心，负责跨国家、跨省及跨商业银行间的信用卡授权、清算交易的转发、处理；省级行设立省级信用卡运作分中心，负责省内跨行授权、清算交易及跨省向总行授权、清算交易的转发、处理；地市级中心城市设立发卡中心，取消信用卡业务量小、电脑运作能力不强的独立发卡行，改由中心城市发卡中心负责周边发卡行的发卡、授权、和清算。中国银行总行以省级信用卡部门建设为重点，率先实现信用卡区域性集中运作模式，为中国银行信用卡三级中心建设奠定基础。

二是电脑网络集中化。1998 年伊始，中国银行在 AS/400 系统上推出全省集中业务处理模式，对于未使用 AS/400 系统的分行，则通过基于 UNIX 平台开发的新一代集中处理业务系统，实现全省信用卡业务的集中式处理。同时，中国银行向各分行推广信用卡综合应用网络（NIC-NAP），逐步整合原有相对独立的、非标准化的网络系统，使 NIC-NAP 成为中行信用卡综合业务的专用高速通路，并通过此套系统，逐步实现了国际 ATM 卡的收单清算、国际借记卡的授权转接和清算、国际信用卡的收单清算、各行人民币长城卡系统授权转接和清算等业务。经过不懈努力，1998 年，山西省分行实现了信用卡系统省级集中，成为中国银行首家实现这套系统的分行，在中国银行系统集中运作的道路上迈出了可喜的第一步。当年 9 月，中国银行在山西太原市召开了"中国银行信用卡系统集中模式现场推广会"，会上充分肯定了山西分行的工作成绩，并要求各分行锐意进取，早日实现系统省级集中的目标。

三是推出长城卡新标识。为塑造中国银行整体形象，强化长城卡品牌意识，1998 年元旦，中国银行正式推出新标识。新标志以蜿蜒的长城为主画面，通过黑白色彩的明暗对比，显示出恢弘而磅礴的气势，画面下方写有"GREATWALL CARD"字样，印在长城卡背面右下角。为了达到宣传效果最大化，中国银行在全国性报纸《人民日报》《经济日报》《金融时报》

▲ 中国银行长城卡新标志

上发布公告，向社会推广新标识，并在中央电视台一台、三台、八台以及凤凰卫视的黄金时段投放了长城卡品牌广告，每周六播出，时间达一年已久。经过这种全方位、连续性的宣传，在国内重新掀起一股"长城"旋风，"长城"成了妇孺皆知的响当当品牌。新标识的推出，在社会大众心目中树立了长城卡品牌形象，突出的标志方便了持卡人用卡和特约商户受卡，起到了通过品牌带动业务发展的作用，也使中国银行 CI（Corporate Identity）整体形象的塑造向前大大迈进一步。

四是全面收缩发卡行。1997 年初，中国银行共有 495 家独立发卡行和相应的数据处理点，各家发卡行不论大小均自成体系，应用系统、硬件环境种类繁多，形成了分散发卡、分散授权、分散清算的局面。在这种小而全、多而散的业务模式基础上，研发和推广中国银行新产品和新服务，必然会遇到较大的困难。面对激烈的市场竞争，中国银行选择了收缩卡行，推行区域集中制，形成全国信用卡业务一盘棋的局面。1998 年，全行加大收缩发卡行力度，省行成为信用卡业务改革的排头兵，其负责统一部署指导，合并省会城市信用卡业务，逐步取消县级行和部分地市级分行的独立发卡权，改为上级行代发卡，并将电脑联网和业务处理逐步向中心城市集中。

商业银行体制改革：国有独资商业银行分支机构调整

《中国金融统计年鉴》1999

我国四家国有独资商业银行的分支机构基本上是按行政区划设置的，机构重迭的问题相当普遍，往往是同一城市里，同一家银行既有省分行，又有市分行。前些年竞争激烈，各银行又不顾业务量的多少，盲目设点，致使一些机构网点业务不足，成本高攀，效益很差，甚至严重亏损。1998 年，国有独资商业银行大刀阔斧地进行分支机构的调整，合并了 100 多家同地双设的分支机构（包括省市分行的合并、地县级分支行的合并），撤销了 9000 多个业务量少或长期经营亏损的营业网点。收缩了战线，精简了人员，节省了开支，提高了工作效率和经济效益。

※ 改革信用卡管理体制

信用卡组织机构组建之初，中国银行总行与省级行、省级行与辖内信用卡部门之间普遍存在行政色彩过浓，缺乏上下资金调拨、成本核算和利润考核的关系。信用卡业务发展中权责不明、收支不清的问题也逐步显露出来。为此，中国银行总行决心进行信用卡体制改革，并确立了三步走的改革步骤：近期目标是各分行全面推行信用卡内部核算、中国银行信用卡部和部分分行信用卡部门建立集中管理、统一核算的经营管理体制，远期目标是条件成熟时中国银行实行信用卡业务公司化。

1998 年，中国银行全面启动了改革方案，即所谓的"三四一零零工程"，在各分行全面推行信用卡内部核算时，中国银行重点指导北京、天津、上海三家分行、深圳、沈阳、济南、宁波四个计划单列市分行以及 100 家主要分行，全面推动信用卡体制改革。

同年 4 月，中国银行下发了《中国银行信用卡业务内部核算办法（试行）》，对内部核算改革做出具体指导和安排，计划建立起以利润考核为主的新的效益评价体系。《办法》要求各分行年初应根据关键因素对信用卡部门核定业务指标、费用指标、风险控制指标、利润指标和其他指标，并按季度进行分解、分析、考核。中国银行总行负责对省、直辖市、自治区、计划单列市分行的信用卡业绩进行考核，各分行负责对其所辖信用卡部门业绩情况进行考核。

这次改革从根本上触动了原有经营管理体制，范围大、程度深，也遇到了很大的困难和阻力。为了做到改革措施切实可行，中国银行会同7家重点行，共同研究制定了内部核算改革具体实施方案。经过中国银行系统上下的共同努力，信用卡内部核算机制开始全面推行。同年10月，31家分行上报了损益表和业务状况变动表，1998年上半年中行信用卡业务实现收入64842万元（其中金融企业往来利息收入45098万元，占69.55%，手续费收入15310万元，占23.61%，利息收入为3748万元，占5.78%），创造纯利润12788万元，中国银行系统31家分行中有27家分行实现了盈利。通过实施信用卡业务内部核算，促使中国银行各分行更加重视投入产出比，树立起效益优先的工作思路，同时也为中国银行进行业务规划和管理提供了重要的参考依据。

※ 整合零售业务体系

1998年，中国银行按照国家对金融工作的要求，把加强内控制度建设、防范和化解金融风险作为全行重点工作来抓，确立了"城市化、国际化、全能化"的发展方向，并对中国银行组织机构、管理体制和运行体制进行了重大改革。在业务发展体制方面，初步建成了零售、公司和投资银行三大业务领域的组织框架和管理运行体系，形成了适应市场竞争需要的营销机制。

根据中国银行总体改革安排，1999年中国银行按照"大零售"模式，以原信用卡部为基础构建了零售业

▲ 中行2001年全国零售业务工作会议（刘明康行长、华庆山副行长出席）

务部，在各分行组建了零售业务处，同时，在部分重点分行成立了银行卡中心。改革后零售业务体系的业务范围主要由四大块组成：储蓄存款、信用卡、消费贷款以及四代业务（代收、代付、代理、代售）。

此次整合是1989年信用卡业务从国际业务部中分离出来后的回归，整合后零售业务占了中国银行的"半壁江山"，改变了过去分散和个体式的发展模式，整体优势和体制优势初步显现，在产品开发、市场开拓、电子化建设和客户服务等方面可以统筹考虑和规划，形成集约一体化的管理和经营体制。

第二节　突出长城卡业务重点

1996年全国信用卡工作会议确定了信用卡业务逐步向层次化、分类化、多方位服务化发展的总

体思路，1997 年中国银行确定了长城卡系列产品的发展原则：将长城信用卡定位为中国银行的"基础卡"，以长城信用卡为龙头产品，强化其高品位、高标准优质服务的特性；以长城电子借记卡为普及型产品，扩大持卡人市场范围；以联名卡、专用卡为衍生产品，提高长城卡市场及商户市场的综合竞争实力。

※ 长城金卡优质服务

1996 年 2 月 16 日，中国人民银行出台了《信用卡业务管理办法》（银发［1996］27 号），规定信用卡是指中华人民共和国境内各商业银行（含外资银行、中外合资银行）向个人和单位发行的信用支付工具，具有转账结算、存取现金、消费信用等功能。信用卡按使用对象分为单位卡和个人卡；按信誉等级分为金卡和普通卡；按币种分为人民币卡和外币卡；按载体材料分为磁条卡和智能卡。其中，单位卡必须在卡面左下方的左边凸印"DWK"字样，在"DWK"字样的右边凸印持卡人姓名（拼音）。单位卡不能取现，且不得用于 10 万元以上的商品交易及劳务供应款项的结算。而单位卡的主要用途就是差旅人员在途时支付各项费用以及单位异地结算。当时我国民航、铁路、水运、汽车等售票点均不受理信用卡，符合财政部报销标准要求的旅馆和餐馆大多也不受理，且不允许异地取现，因此信用卡满足差旅人员付款需求的能力大打折扣。此外，单位（特别是大中型企业）的结算金额往往较大，10 万元付款上限基本上封死了信用卡快捷、方便的结算通道。因此，上述规定出台后，企业对信用卡的需求不大，纷纷出现客户退卡的现象，信用卡市场出现了萎缩退步。

▲ 中国银行长城单位卡金卡、普卡

长城单位卡是中国银行信用卡的主要收入来源，在监管强化、利润收窄的情况下，中国银行将目光转向了层次高、收益好的长城金卡上。经研究，中国银行确定了以全面改善金卡服务为先导，推动中国龙头产品长城信用卡业务发展的总体方针，逐步实现信用卡业务从大额转账结算型到直接消费服务型转变。此方针确立后，明确了信用卡市场提升综合效益的方向，也为贯彻落实大力发展基础卡的业务要求找到了突破口。

1997 年 76 月 31 日，中国银行下发了《长城金卡优质服务暂行办法》，规定金卡申办不限行政级别、技术职称和持有长城普通卡的年限，而是根据客户资信能力评审是否发放金卡。凡信誉良好、消费能力强的社会人士和资信状况良好的国营公司、上市公司、三资企业、集体企业、私营公司等均可申办长城金卡（包括个人金卡、单位金卡和员工金卡），现有长城普通卡持有人中年消费个人卡参考过5万元人民币、单位卡超过10万元人民币，资金状态良好的，均应主动建议其改换长城金卡。同时，在中国银行存入保证金达到6万元人民币或以等值有价证券办理质押的一般社会公众均可申领长城金卡；在中国银行开立基本结算账户或由贷款关系的企业单位均可申领长城单位金卡。金卡发放量原则上控制在有效长城信用卡的6%—8%之间。总行还对提升金卡的服务质量提出了一系列要求和举措：金卡发卡行必须为持卡人提供长城金卡24小时热线电话，为持卡人提供咨询、投诉、救援等服务，地市级以下发卡行非营业时间可由上级行代为提供热线电话服务。办理金卡授权时，等待时间不得超过10分钟；提供紧急补发卡和紧急现金支援服务；为在我行开立账户的持卡人提供自动补款的还款服务；此外还为长城金卡持卡人提供以金卡购买签约航空公司机票和支付旅游费用时提供旅行意外保险、以金卡购买大宗物品时提供购物保险、异地订房订票、财务分析控制等附加服务。

1998年7月1日，中国银行总行开通了人民币长城卡金卡客户专属的800免费电话，号码为800-810-0100，该号码仅为人民币长城金卡持卡人提供，不对外公布，由银行采用寄送对账单形式通知长城金卡持卡人。当持卡人外出旅游或出差遇到信用卡丢失、被盗时，在国内任何一个"800"上网城市拨打这一号码时，可以直接连通持卡人所在地省行信用卡服务中心（24小时服务），服务中心接到持卡人电话后，无论是发卡行，还是代办行，都必须按照规定为金卡客户提供紧急挂失、紧急补偿卡及紧急补偿现金、ATM地址查询等优质便捷的服务，这是国内开通此项服务的首家银行。免除了银行关门无法办理业务给持卡人带来的风险和不便，深受持卡人的欢迎。

通过搭建长城金卡服务体系，形成了一套较为先进和全面的高端客户服务网络，重点突出、层次分明、考虑周到，体现出于细微处见真情的服务效果，是中国银行进行客户分层经营、产品分层管理的一次有益尝试。

※ 统一 ATM 服务标识

1987年中国银行珠海分行率先引进中国第一台ATM自动取款机，历经多年，中国银行在ATM自助业务方面取得了长足的发展。1998年，中国银行共投入使用ATM约2500台，其中广东省、北京市、上海市、深圳市、杭州市、厦门市等分行共有1576台ATM实现联网，且以上地区的持卡人可在异地实现联网的ATM上使用长城卡。

为塑造中国银行ATM统一服务形象，为持卡人提供更为方便、周到、便捷的金融服务，1998年5月21日，中国银行指定相关公司设计了ATM统一服务标识，分为A、B、C三款。A款为穿墙式ATM，上方悬挂灯箱；B款为侧视灯箱ATM，与A款配合使用，用于户外穿墙式；C款为大堂式ATM。中国银行各分行参照上述三种款式，可结合实际情况灵活选做。

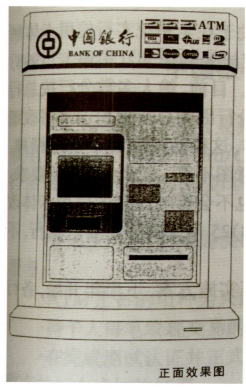 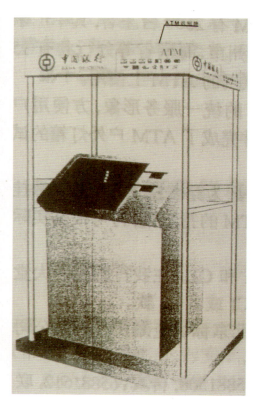

正面效果图

▲ 中国银行 ATM 室内标识

第三节　拓展长城卡合作范围

　　中国银行发行第一张联名卡后，更加注重通过与不同领域优势企业合作，扩大长城卡品牌的影响力和知名度，有效强化客户基础。1997年起，中国银行先后发行了国际卡及康佳集团、中国国际航空公司、香格里拉集团等长城联名卡，不断丰富产品种类，给客户提供全新的产品体验和服务。同时，为适应国内企业和商务人士在海外消费的需求，中国银行加大了国际卡的发展力度。1998年中国银行与中银信用卡（有限）公司展开合作，利用其现有的发卡系统、管理系统和服务系统等资源，发行了新一代长城国际卡。同年又相继推出长城国际商务卡（BUSINESS CARD）和发行长城国际公司卡（CORPORATE CARD）。1999年10月，在中国银行总行的大力推动下，长城国际卡客户服务中心在上海正式投产，为持卡人提供24小时紧急支援服务。

※ 长城铁路联名卡

　　1996年，面对激烈的市场竞争，铁道部决定推出铁路自动售票系统，作为计算机联网售票的重大改革措施之一。中国银行闻讯后，决定以此为契机，全面进入中国铁路市场。1996年底，中国银行在北京召开会议，专题研究与铁路部门的合作方案。同时，为配合铁道部在西安市的试点工作，根据中国银行总行的要求，中国银行西安分行率先研发了联线电子借记卡，为铁路部门提供便利的购票支付工具及相关配套金融服务产品，并在铁道部召开的铁路客票系统推广会上成功演示与之配套服务的长城卡服务系统。随后，中国银行西安分行与西安铁路分局签订了铁路客票系统支付与结算方式协议书。

1997 年 4 月 15 日，中国银行西安分行与西安铁路局联合举办了长城铁路联名卡暨长城电子借记卡新闻发布会，在社会各界引起强烈反响，发布会取得了圆满成功。随后，中国银行成都等各地分行也分别与成都铁路局签订了协议书，发行了长城铁路联名卡，全面开展铁路自动售票系统业务。

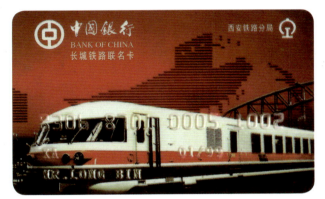

▲ 中国银行长城铁路联名卡

※ 长城国航联名信用卡

1997 年 10 月 15 日，为更好地完善信用卡服务功能，给长城信用卡持卡人提供优质服务，参照国际信用卡组织的做法，中国银行与中国国际航空公司合作发行长城国航联名信用卡，并在北京、天津、上海、广州、深圳 5 个城市首批发行。该卡有效期为一年，使用人民币长城信用卡标准卡面，右上角加印中国国际航空公司的标志，背面印有"国航与您通行"字样，除具有长城信用卡全部功能外，该卡持卡人购买国航机票可享受国内航线 98 折、国际航线 95 折的优惠，持卡人乘坐国航班机，无论乘坐次数，均可享受 20 万元的航空人身意外保险。由于该卡在卡号上与普通长城信用卡没有区别，已有

▲ 中国银行长城国航联名卡金卡、普卡

长城信用卡持卡人申领该卡时，无需另外缴存保证金和担保人担保，直接使用原来的卡号、账户，为持卡人换发长城国航联名信用卡。

※ 长城香格里拉联名信用卡

1997 年 7 月 15 日，为发挥中国银行海内外信用卡业务的整体优势，为持卡人提供便捷优质服务，中国银行总行、中银信用卡国际有限公司与香格里拉酒店管理集团在北京签署了合作发行联名卡的协议。

长城香格里拉联名信用卡包括两种，一种是中银信用卡国际有限公司与香格里拉集团联名发行的，以港币结算的万事达金卡；一种是中国银行总行与香格里拉集团联名发行的人民币长城万事达卡，分为金卡和普通卡两种。根据合作协议，香格里拉集团承诺为持卡人提供各种优惠服务及价格折扣，中国银行免收联名卡持卡人第一年的年费。

▲ 香格里拉港币长城万事达联名卡

▲ 香格里拉人民币长城万事达联名卡

※ 协助康佳集团发放长城卡

1997 年 7 月 16 日，中国银行与康佳集团签署了银企合作协议，为康佳集团提供全面金融服务。随后，中国银行总行要求广东、陕西、黑龙江、安徽、深圳分行及香港中银信用卡国际有限公司要积极与行内相关部门配合，主动与所在地各康佳集团有限公司分支机构联系，为集团各公司总经理级人士发放长城金卡，并提供金卡服务；为集团各公司普通员工发放电子借记卡。长城卡发放后，各分行要不断改进服务，为康佳集团长城卡持卡人提供良好的用卡环境和便利条件。

※ 长城国际信用卡

为加速长城卡向国际化发展的步伐，满足境内居民对国际信用卡的需求，中国银行总行决定由香港中银信用卡国际有限公司与国内分行合作，发行长城国际信用卡。

1998 年 6 月 1 日，北京、天津等 22 家发卡行正式对外发行了长城国际信用卡。此卡分为商务卡和个人卡，按清算货币账户分为美元外汇账户和港币外币账户。长城国际信用卡的申领单位和个人以及联系人，必须是本市公民或者在本市有固定职业和稳定外汇收入，并持有国籍所在国正式护照和中国公安部签发的一年以上居留证的外国人和港澳台同胞，长城国际信用卡开户不需缴存备用金，持卡人凭卡先消费后补款，在银行规定还款期内还款，银行不计贷款利息，由香港中银卡司负责清算，然后由各分行向持卡人转交消费账单。该卡开户只需缴存外汇保证金，保证金收取比例为 1 ∶ 1.5，即：如申请使用额度 1000 美元，则需缴存保证金 1500 美元。

通过产品创新，1999 年底，中国银行实现长城信用卡发卡 369 万张，长城系列卡（含长城信用卡、电子借记卡、长城国际卡等）总量达到 1774 万张，比 1998 年增长了 39%。

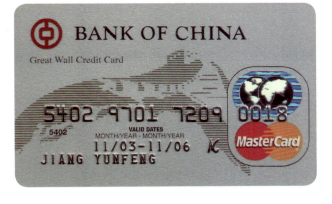

▲ 长城万事达国际卡金卡、普卡

▲ 长城维萨国际卡金卡、普卡

▲ 长城万事达国际商务卡金卡、银卡

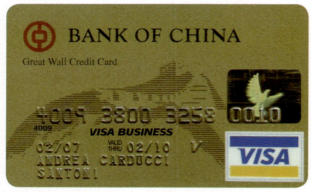

▲ 长城维萨国际公司卡金卡、银卡

※ 国际信用卡网上服务

长城国际卡是"长城卡"品牌系列中强调国际专业支付服务、循环信用、全球华语服务、海外商户消费优惠、消费积分、挂失零风险等功能的贷记卡产品，主要客户是中资机构驻外人员、留学生、经常出国的商旅或个人旅游人士等。截至 2002 年 10 月 31 日，中国银行长城国际卡发卡总量已达到 20.7 万张，市场份额为 59%，成为国内国际卡发卡量最大的银行。2002 年，凭借长城国际卡的优异表现，中国银行荣获了威士国际组织（VISA）颁发的大中华区唯一一项"国际卡业务拓展奖"。[1]

为了使持卡人无论身在何处，都能享受到便捷的服务，2002 年 12 月 1 日，中国银行在国内同业中首家推出国际信用卡网上服务。长城国际卡持卡人通过登录中国银行网站，可在任何地方、任何时间享受到月结单详情和最新交易信息查询、消费积分查询、消费积分奖励换领等方便快捷的网上服务。

第四节　保持外卡收单优势

中国银行是外汇外贸专业银行出身，因此在国外信用卡收单业务上一直保持着传统优势。但随着

---

① 引自《中国银行 2002 年大事记》。

国内各家商业银行纷纷介入外卡收单市场,市场竞争趋向白热化。国内各大商业银行,甚至连渣打、汇丰、东亚等外资银行,也纷纷行动起来,通过完善授权、清算网络系统,采取降低价格、回馈大礼等手段与方式,极力抢占国外信用卡收单市场。面对竞争日益激烈的外卡收单市场,中国银行下定决心,锐意进取,迎难而上,保持中国银行在收单市场的传统优势。

※ 发卡与收单业务的联动优势

1997 年 8 月,中国银行与香格里拉集团成功签署了集团收单协议,但某外资银行随后采取价格竞争策略,与 Holiday Inn 集团签署集团收单协议,谋求通过降价方式抢夺外卡收单市场。面对来自同业的激烈挑战,中国银行及时调整竞争策略,充分发挥长城卡的市场优势,打响了外卡收单业务市场保卫战,通过多年形成的良好商誉、诚信态度和优质服务,重新夺回 Holiday Inn 酒店市场。

Holiday Inn 集团以酒店管理为主,决策主要受业主方制约。事实上,酒店业主大多是中国银行长城信用卡持卡人或受惠者,清楚中国银行的业务实力和服务水平,因此更倾向与中国银行合作。最终,市场竞争的结果是该外资银行与 Holiday Inn 集团所签署的协议没有起到预期效果,中国银行以长城信用卡的发卡量、交易量、收入贡献等数据为基础,凭借长城卡业务的综合实力作为外卡收单业务的坚实后盾,不仅在 Holiday Inn 个案中得以继续友好合作,在与其它酒店商户合作过程中,都起到了举足轻重的关键作用。①

※ 开创收银一体化先河

1999 年,中国银行与 IBM 公司合作,在上海浦东机场推出了信用卡 MIS 系统(即收银一体化系统),这是国内第一次创造性地将商户收银系统与银行卡受理系统对接,持有长城卡或者带有 VISA、Master Card 标识信用卡的持卡人,只要在 IBM 的 POS 机上轻轻一刷,5 秒钟内即可完成交易授权,比原有时间缩短了上百倍。当时,《金融时报》将其评论为"中国银行利用最新的支付技术将一条'信用卡资金清算高速公路'架到了浦东机场"。随后,浦东国际机场的商户全部选择了中行 POS 一体化清算收银系统,通过这套系统清算的交易量高达 300 万元人民币。②

▲ 中国银行北京分行与北京赛特购物中心签约仪式（1999 年）

同年,中国银行北京分行与北京赛特购物中心合作推出了 MIS 系统,这是北京地区第一套商场收银刷卡一体化系统,MIS 系统将商户收银系统与银行信用卡授权系统合二为一,提升了商户受理银行卡的效率,方便了收银员系统操作,并降低了发生差错的可能性,开创了商业零售领域收银一体化的先河。

---

① 引自《中银信用卡（国际）有限公司中国部发展史》。
② 中国银行将"清算高速公路"建到浦东机场［J］.金融时报,2000（3910）.

第七章
迈向行业竞合之路
1999—2001

　　世纪之交，亚洲各国的经济增长逐渐走出金融危机的阴影，国际经济环境明显好转。中国扩大内需政策初显成效，国内经济增长速度下滑的趋势得到遏制。2001年年底，中国正式加入了世界贸易组织（World Trade Organization），中国金融业面临的开放压力陡然增大[1]。为了更好地迎接市场开放的挑战，在新兴支付领域的变革发展中树立竞争优势，国内各商业银行逐渐把信用卡业务纳入重点发展领域，纷纷成立信用卡中心。随着各家银行的竞起角逐，中国信用卡市场硝烟渐起。而在另一方面，金卡工程的不断推进，联网通用网络的次第建设，又为各家商业银行拓展银行卡市场提供了公共的平台。

第一节　投身产业发展浪潮

　　中国信用卡产业在经过了八十年代的启蒙和九十年代初期的探索后，终于在世纪之交迎来了第一个发展高峰，各家银行竞相发卡，中国信用卡市场硝烟渐起。

※ 金卡工程平台建设

　　自金卡工程启动之后，不但国有商业银行加快了银行卡业务的发展步伐，各股份制商业银行也纷纷加入发卡银行的行列，银行卡业务初步呈现快速增长的趋势。

　　由于国内没有统一的网络平台，各商业银行的银行卡跨行业务无法联通，甚至同一银行系统内不同城市之间的银行卡业务也难以交易，极大限制了银行卡业务的进一步发展。为实现POS、ATM设备、网络和信息资源共享，改善银行卡受理环境，在中国人民银行的组织推动以及国内各商业银行的积极参与和各地方政府的配合下，各行各地的联网通用建设开始启动。

　　1994年6月10日，在国家金卡工程领导小组第一次会议上，确定了北京、上海等12个省市作为金卡工程国家级试点。1997年，金卡工程第一批试点的同城（区域）银行卡跨行信息交换系统开通，

---

　　① 引自《万事达中国20年（3）》。

北京、上海、广州等 12 个城市初步实现了同城跨行 ATM/POS 联网运行和信用卡业务联营，使得国家金卡工程取得了重要的进展。随后，在中国人民银行的推动下，试点城市陆续扩大到深圳、昆明等 6 个城市，建立了 18 个城市或区域的银行卡跨行信息中心，形成了我国银行卡信息交换的全国网络，基本覆盖了全国经济发达地区，为不同银行机构发行的各种银行在全国范围内跨行通用、联合经营创造了条件。银行卡信息中心开通之后，逐步实现了试点区域内各商业银行分行的联网通

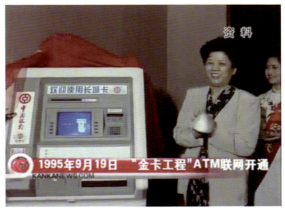

▲ 1995 年 9 月 9 日，上海市 ATM 联网开通仪式

用，为各商业银行拓展银行卡市场提供了公共平台，初步建立了符合我国国情的银行卡信息交换网络系统。

▲ 1997 年 10 月 30 日，银行卡信息交换总中心成立大会仪式

作为一种新型的支付工具，我国银行 IC 卡的研究与发展在起步阶段就借鉴了银行磁条卡的经验，着重做好统一规范管理工作。1997 年 7 月 2 日，国务院办公厅发出了《关于加强对集成电路卡管理有关问题的通知》（国办发 [1997] 22 号），这是指导金卡工程全国 IC 卡应用的重要文件。1997 年 10 月 30 日，金卡工程银行卡信息交换中心在北京人民大会堂正式宣布成立。1997 年 12 月 18 日，中国人民银行在钓鱼台国宾馆召开中国金融 IC 卡规范新闻发布会，宣布中国金融 IC 卡规范正式实施。为探索银行 IC 卡跨银行、跨地区使用联合发展模式，1998 年 4 月，随着金卡工程建设的深入发展，中国人

民银行组织包括中国银行在内的国内商业银行在北京、上海、长沙等地开展了银行 IC 卡试点。1999 年初,中国人民银行先后制定了《银行 IC 卡联合试点业务总体方案》、《银行 IC 卡联合试点技术总体方案》,组织制定了技术方案、业务方案及密钥管理方案,成立了全国密钥管理中心,实现了银行 IC 卡异地跨行通用。截止 2001 年,北京、上海、长沙试点城市中银行 IC 卡发卡量接近 20 万张。

▲ 中国银行上海分行长城智能卡

根据国家金卡工程领导小组的要求,中国银行要求各分行要有大局观念,充分考虑国家整体利益,团结合作、积极配合,认真按照国家金卡工程试点城市的部署,认真落实各项任务。在地方政府的领导下,北京、上海、长沙分行按照本地金卡工程建设的总体规划,积极参与总体方案设计、交换中心建设、银行联网调试、业务规范制订等工作,为国家级城市试点工作做出了重要贡献。

▲ 中国银行北京分行长城智能卡　　　　　　▲ 中国银行湖南分行长城智能卡

2001 年上半年,各级银行卡中心完成跨行 ATM 交易 1.5 亿笔,跨行交易金额 517 亿元,跨行 POS 交易 2300 万笔,交易金额 123 亿元。银行卡交换总中心转接的异地跨行交易 769 万多笔,实现交易金额 7789 万元。事实证明:金卡工程的实施,对于我国银行卡业务的发展,提高支付结算效率,加速资金周转,减少现金流通,促进经济和社会发展发挥了重要作用。

※ 信用卡产业发展高峰

信用卡业务具有典型的规模经济特征,只有持续扩大规模,才能有效降低包括系统成本、营销费用、人员支出等一系列成本投入，并提高生产和经营效率。从理论上讲，信用卡必须发卡达到一定规模，才能够产生规模效益以至盈余。

从 1985 年中国银行首发珠海中银卡开始，中国工商银行、中国建设银行、中国农业银行、交通银行陆续发行了牡丹卡、龙卡、金穗卡、太平洋卡，至 90 年代中期，广东发展银行、浦东发展银行、中信实业银行、光大银行等新兴股份制银行和城市商业银行也相继发卡，中国信用卡产业来到了高速发展期。

金融机构	数量	发卡银行	发卡时间	贷记卡	借记卡	外汇卡	智能卡
国有银行	4	中国银行	1985	长城卡	长城借记卡	长城国际卡	长城智能卡
		中国工商银行	1987	牡丹卡	灵通卡	牡丹国际卡	牡丹智能卡
		中国建设银行	1990	龙卡	龙卡转账卡	—	—
		中国农业银行	1991	金穗卡	白玉兰卡	国际旅行现金卡	金穗 IC 借记卡
新兴股份制商业银行	10	深圳发展银行	1992	发展卡	发展卡		
		交通银行	1993	太平洋卡	太平洋借记卡		万事通卡
		招商银行	1995	金葵花卡	一卡通		
		上海浦东发展银行	1995	东方卡	东方卡		
		广东发展银行	1995	广发卡	广发理财通	广发外币卡	
		福建兴业银行	1996	—	兴业顺通卡		兴业智能卡
		民生银行	1998	—	民生卡		
		华夏银行	1998	—	华夏卡		
		中国光大银行	1999	—	阳光卡		—
		中信实业银行	1999	—	中信卡		中信智能卡
城市商业银行	88	以城市名称命名	1997	—	申卡、京卡等		梅花卡等

截至 1998 年 6 月，我国银行卡发卡总量达到 8800 多万张，各商业银行安装了约 1.8 万台 ATM 机，POS 机约 17 万台，中国的信用卡产业开始进入它的第一个发展高峰。中国的信用卡产业，在经历了近十年培育发展期后，各商业银行银行卡业务发展迅猛，并取得了初步的社会效益和经济效益。

国内各商业银行投入大量人力、物力、财力发展信用卡业务，通过开发特色产品、促销活动等形式抢占客户市场，信用卡的发卡量也呈现快速增长趋势。

截至 2001 年 6 月底，全国共有 55 家金融机构开办银行卡业务。其中，国有独资商业银行 4 家，股份制商业银行 10 家，邮政储汇 1 家，城市商业银行 29 家，农村信用社 11 家。发卡总量达 3.3 亿张，银行卡账户人民币存款余额 3742 亿元，交易总额达 48532 亿元。全国受理银行卡的银行网点 12.9 万个，受理银行卡的商店、宾馆、酒店等特约商户约 10 万户。各金融机构共安装 ATM 机具 4.9 万台，POS 受理终端 33.4 万台。

背景链接：2000 年《国际金融报》曾报道：沪上信用消费出现怪事。记者从上海资信公司了解到，自开展个人信用消费以来，沪上一位银行客户同时拥有 18 张可透支的信用卡，在沪开展业务的 15 家中资银行的信用卡他都有，而且有些可以大额透支。记者在文中也表达了有关人士的担心：这些怪现象的出现，可能蕴藏着恶意透支、欺诈等金融风险，为金融机构埋下了隐患。

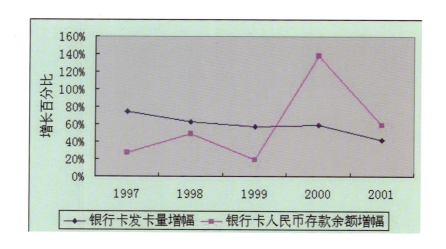

第二节　全面推进海内外业务

※ 建国五十周年长城纪念卡

1999 年，值举国欢庆建国五十周年之际，同时也是迎接澳门回归祖国怀抱的一年，为表达对祖国的祝福，中国银行特发行建国五十周年长城纪念卡。长城纪念卡以长城电子借记卡网络为基础，集存款储值、银行卡使用和磁卡收藏为一体。全套共 12 张，取长城的不同景致、造型，底色均取红色，将

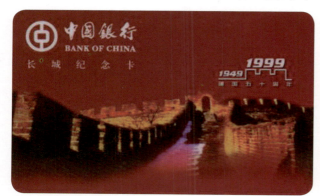

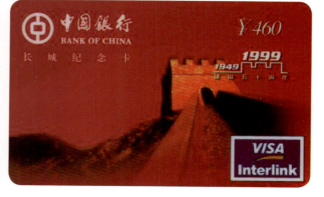

▲ 1999 年发行建国五十周年长城纪念卡

背景链接：长城纪念卡以套为单位，限量发行 50 万套。每套发行价格为人民币 2000 元（其中纪念卡面值 1840 元，工本费 160 元）。持卡人凭卡可在指定的特约商户购物消费。纪念卡有效期为一年，不得取现，不计付利息，不办理挂失。在有效期内，持卡人如不愿继续使用或收藏该卡，持卡人可凭有效卡到发卡行办理销户手续，发卡行可将其卡内剩余资金返还持卡人，并收回纪念卡。

长城的民族意蕴表达得淋漓尽致。

　　长城纪念卡是中国银行零售业务部组建后，推出的第一项营销活动和综合业务品种，也是为了贯彻中国银行总行对零售业务的集中管理精神，将银行卡业务和储蓄存款业务相结合，对零售业务进行综合推广和统一宣传的新举措。长城纪念卡的发行，扩大了中国银行长城卡的品牌形象，增强了大众对长城卡的认知度，同时也为中国银行增加了吸存手段，提高了长城卡的综合效益。

※ 发行长城生肖卡

　　2000 年是世纪之交的千禧年，又适逢我国农历的龙年，为了向社会提供一种以 2000 年为主题，可用于购物消费、馈赠亲友、纪念收藏的金融产品，并利用这一时机宣传中国银行及长城卡，中国银行决定借助生肖在我国人民心中的重要地位和影响，结合银行卡业务，以长城电子借记卡网络平台为基础，发行中国银行首枚长城生肖卡。

▲ 中国银行生肖卡龙卡

1999 年 11 月 16 日，中国银行下发《关于发行长城生肖卡的通知》，决定从 2000 年长城生肖卡开始，在每年元旦、春节期间，连续发行长城生肖卡。生肖卡分为单卡和套卡，单卡面值分别为 100 元、200 元、300 元；套卡面值为 600 元，持卡人只能以现金方式在发卡机构开户领卡，不得以转账或支票方式开户领卡。该卡属地区卡，不得跨地区使用，发行对象为个人，不对单位发行，持卡人凭生肖卡可在发卡行指定的特约商户购物消费。该卡有效期为一年，有效期内不得取现，不记付利息。

※ 发行分行平台贷记卡

1999 年，中国银行总行在长城信用卡的基础上，开始梳理地方各分行平台贷记卡的发卡需求，并进行相关的系统开发等工作。深圳分行、广东分行、上海分行、厦门分行首批通过了系统测试。同年 11 月，中国银行向中国人民银行提交了《关于请核准〈中国银行长城人民币贷记卡章程〉》的请示。得到批准后，中国银行在分行平台发行了用于一定信用额度消费信贷的支付卡片，并给予持卡人循环信用额度和免息期。

深圳由于其毗邻香港的独特地理位置，在社会生活的各个方面都与香港保持着密切往来。深圳分行以此为契机，与中国银行香港分行签订了面向在深圳工作和居住的香港居民代发长城人民币信用卡协议，使其成为第一张在香港地区发行的人民币信用卡。

※ 中国第一张白金卡—长城 VISA 白金卡

2000 年 12 月 12 日，中国银行在北京率先推出了长城 VISA 白金卡（国际卡），这是中国第一张白金卡产品，是中国银行在成功发行长城国际卡普卡、金卡的基础上，适时推出的高端新产品。

时任中国银行副行长华庆山指出："中国银行长城 VISA 白金卡的面世，是中国银行充分了解市场需求，进行市场细分后，为丰富现有长城卡品种，回馈优质客户的新举措。从 1985 年发行第一张信用卡至今，中国银行一向注重品牌经营，长城卡就是很好的例证。到目前为止，中国银行长城卡发行了2500 多万张，积累了一批消费能力强、信誉度高的优质持卡人。为使他们尽享信用卡的便利、彰显自身价值，中国银行适时推出了长城 VISA 白金信用卡。"

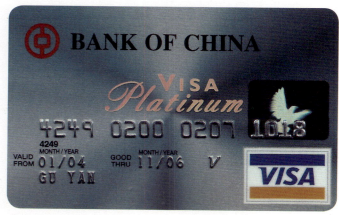

▲ 中国银行长城白金卡

与以往客户申请银行卡程序不同，长城 VISA 白金卡采用邀请发行的方式。为此，中国银行特邀了长期与中行往来过程中最注重信用的 50 位客户作为长城 VISA 白金卡的首批持卡人。

中国银行长城 VISA 白金卡的发行，使中国银行在为客户服务的质量上又上了一个新台阶。它标志着中国银行信用卡业务在品牌经营、服务客户化和个性化以及市场营销意识上又有了新的跨越。

※ 长城东航联名卡

2001 年 5 月，中国银行上海市分行与东方航空公司联合发行了长城—东航万事达联名卡。该卡是中国第一张具备综合性强大功能的航空运输联名卡，分为金卡和普卡两种。在当年万事达卡国际组织亚太地区 2001 年会上，该卡获得"亚太区 2000 年度最佳联名卡奖"。此奖项是大陆地区获得的唯一奖项，标志着中国银行信用卡品牌整体实力的提升。

▲ 中国银行长城东航联名卡

※ 长城国际万事顺卡

2001 年 6 月 18 日，中国银行与万事达国际组织合作，在上海举行了长城国际借记卡发卡仪式，正式推出长城国际万事顺借记卡。该项产品将为临时出境留学、旅游、公干、探亲人员提供良好的国际金融服务，具有广阔的发展前景。凡具有完全民事行为能力的中国公民或持有国籍所在国签发的有效身份证件的外籍公民均可申领"万事顺"国际借记卡。主卡持卡人还可为其配偶、父母及子女申领附属卡，附属卡最多不得超过四张。

▲ 中国银行长城国际万事顺卡

该卡卡面为蓝色，主图案为长城的线条图。是中国大陆地区内发行的首张符合国际标准并在全球通用的万事达银行卡，其记账货币为美元，可在万事达国际组织全球 100 多个国家和地区标有 Cirrus 标志的 ATM 上取现，或标有 Maestro 的商户直接消费，还可在发卡分行辖内凭卡进行存取款和外汇买卖等服务。

※ 长城国际冬奥会卡

2002 年 2 月，第 19 届冬季奥运会在美国盐湖城举行，这届奥运会共设有 78 项比赛，俯式冰橇重新成为冬奥会的比赛项目，加上新加入的女子舵雪橇项目，比上一届长野冬季奥运会多出 10 项。这是冬季奥运会史上比赛项目最多的一次，同时本届奥运会的参赛的选手也创下新高，获得金牌运动员国家达到创纪录的 18 个，我国派出了 89 名冰雪健儿参加这届冬奥会。

2001 年 5 月，为激励奥运健儿为国争光，答谢广大长城国际卡用户的厚爱，中国银行推出一款精美的长城国际冬奥会卡。该卡只限冬奥会举办期间使用，发卡量极少，是银行信用卡家族中的珍品。长城国际冬奥会卡版面上有中行行徽、英文行名以及"VISA"组织徽记和冬奥会会徽，整体画面呈淡黄色，在光芒映衬下，两名速滑运动员风驰电掣般冲向终点，展现了冰雪健儿在赛场上的比赛英姿。

2001 年中国银行荣获 VISA 国际组织颁发的大中华区唯一"国际卡业务拓展奖"。中国银行长城国际卡是境内商业银行国际卡发卡第一大行，市场占有率超过 50%。全年中国银行长城国际卡实现"跨越式"增长，年新增发卡 5.8 万张，累计达到 11 万张，成为国内第一大国际信用卡，交易额跃升到 13 亿港币，增幅达 160%，坏帐率低于国际先进银行水平。

▲ 中国银行长城冬奥会国际卡

※ 推动海外银行卡业务发展

2000 年是中国银行全面推动海外银行卡业务发展战略实施的第一年。经过多年的发展，跨入新世纪的中国银行在海外银行卡产品集中、统一发展方面，已经具备了有利的发展条件：一是中国银行已在银行卡产品标准化方面积累了一定的经验及基础。因银行卡产品具有开放性特点，中国银行已经形成了一套可以依章遵循的基本标准。二是 20 世纪 80 年代中国银行就加入了 VISA、万事达国际组织，总行领导一直在国际组织中担任重要职务，经常参与研究国际信用卡业务最新发展，有条件充分借鉴国外先进的发展经验。三是香港中银信用卡（国际）有限公司在经营国际信用卡方面具有多年经验，在人力资源、电脑技术资源及产品开发、市场营销等方面均具备一定的基础，在支持港澳及内地分行进行集中化业务运作方面亦已具备较为成功的经验，可以作为中国银行支持海外银行卡业务发展的技术中心与运作中心。四是经过多年发展，中国银行海外电脑网络已为海外分行在资源共享、远程运作等方面创造了必要条件。五是 Internet 等新科技的快速发展，已打破原有传统的、以地域为界的金融产品和服务方式，为中国银行以全新科技服务手段进入银行卡服务领域提供了机遇。六是在集中化电脑及网络系统建设方面，中国银行将引入国际知名电脑顾问公司的合作，借助国外公司在跨国运作方面的成熟经验，确保中国银行电脑系统能够远程支持海外分行银行卡运作。无疑，全面推动中国银行海外银行卡业务对提升零售服务水准，提高科技服务含量，建立现代化服务形象均起到重要作用，随着其业务的不断发展，逐渐引起中国银行总行和各海外分行的高度重视。

2000 年，为规范中国银行海外银行卡业务的发展，根据海内外两个市场整体优势的战略部署以及银行卡业务"六统一"原则，中国银行总行制定了海外银行卡业务发展的基本思路，提出海外银行卡业务统一规划、共享资源、集中运作、形成合力的发展原则。为此，中国银行将在 2000 年以后三年内，建成一个以集中式电脑运作为基础，以中国银行国际网络为依托，可以支持海外分行当地发卡及提供持卡人当地服务的银行卡业务发展体系。该业务体系将实现统一品牌形象，海内外资源共享等服务内容，并可采用互联网及芯片等新技术为客户提供中国银行的特色性服务。

第三节　引领联网通用建设

※ 确定银行卡工作目标

20 世纪 90 年代中后期，银行卡业务借助现代计算机技术和通讯技术得到迅速发展，在全球金融市场上形成了独树一帜的金融产品，逐渐成为一个具有广阔发展前景的产业。当时，国内有十几家商业银行实现了发行银行卡，发卡量达到几千万张，交易额达数万亿元，银行卡产品也从单一化走向多样化和系列化。银行卡业务为完善金融服务发挥了积极的作用，正在成为银行业务和经营效益新的增长点。

随着银行卡业务规模的扩大及科技含量的增加，银行卡业务的投入成本越来越高。各家银行自成体系的业务运作模式，已难以适应银行卡业务更进一步发展的要求。

2001 年 2 月 16 日，中国人民银行在北京华融大厦召开全国银行卡工作会议。会上，戴相龙行长做了重要报告，明确提出了加快银行卡业务发展和联网联合的工作目标。大会通过了《2001 年银行卡联网联合工作实施意见》，要求 2001 年底实现北京、上海、杭州、广州、深圳五城市联网，并要求国内各家银行要将联网通用建设作为一把手工程。[①]

会议就实现全国范围内联网通用、联合发展的目标达成了共识，并决定自 2004 年 1 月 1 日起，国内所有跨行、跨地区使用的人民币银行卡都要加贴"银联"标识。这是我国历史上第一次召开以银行卡产业发展为主题的全国性会议，对于我国银行卡产业的发展产生了深远影响。2001 年末，温家宝副总理视察银行卡交换总中心时提出，2002 年底国内各商业银行要实现"314"目标（即达到银行卡在发卡银行系统内 300 个城市联网通用，100 个城市跨行通用，40 个城市发行"银联"标识卡的目标），

---

① 银行信用卡实务全书［M］.1 版.北京：新华出版社，1999：190.

推动银行卡业务的进一步发展。

※ 实施联网通用建设

中国银行作为拥有十余年发卡历史的国内首家发卡银行，面对中国人民银行关于联网通用的工作要求，在银行卡联网通用建设中面临着严峻的挑战。事实上，中国银行银行卡系统建设较早，经过十几年分散化、特色化的发展，已经出现了系统非标准化等相关问题，严重影响中国银行信用卡业务的深入开展。例如"8"字开头的长城信用卡不是规范卡码，既不符合国际标准，也不符合银联标准；部分地方分行的 ATM 机仍然脱机处理、不支持中国银行系统内异地取现；清算系统采取点对点模式；发卡系统主机有 9 种机型，4 个平台，16 个版本；发卡数据中心曾经多达 497 家，2001年底还有 66 家；商户收单前置系统 2001 年底总数达 298 套；其他周边系统也是多机型、多平台、多版本。面对这种现状，中国银行长城人民币信用卡联网通用工作基础复杂，改造工作量和难度很大，工作任务异常艰巨。

为了支持全国联网通用建设工作，中国银行迎难而上，在总行直接领导下，技术和业务人员通力协作，拼搏奋战。2001 年，按中国人民银行要求完成了长城信用卡发卡系统、收单和 ATM 前置系统、NIC-NAP 网络系统和接口三个平台进的系统改造，在北京、上海、杭州、广州、深圳五个试点行进行了测试验收，并如期发出中国银联标识卡，受到中国人民银行认可和赞赏，取得联网通用工作的阶段性胜利。2002 年在继续完善五个试点行系统改造的基础上，按照联网通用业务规范和技术标准，中国银行完成了联网通用六大项系统改造（即发卡系统改造、前置收单系统改造、ATMP 改造、长城信用卡集中清算系统建设、NIC-NAP 综合信息网络改造、商户代码改造）和终端机具改造工作。

2002 年 11 月 4 日—12 月 20 日，在中国银行总行的高度重视和直接支持下，银行卡中心和各技术、业务部门通力合作，启动为期 47 天的联网通用测试，在推动尚未完成系统改造的分行加大力度保证工作进程的同时，与信息科技部共同抽调技术、业务骨干组成测试小组，在银行卡中心建立测试环境，按联网通用技术和业务标准制定方案，对中国银行系统银行卡联机交易系统进行联调联测，解决卡片写磁、数据格式、发卡系统、收单系统、网络系统、POS 机具、接口软件等 31 类 300 余个系统功能和性能问题，最终大幅度提升了交易成功率，使中国银行测试成绩名列国内各商业银行前茅。

在联网通用建设中，中国银行通过对银行卡基础建设进行全面改造，对银行卡运作体系进行全面调整，解决了长期遗留的系统问题，并有力推动了银行卡业务的发展。通过改造和调测，中国银行各

▲ 2003 年"金卡工程十周年金融展"上中国银行展台

省、市、自治区分行、各地市分行均实现了联网通用。至此，中国银行银联标准信用卡、借记卡可在全国32个省实现ATM、POS、柜台系统内联网通用，并实现了ATM、POS跨系统联网通用。

经过一年多的系统集中、联网通用改造和测试工作的跟进，特别是47天的大会战，中国银行最终圆满完成了国务院、中国人民银行确定的联网通用"314"任务目标。中国银行银行卡功能和用卡环境质量得到了空前改善，同时，标准化改造和系统集中与上收也为中国银行集中运作银行卡新体系建设奠定了良好的基础。

※ 推动收银一体化长足发展

中国银行推出收银一体化系统以来，在机场、大型百货等领域得到了普遍推广和长足发展，在此基础上，总行希望进一步拓展其应用领域，将收银一体化系统向酒店类商户延伸，把中国银行的信用卡交易系统与酒店的收银系统连接，赢取更多的酒店类商户，以便在收单市场竞争中继续保持原有优势。

▲ 中国银行收银一体化验收会

当时，国内大多国际酒店管理集团，如香格里拉集团、希尔顿集团、万豪集团等都选择了美国MICROS-Fidelio公司的酒店前台管理软件。因此，中银信用卡（国际）有限公司（简称"中银卡司"）①先与MICROS-Fidelio公司上海代表处取得了联系，得知MICROS-Fidelio公司在酒店前台管理软件方面有合作先例，但亚太地区尚未推广。随后，中银卡司就开发酒店收银一体化系统的计划和市场调研情况向中国银行总行进行汇报，得到了总行的认可和大力支持。

2000年3月，中国银行总行与MICROS-Fidelio公司进行业务谈判，而中银卡司中国部由于其得天独厚的地理位置，担当起"联络员"任务。从上海到北京，又从北京到上海，经过多次反复谈判，虽然其间汇丰银行与MICROS-Fidelio公司也就该业务合作进行了交流，但中国银行凭借在中国大陆高端酒店市场的占有率优势，终于得到了MICROS-Fidelio公司的青睐，成为其在中国大陆地区的合作伙伴。

随后，经过近一个月的封闭测试，由中国银行上海市分行零售业务处、中银卡司中国部、MICROS-Fidelio公司组成的联合开发小组终于完成了系统测试任务。2000年8月23日，酒店收银一体化系统正式命名为BMP（Bank MerchantPOS）系统，中国银行上海市分行零售业务处在上海浦东香格里拉大酒店举办了BMP系统演示会，使用Fidelio Front Office Management System的各家酒店财务总监悉数到场。MICROS-Fidelio公司中国区总经理Kevin King先生亲自进行BMP系统的演示操作，每笔在线交易在不到5秒的时间里即可轻松完成。这套系统应用简便、功能强大、交易快捷的特点，引

---

① "中银信用卡（国际）有限公司"前身为成立于1980年的"南洋信用卡有限公司"，1995年7月1日起，更名为"中银信用卡（国际）有限公司"，成为中银集团专业卡公司。2000年，成立卡司北京代表处。2004年，深圳和大连获当地银监局批准从联络处升格为代表处。

起全体在场嘉宾的高度赞叹。

8月28日，中国银行和MICROS-Fidelio公司在北京中国大饭店举行了正式签约仪式暨产品演示会，到场的各家酒店、新闻机构均以热烈的掌声迎接这个"新生儿"的到来。2000年9月24日，中国银行与具有代表性的收单大户上海金茂凯悦大酒店签订协议，该酒店是BMP系统的第一家合作伙伴。经过初期运行，金茂凯悦大酒店通过BMP系统的信用卡交易额日均达到人民币五六十万元，BMP系统经受住了金茂凯悦大酒店连续数日Full House的巨大压力，各方面指标完全达到或超过测试时的标准。

2000年10月12日下午，中国银行上海市分行零售业务处、MICROS-Fidelio公司、上海金茂凯悦大酒店三方在金茂凯悦大酒店联合举行新闻发布会，包括路透社、CNBC、纽约时报、南华早报、新民晚报、国际金融时报等各大国内外新闻媒体出席此次发布会。通过推出BMP系统，凭借其领先行业的技术力量，使中国银行在硝烟迭起的收单市场中，以低成本、高效率的服务优势，成功实现了收单市场的创新发展。①

---

① 引自《中银信用卡（国际）有限公司中国部发展史》。

坚韧不拔　勇于创新
2002—2015

第三部分

第八章
再造长城卡业务体系

　　2002 年，全国实现了银行卡联网通用，彻底改变了国内各发卡行互相屏蔽、各自为战的局面。3 月 26 日，中国银联正式成立，标志着我国银行卡产业开始了集约化、规模化发展的新阶段。而中国加入 WTO 后，中国金融行业开始与国际接轨，国外成熟的经营管理模式和盈利模式给中国信用卡产业的发展带来新的启迪。2003 年，中国信用卡产业迎来了不平凡的一年，国内发卡银行一跃超过 80 家，发卡量成几何级数增长，开启了"中国信用卡元年"。在这个充满着变革的时期，中国银行也开始了一场深刻的经营体制改革的探索之路。2004 年，中国银行股份有限公司正式挂牌成立，2005 年，中国银行银行卡中心注册成立，中国银行信用卡业务的发展进入了一个全新的发展时期。

第一节　完善经营管理模式

※ 中国银联成立

　　中国银联成立前，国内各大商业银行各自为战，投入大量人力物力，构筑了本行自成体系的银行卡清算网络，并配套建成了相应的服务体系（网点、商户、自助设备）。由于各自为政，为争夺银行卡业务市场，往往出现城市黄金地带 ATM 扎堆布放，大型商场收银台排满 POS 的现象。

　　2002 年中国银联的成立，是银行卡业界一个重大里程碑事件。银联依托全国联网通用的信息交换网络和在境内建立的清算系统，制定了银行卡跨行交易的运作规章和技术标准，使联网通用得到了进一步的深化发展。中国银联处于我国银行卡产业的核心和枢纽地位，对我

▲ 中国银联

国银行卡产业发展起着基础性作用，各银行通过银联跨行交易清算系统，实现了系统间的互联互通，进而使银行卡得以跨银行、跨地区和跨境使用。在建设和运营银联跨行交易清算系统、实现银行卡联网通用的基础上，中国银联积极联合商业银行等产业各方推广统一的银联卡标准规范，创建银行卡自主品牌；推动银行卡的发展和应用；维护银行卡受理市场秩序，防范银行卡风险。

中国银联的成立标志着"规则联合制定、业务联合推广、市场联合拓展、秩序联合规范、风险联合防范"的产业发展新体制正式形成，标志着我国银行卡产业开始向集约化、规模化发展，进入了全面、快速发展的新阶段。①

※ 市场形势风云变幻

中国银联和银联商务公司的成立，给国内银行卡产业的长远发展奠定了良好的网络基础。但对国有商业银行而言，机遇之中更有挑战。此时，在国有商业银行面临原有体系推到重新之际，国内股份制银行得到了以较小投入进行快速赶超国有商业银行的机会，从而形成国内银行卡领域利益格局的重新分配。

随着信用卡产业规模的不断扩大，各家商业银行认识到信用卡具有"规模化经营、一体化运作"的显著特点，需要持续投入大量人力物力，建立起批量、专业、集中的独立运作模式。2001年12月，招商银行组建了招行信用卡中心，采取全国集中化运作，成为国内首家真正意义上独立运作的信用卡中心。2002年，中国工商银行、中国建设银行、中信实业银行也相继成立了银行卡中心。此外，中国农业银行、上海浦东发展银行、交通银行、民生银行正在积极筹备建立信用卡中心。此时，国内各商业银行纷纷建立专业化、集中化、公司化的信用卡中心，加快了国内信用卡发展的步伐，迎来了中国信用卡发行的第一次高潮。

国内各商业银行酣战之时，国外金融机构也伺机进入中国市场。2003年美国运通公司与中国工商银行签订了战略联盟协议，美国运通公司为中国工商银行信用卡中心投资1200万美元，全面建设信用卡业务。此外，花旗银行收购浦东发展银行近10%股份，帮助浦东发展银行建设银行卡中心，借助浦东发展银行拓展花旗银行的银行卡业务。②

※ 再造银行卡业务体系

从1985年开始，中国银行逐步建立、完善了本行的银行卡业务体系，其核心部分是长城人民币准贷记卡运作系统，同时兼有长城国际卡、外卡收单、长城电子借记卡等产品和业务。事实上，经过多年发展，原有运作系统技术分散，业务规范、操作标准、服务标准、产品功能不统一的弊端凸显，难以适应以标准信用卡为主的竞争局面。同时各分行专业化水平低，基本处于"小规模、低水平、地区

---

① 正弋.写于中国银联成立一周年［J］.中国信用卡，2003（4）.

② 华庆山副行长在2003年中国银行全国银行卡工作会议上的讲话《深刻认识银行卡业务的战略地位，奋力拼搏，再创辉煌》。

分割化"状况，难以形成较强的竞争力。

伴随着市场环境的变化，中国银行总行认为，银行卡是银行零售业务中能够全面满足客户需求的重要产品，也是服务客户最直接、最前沿的产品。同时，作为银行中间业务的重要内容，银行卡支付业务正在蓬勃发展，具有较大的潜力和发展空间。为此，中国银行决定把银行卡业务提升到"战略地位业务"的高度。

2001年，中国银行决定分步骤推进全行银行卡体系再造：一方面以建设集中运行的符合国际标准的信用卡业务系统为核心，对现有的各项银行卡业务进行流程整合、集中上收，完成业务体系和技术系统的整合再造；另一方面，通过建设银行卡业务的成本收益核算制度、推进人事用工制度改革、进行组织机构改革，完成与业务体系改造相适应的体制改革工作。[①]

第二节　建设长城卡新系统

※ 规划新系统蓝图

2001年，中国银行银行卡中心按照整体引进、分解外包的方式实施银行卡新系统建设，聘请了国际知名的专业集成公司对银行卡业务运作体系和技术支持系统进行整体规划设计。在此基础上，中国银行根据自身业务发展和实际情况调整，最终确立了银行卡新系统建设项目的四个阶段性目标：

★ 第一阶段，建立全新的集中式信用卡系统，试点发行符合国际标准的人民币信用卡；
★ 第二阶段，完成包括信用卡在内的所有种类长城卡全国通用，逐步实现产品服务国际化；
★ 第三阶段，进行银行卡新系统开发、行内系统改造与渠道整合；
★ 第四阶段，支持全行IT蓝图实施，整合上收分行现有准贷记卡和收单系统。

※ 建设新系统项目

2003年3月，中国银行在各分行及相关部门配合下，经过1年半时间的项目规划和公开招标，银行卡新系统建设项目进入全面实施阶段。

为了建设符合自身需求的银行卡系统，中国银行从各分行抽调业务、技术骨干，组成了银行卡新系统建设（简称为BOCKJ）项目组，项目组成员与合同方工程技术人员在北京郊区研发基地封闭工作，共同研究系统研发建设。[②]2003年，项目组在应用项目开发和生产运行方面取得了重大突破，中国银行电脑中心、操作中心及其配套测试和生产运营体系建立起来，机房网络等基础设施以及主机、制卡、打印等大型设备完成了安装、交换，清算系统和后台支持系统也成功投产，数据库实现了按

---

① 2002年3月中国银行总行下发《中国银行银行卡业务2001年工作总结与2002年重点工作安排》(中银卡〔2002〕10号)。
② 根据中国银行总行宋虹静口述整理。

▲ 3月18日，中国银行银行卡新系统建设启动仪式在京举行

月采集分行现有准贷记卡的业务数据。2003年12月，中国银行内部发出了第一张符合国际标准的双币种贷记卡，并对5家分行的银行员工开始试发卡，实现了中国银行新系统建设项目第一阶段的工作目标。

随后，在新系统框架基本建立的基础上，银行卡中心组织业务骨干，对银行卡运作业务流程进行了研究规划，制订了《中国银行信用卡新系统建设项目总体业务流程V1.1》，对贷记卡发卡、收单、风险管理、财务核算、客户服务、清算等业务和操作整体流程进行了设计。

银行卡新系统建设本身是一项复杂的系统工程，是中国银行IT项目整体引进的一次大胆尝试。2004年4月，中国银行完成了银行卡信息交换网络核心交换系统的迁移，完善了银行卡电脑生产运营体系，保证7×24小时不间断系统监控和技术支持，银行卡网络跨行交易响应速度和成功率都有了显著提高。此外，在基本完成各项功能测试及开通全国客户服务电话40066-95566基础上，正式向10家分行内部员工发放了双币种贷记卡。

2004年8月，随着客服、催收、欺诈侦测等系统陆续投产，DW数据库系统也逐步建立起来，为中银信用卡数据分析提供了有效保障。2004年10月，中国银行正式对外公开发行中银双币种贷记卡。年底，中国银行建成了集中化运作、符合国际化标准的银行卡新系统。银行卡新系统建设以面向银行卡专业化运作为目标，新系统的上线有助于实现银行卡产品集中管理与快速开发，支持服务组合与创新，促进银行卡网络向行内外服务渠道延伸和高效运作，银行卡业务可以通过共享全行信息资源来支持营销、客服和风险管理。[1]

※ 完成省级中台建设

中国银行省级中台建设，就是在完成人民币准贷记卡数据省级集中的基础上，进一步发挥数据集

---

[1] 引自《中国银行总行银行卡中心2004年工作总结》。

中优势，提高生产效率，对准贷记卡进行的业务流程和发卡系统升级，初步形成以省辖分行为单位的银行卡集中经营管理和运作体系。

2003 年，黑龙江分行中台建设取得了阶段性成功。2004 年，中国银行向各分行推广黑龙江分行中台建设的经验。2005 年初，中国银行所属 32 家省级分行全部完成了银行卡中台投产工作，省级中台建设全面完成。[①]

在数据集中的基础上，中国银行中台建设实现了人民币准贷记卡的"三集中、一统一"（即数据集中、账户集中、管理集中、统一客户），形成银行卡业务管理向上集中、服务向下延伸的模式。省级分行逐步建立对二级分行、县支行和分理处的集中清算方式，系统资源得以有效运用。同时，中台建设还解决了发卡系统和零售业务系统、会计系统的联机交易处理，实现了省级辖区内准贷记卡业务的通存通兑，拓展了银行卡的受理渠道和处理效率，资金清算速度明显提升，降低了省行后台清算处理人员的工作压力。

第三节　健全经营管理体制

※ 筹划经营体制改革

21 世纪初，中国银行卡业务运行环境面临着一系列变化：中国加入了世贸组织，中国银行业成立了监督管理委员会，金融改革进一步走向深化，联网通用工程逐步推进。伴随着宏观经济环境、监管环境、法律环境等方面的深刻变革，中国银行卡产业发展的方向也逐步清晰。此外，国内银行卡业务的同业竞争，已经从原有的价格竞争演进到深层次运作模式、管理机制和运行体制方面的竞争。

面对中国银行卡产业的蓬勃发展、市场竞争的态势及宏观环境的变化，中国银行必须进一步解放思想，加快推进银行卡经营体制改革。2002 年，中国银行按照"前中后台分离、前台延伸、中后台集中"的经营模式和业务流程，分步推进银行卡体系再造。同时，中国银行启动与业务体系改造相适应的体制改革工作，确定了银行卡业务实行事业部制、独立财务核算和人事用工制度的改革方向。

2004 年，中国银行银行卡体制改革取得了重大突破，编制完成了银行卡中心单独核算财务方案，标志着正式启动银行卡中心财务独立核算进程，并推动体制改革向前迈进了一大步。年底，银行卡中心 2005 年至 2009 年财务预算编制完成，为产品分行经营模式下银行卡业务运营提供了数据基础和决策依据。[②]

※ 注册成立银行卡中心

2004 年 4 月 2 日，中国银行向中国银行业监督管理委员会递交了《关于将中国银行银行卡中心改

---

① 引自《中国银行总行银行卡中心 2005 年工作总结》
② 引自《中国银行总行银行卡中心 2004 年工作总结》。

制为非法人经营单位的请示》，就中国银行银行卡中心改制筹建方案及改制筹建可行性予以说明，并于2004年11月得到银监会批复。2005年7月5日，中国银行银行卡中心完成了非法人独立核算机构的注册程序，取得了工商营业执照，实现了业务分离的独立经营实体。

此后，中国银行各分支机构也逐步开展体制改革。2005年底，按照《总行一级分行开展流程整合工作的指导意见》的原则，中国银行境内业务量较大的26家分行成立了银行卡部，业务量较小的六家分行在个人金融部成立了相对独立的银行卡团队，中国银行各分行银行卡组织机构基本建立起来。

第四节　强化信用卡风险控制

按照理性、稳健、审慎的原则，中国银行以银行卡公司化进程和系统改造升级建设为基础，坚持科学管理、强化风险控制，逐步走出了一条日益成熟的创新之路。

※ 配合打击信用卡犯罪

随着国内信用卡消费市场的蓬勃发展，国际信用卡犯罪组织逐步向国内渗透，犯罪手段日趋智能卡、高科技化，严重扰乱了国内信用卡业务的交易秩序，危害了国内收单业务的安全性。

中国银行在国内外收单市场上占有明显优势，充分认识到当前信用卡犯罪活动的危害性，要求各地分行要认真调查信用卡犯罪总体情况，分析信用卡诈骗特点，了解伪造信用卡犯罪的规律，及时向公安机关提供有关信用卡犯罪信息和数据，并就关键事宜加强与国际组织的沟通和协调，积极配合公安机关开展集中打击行动。经过不懈努力，中国银行配合公安机关在全国范围内打掉了一批制售、使用伪卡的犯罪组织，保护了国家的资金安全，净化了中国收单业务的市场环境，为保护国际组织会员银行利益发挥了应有的作用。2003年，中国银行因其特殊贡献获得了五大国际组织（维萨、万事达、JCB、美国运通、大莱）联合颁发的"协助打击跨国信用卡犯罪突出贡献奖"，这是五个国际组织首次联合向其成员行颁发此类奖项。

※ 建立风险管理新体系

随着银行卡公司化改革逐步深化和专业化银行卡运作体系逐步建立，中国银行相应调整了银行卡业务风险管理策略。按照风险和收益相平和的原则，银行卡风险管理转变为根据银行卡经营目标的要求承担风险、管理风险，追求风险管理的最优化，寻求风险和收益的最佳平衡点。

2004年6月，中国银行银行卡中心成立了银行卡信用政策委员会暨风险管理委员会，制定了《中国银行银行卡中心信用政策暨风险管理委员会章程》，明确了其主要职责、组织架构、会议规程及工作制度，建立起权责明确的风险管理组织基础。随后，风险管理委员会在确定风险关键指标、制定风险信用政策等方面开展了一系列扎实有效的工作。

▲ 中国银行信用卡相关规章制度

为实现事前、事中、事后全程集中式的风险控制管理，2004年银行卡中心建立了信用审批、欺诈侦测、催收作业三个专门职能业务单元，制定并完善相关标准作业流程和制度，大幅提升了业务处理能力和风险防范水平。其中，欺诈侦测业务模块完全参照国内外同业的最佳业务实践来设置岗位，配置专业管理人员、系统分析和策略分析人员、案件处理人员和审核员，并建成了银行同业中最先进的欺诈侦测系统，当交易触发预设条件时，系统会自动报警，帮助持卡人将风险损失降低到最小程度，为中国银行赢得了良好的社会声誉。

此外，结合国内信用卡风险管理现状和国际组织的专家建议，银行卡中心利用MIS管理系统，建立起中银信用卡资产质量分析体系框架。该体系能够持续跟综和评估风险管理数据质量，定期对资产质量进行分析，并可积极利用系统功能，跟踪信用政策执行情况、监控整体资产组合变动情况、预测组合资产的风险走势。

在集中运作的经营模式下，中国银行不断探索更加有效的风险政策制度流程体系，建立高度自动化、电子化的风险审批、催收运营流程平台，从而在客户身份甄别、客户交易监控以及欠款催收追踪等关键风险点上寻求突破。通过摸索和实践，中国银行逐步确立了适应市场环境变化和风险形势发展的管理流程，初步建成了银行卡风险管理体系。

第九章

构建信用卡业务平台

2002—2005

随着国内经济的迅猛发展，国内信用卡市场格局发生了战略性的转变：其一，信用卡市场主流产品由准贷记卡为主过渡至贷记卡（含双币种贷记卡）和准贷记卡并行；其二，各发卡机构的经营模式由过去的分散经营过渡至集中运营，银行卡业务正在向集中化、产业化快速发展；其三，目标客户群体市场细分进一步加剧，客户需求日益多样化。

为了适应市场变化的要求，中国银行依托银行卡专业化集中处理平台，通过内引外联，努力在银行卡产品、功能、服务和宣传等方面寻求突破。

第一节　推出贷记卡集中平台

中国银行原有的信用卡产品全部由各分行自行研究开发，其经营、管理、客服与营销基本由分行完成。2004 年，中国银行建成了银行卡新系统及相关管理体系，为中国银行发行集中平台信用卡做好了技术准备。2004 年 4 月 25 日，中国银行总行以 10 家分行为试点，向分行员工发行中银信用卡。经过近半年的试运行，中银信用卡员工卡验证了银行卡新系统、新流程优异的业务处理能力。

※ 发行中银信用卡

2004 年 10 月 18 日，中国银行在北京中银大厦举行了以"方寸之间，信用无限"为主题的中银信用卡首发式，正式面向社会公开发行集中运营、符合国际标准的信用卡。中国人民银行副行长苏宁，中国银行副董事长、行长李礼辉，中国银行董事、副行长华庆山，中国银行银行卡中心总经理张振华，中国银联副总裁刘永春等领导出席了新闻发布会。中银信用卡是中国银行依托银行卡新系统发行的、符合国际规范的标准贷记卡产品，具有一卡双币、循环信用、预借现金、消费积分、自动还款等功能。

为了突出信用卡集中运营、符合国际规范等产品特点，并对已有高端、稳健形象的"长城卡"

▲ 中国银行中银维萨信用卡金卡、普卡

▲ 中国银行中银万事达信用卡金卡、普卡

品牌进行有效补充，集中平台新系统发行的贷记卡首次创建并使用了"中银"品牌。从这张中银信用卡开始，中国银行信用卡开始了"中银卡"与"长城卡"双品牌齐头并进的局面。

中银信用卡是中国银行信用卡业务发展中一款具有战略意义的产品，荣获了2008年度"市场贡献奖"。其发行标志着中国银行成功走出了"总行集中经营管理，分行营销服务全面延伸"业务运营模式的第一步。集中平台贷记卡

▲ 时任中国人民银行副行长苏宁和中国银行行长李礼辉启动发卡仪式

发出后，集中和分散模式之争、总行分行之间的职能界定、银行卡中心和总行内部门的沟通协调等问题也接踵而至。宝剑锋从磨砺出，随着上述问题的逐一解决，中国银行在中银信用卡市场方面取得了骄人的成绩。

第二节　长城信用卡精彩纷呈

※ 长城国际世界杯卡

2002 年世界杯足球赛（官方名称：2002 FIFA World Cup Korea/Japan™）是国际足联第十七届世界杯足球赛，决赛周于 2002 年 5 月 31 日—6 月 30 日在韩国和日本举行。本届世界杯首次在亚洲举行，也是首次由两个国家共同举办，中国国家足球队首次进军世界杯。

2001 年 11 月，在迎接 2002 韩日世界杯足球赛举办之际，中国银行与万事达国际组织合作推出长城国际世界杯卡。该卡卡面呈蓝色，主图由数字、足球、地球、全息激光防伪与"万事达"徽记组成的"2002"图案,极具梦幻组合意境。

同时，为了庆祝中国国家足球队首次进军世界杯，中银香港集团和澳门大丰银行也发行长城国际世界杯卡。该卡为国际卡普卡，以港币结算。卡面以蓝色为主调，图案为射入球门中的足球，整体画面活力四射、动感十足，给人一种激情澎湃、热血沸腾的感觉。

▲ 中国银行 2002 长城世界杯联名卡

※ 国内首张地产联名信用卡

2002 年 8 月,中国银行在上海万科"假日风景"小区发行了长城万科联名卡，该卡具有长城信用卡的一切金融服务功能，同时具有代缴费功能，还可作为开启自动门禁系统、出入停车场等业主身份识别卡使用。持卡者可享受中国银行信用卡所有增值服务及万科会员的优惠服务。此次发行长城—万科联名卡，是金融界与地产界强强联合的产物。

▲ 中国银行长城万科联名卡

※ 香港第一张长城人民币信用卡

2002 年 12 月 17 日，中银香港在中银大厦 70 楼推出香港地区第一张人民币信用卡——中国银行长城人民币信用卡。刘金宝总裁、林炎南福总裁、信用卡公司苏诚信总经理等人出席了仪式。

该卡分为金卡普卡两种，以人民币为单位，除购物消费外，还可于长城人民币卡在内地主要的 ATM 网络享用 24 小时提取人民币的服务，该长城卡是在香港首张发行的人民币信用卡，市民可以在香港申请，省时方便，还款更具备两币任选，适随专意的特点，持卡人可以在香港中银香港、南洋商业银行和集友银行的任何一间分行以港币还款，也可通过中国银行深圳分行或其它内地分行直接以人民币还款，免付两币兑换的汇价差额。

▲ 中国银行香港分行人民币信用卡金卡、普卡

※ 澳门第一张长城人民币信用卡

2003 年 11 月 28 日，中国银行澳门分行、珠海市分行和中银信用卡（国际）有限公司在澳门举行了发行人民币信用卡协议签订仪式。这是中国银行在澳门经营 53 年来首次在澳发行人民币信用卡，持有此卡的澳门居民在内地消费后可以直接以人民币签账，可为澳门居民提供更多的便利，避免携带大量现钞往返两地的不便，也能节省澳元或港元信用卡跨境签帐的兑换费用，遍布全国的自动柜员机可提供 24 小时提取人民币的服务。

※ 国内首张楼市信用卡

2003 年 2 月 21 日，北京著名地产联盟珠江地产与合生创展，联合中国银行及北京外企服务集团（FESCO）推出京城首张楼市信用卡——"长城 -FESCO- 珠江合生联名长城卡"。这是中国银行发行首张地产联名信用卡，分为金卡和普卡两种。持卡人除享受长城卡各项基本服务功能外，还可用于外企员工的部分财务结算，享受"珠江合生会"所属的上千家商户的折扣服务，并可支付珠江房产楼盘的还款。

此次由三家联合发行的联名信用卡，由珠江地产与合生创展为业主提供信用担保，申请人不需要

▲ 中国银行长城珠江合生联名卡金卡、普卡

信用审查过程，只要是珠江地产与合生创展的业主，或者 FESCO 旗下的成员，都可以自动持有这种联名信用卡。

※ 长城移动信用卡

2004 年 3 月 18 日，中国银行和中国移动联合举行江苏地区长城移动联名卡的首发仪式，这是金融业和移动通信业在江苏省发行的第一张联名卡。

长城—移动联名卡是一张信用卡，分个人金卡和普通卡两种，发行对象定位于中国银行、中国移动的中、高端用户，充分融合了长城信用卡和移动各种贵宾卡的功能，其不仅具有银行卡的基本金融功能，如消费、取款、转帐、消费信贷等。同时，具有中国移动提供话费缴费、

▲ 中国银行长城移动联名卡发卡仪式

充值及其他延伸服务等功能。联名卡客户在合作双方办理业务时享有多种优惠，中行和移动公司分别为联名金卡客户提供了 12 项超值服务。

▲ 中国银行长城移动联名卡金卡、普卡

※ 2004 欧洲杯万事达卡

2004 年 6 月 12 日至 7 月 4 日，第 12 届欧洲足球锦标赛（2004 UEFA European Football Championship，简称 Euro 2004）在葡萄牙举行。葡萄牙是首次主办欧锦赛，决赛在里斯本举行，比赛球队是揭幕战的"翻版"，即由主办国葡萄牙迎战表现异常突出的希腊。最终从未晋身国际大赛决赛阶段的希腊成为冠军。东道主葡萄牙队成为了欧洲杯历史上唯一一个东道主进入决赛失利的球队。

为庆祝此次体育盛事，中国银行和澳门大丰银行先后发行了 Euro 2004 万事达信用卡。该卡以东道主球星尤西比奥的射门动作为卡面图案，画面活力四射、赏心悦目。尤西比奥（Eusébio da Silva Ferreira），葡萄牙著名足球员，共代表葡萄牙国家队出场 64 次，打进 41 球，是 20 世纪 60 年代一位具传奇性而出色的射手，有"黑豹"之称。尤西比奥于 2014 年（当地时间）1 月 5 日凌晨 4 点 30 分去世，享年 71 岁。

 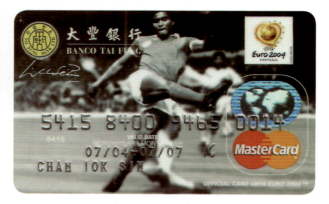

▲ 中国银行 2004 长城欧洲杯联名卡

※ 亚洲第一张欧元卡

2004 年 7 月，中国银行为积极拓展国际信用卡产品市场，巩固和提高长城国际卡的品牌地位和优势，不断满足新的市场需求，中国银行发行了亚洲第一张长城国际欧元卡。该卡与维萨和万事达国际组织合作，分为金卡和普卡两种，最高额度为 44400 欧元，最低额度分别为 4500、500 欧元，附属卡可独立享有额度。国内居民往来欧元区国家或前往欧元区旅行，欧元卡以欧元计价并以欧元结算，可免去以往美元卡或港币卡交易产生的外汇兑换损失，透支消费可用欧元或人民币还款。此次发行的欧元卡通用于欧洲 12 个国家，可以用来消费、柜台 /ATM 取现、柜台 / 自动转账还款、免息分期付款、消费积分、国内改密等，具有全球通行、消费积分、紧急支援、消费享受免息还款期等多项功能。同时，持卡人还可在遍布全球的中行海外机构享受中文服务。

中国银行长城国际欧元卡采用全新卡样设计，尽显持卡人尊贵地位。卡面以长城为底案，版面附有欧元的显著标志，突显欧元卡作为欧游最佳支付工具的特色。

新推出的欧元卡是对原有长城国际卡产品的一个补充和完善，欧元卡与现有的长城国际卡美元卡

▲ 中国银行长城国际欧元万事达卡

▲ 中国银行长城国际欧元维萨卡

和港币卡同属于中国银行长城国际卡家族的产品。现有的长城国际卡包括美元卡和港币卡，因为美元的通用性，所以美元卡基本上适用于境外所有国家的刷卡消费和预借现金，港币卡适用于在港澳地区的刷卡消费和预借现金，而欧元卡则特别适用于在欧洲地区的使用，是对原有长城国际卡产品体系的补充和完善，市民可根据自己的需求选择不同的长城国际卡。

※ 亚洲第一张英镑卡

2006年7月13日，世界杯足球赛这一体育盛事刚刚结束，中国银行、万事达国际组织、驻中英国商会、英国贸易投资署、英国驻华大使馆文化教育处、中国教育部留学服务中心等机构负责人，共同见证了中国银行长城国际英镑卡的问世。

作为国内外信用支付领域巨头，中国银行与万事达国际组织强强联手，共同推出了亚洲首张英镑信用卡。该卡与前期发行的港币、美元、欧元等外币卡一起构建了中国银行完整的国际信用卡产品支付体系，为国内公民出境消费提供了便利条件。

英镑信用卡分为金卡和普卡两种，卡面以长城为底案，版面附有英镑的显著标志，突显英镑卡作为欧游最佳支付工具的特色。该卡可以在全球256个国家和地区2900多万家VISA或Master Card特约商户消费。除了可以支付购物、旅游、交通、酒店等费用外，还支持在全球会员银行取现，在全球标有［PLUS］或［CIRRUS］的ATM机上提款和在国际互联网上支付相关费用。

▲ 中国银行长城国际英磅万事达卡

※ 亚洲第一张长城雅典奥运欧元卡

2004 年 7 月 22 日，中国银行继 7 月 14 日正式成为北京 2008 年奥运会银行合作伙伴之后，又凭借自身在海外信用支付领域的业务领先优势，在市场上强力推出第一款奥运题材金融产品——长城 VISA 欧元卡雅典奥运珍藏版，支持中国体育代表团出征雅典。

 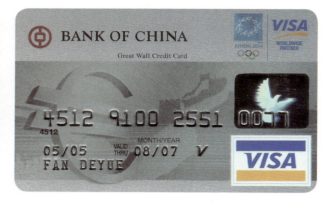

▲ 中国银行 2004 长城欧元奥运联名卡

中国银行邀请参加第二十八届雅典奥运会的中国体育代表团成员作为中国银行长城 VISA 欧元卡奥运珍藏版的首批持卡人，并将全力为代表团以及所有持卡人提供优质服务。作为国内海外信用支付领域的领导者，中国银行此次借雅典奥运会契机在市场上强力推出全亚洲首创、国际水准的长城 VISA 欧元卡雅典奥运珍藏版，并限量发行 20080 套，极具实用和珍藏价值。

※ 中国第一张人民币／日元双币信用卡

2005 年 3 月 30 日，中国银行与日本 JCB 国际信用卡公司携手，与中国银行有着长达 23 年合作历史的日本 JCB 国际组织再次登陆中国，两家联手推出了全国第一张人民币／日元双币信用卡——中银 JCB 信用卡。该卡在上海地区首发成功，其后又将发卡范围扩大到全国，卡面采用中国京剧脸谱和日本能剧脸谱题材。

▲ 2005 年 3 月 30 日在上海举行中银 JCB 信用卡首发式

　　此产品为中国境内首张人民币和日元双币种贷记卡产品，符合国际标准，不仅具有贷记卡基本金融功能，还为客户提供丰富的增值服务和积分换礼计划。在日元消费地区，使用 JCB 卡可以通过日元进行结算，并使用人民币直接兑换日元还款，这将为有赴日需求的客户节约可观的汇兑损失，带来极大的便利和实惠。同时，JCB 日本国际信用卡公司也将为客户提供各种境外服务和援助。

▲ 中国银行中银 JCB 信用卡金卡、普卡

※ 中国银行四川大学联名卡

　　2005 年 12 月，中国银行与四川大学在天府喜来登酒店举行四川大学校友联名卡签字仪式，联合推出四川首张以名校校友和教职工为发卡对象的四川大学校友联名卡。该卡是一张符合国际标准的双

币信用卡，以中国银行信用卡平台为标准，具备中国银行标准信用卡的基本功能与服务，包括先消费后还款、免息还款期、最低还款额等循环信用功能卡面同时包含中国银行和四川大学的标识元素，一卡双币，全球通用。联名卡的推出，旨在加强学校与校友之间的紧密联系，发挥学校的优势，为校友事业发展提供良好服务。同时，该项目将中国银行和四川大学的合作推向一个新的台阶，实现百年银行和高校共赢的局面。

▲ 中国银行四川大学联名卡金卡、普卡

与国外的银行卡市场不同，中国银行的银行卡业务走出了一条具有自身特色的发展之路。作为国内最早的发卡银行，中国银行从准贷记卡起步，随后发行了电子借记卡，最后推出标准信用卡产品，由此最终形成了一个较为完整的产品框架体系。

第三节　国际业务战略重组

※ 香港银行业引入信用卡

香港是国际贸易、运输、金融和信息的中心，也是亚太地区的旅游中心，享有"购物天堂"的美誉，被列入世界经济发达地区之一。中银香港集团是中国银行的重要组成部分，是我国外汇的专业银行，在香港具有较长的经营历史，在香港银行业具有重要的地位。

50年代末，香港银行业引入了信用卡，而后发展迅速，深受广大消费者欢迎。80年代初，结合香港地区的消费观念和市场需要，中银集团审时度势，摸索学习香港地区银行发行信用卡的经验，尝试发行银行卡，积极参与信用卡经营业务。当时，中银集团各成员银行的自动柜员机，都可以使用中银卡提现、存款、转账实现联网。

同时，中银卡与多家商户签订协议，所有持卡人可以用电话预订国内火车、轮船、飞机、旅店及各类旅游相关的服务，深受持卡人的欢迎，在香港的信用卡市场具有较强的竞争能力。

※ 中银香港集团成员

中银集团是由中国银行总行领导的香港十三家银行和澳门一家银行组成的金融集团。其中，在北京注册的有 9 家，分别是中国银行香港分行、交通银行、中南银行、广东省银行、新华银行、盐业银行、金城银行、浙江兴业银行、国华商业银行；在香港注册的 4 家银行，分别是香港华侨商业银行、南洋商业银行、宝生银行、集友银行，以上 14 家银行统称中银集团。现共有总行、分行及办事处 300 多家，是香港的第二大金融集团，吸收的存款总额占香港存款总额的 25%。

（1）中国银行香港银行。该行成立于 1917 年 9 月 24 日，银行开业之初，业务以海外汇款为主。香港回归祖国以后，该行积极服务国家经济建设，逐步拓展业务种类，为香港的繁荣和稳定做出巨大的贡献。

（2）南洋商业银行。1949 年 12 月 14 日，该行在香港开业，1979 年在北京设立代表处，并先后在深圳、蛇口、海口等特区设立分行，为到内地投资、经商的客户提供银行服务。1981 年该行成立信用卡公司，并独立发行了"发达卡"。从理论上讲，此卡是首张通行全国的银行卡。加入万事达国际组织和维萨国际组织后，开始发行国际信用卡，并发行港元、美元 VISA 旅行支票，为中银集团各成员银行和本地多家华资银行处理发卡及清算业务。

▲ 中国银行香港分行中银卡

▲ 南洋商业银行中银卡

（3）交通银行。1908 年，该行在北京开业。主要经办轮船、铁路、邮政、电讯的存款业务，并代理发行钞票，是旧中国四大银行之一。1934 年在香港设立分行，以经营押汇和汇兑业务为主。1986 年 7 月，国务院下发通知，重新组建交通银行。1987 年 4 月，交通银行总管理处从北京迁至上海。

（4）新华银行。该行原名新华储蓄银行，1914 年在北京成立，是我国最早的储蓄银行。1948 年更名为新华信托储蓄商业银行，简称新华银行。1947 年在香港设立分行。1989 年 4 月，接受中国银行投资，成为中国银行全资附属企业。

▲ 交通银行中银卡

▲ 新华银行中银卡

（5）集友银行。1947年，该行在香港注册成立，由爱国华侨陈嘉庚先生集资创办，为海外华侨及各界人士提供全面性银行服务，办理各类港币及外币存款、工商业贷款、进出口押汇等业务。

（6）华侨商业银行。1962年4月，该行在香港注册成立，由印尼华侨创办，1965年成为中银集团成员之一，向客户提供楼宇按揭、工商业贷款、贸易融资、银团贷款等各种银行服务。

▲ 集友银行中银卡

▲ 华侨商业银行中银卡

（7）广东省银行。该行原名中央银行。1924年8月15日由孙中山先生在广州创办。1929年，中央银行更名为广东中央银行。1932年更名为广东省银行。1992年，该行设立了香港分行。1989年，经董事会决议，该行成为中银集团成员之一。

（8）宝生银行。1949年，该行在香港注册成立，是中银集团的成员之一。1992年初，经人民银行

▲ 广东省银行中银卡

▲ 宝生银行中银卡

批准，宝生银行在北京设立代表处。1993 年 3 月 8 日，宝生银行挂牌开办人民币兑换业务，是境外第一家公开挂牌兑换人民币的银行。

（9）中南银行。1921 年 6 月，中南银行在上海设立。为印尼华侨黄奕柱先生、徐静仁先生、史量才、胡笔江先生等创办。1922 年，该行与盐业银行、金城银行、大陆银行组织四行储蓄会，形成"北四行"集团。1934 年在香港设立分行。1989 年接受中国银行投资，成为中国银行全资附属企业。

（10）浙江兴业银行。1907 年 4 月 16 日，为配合招募杭甬铁路股份，扶助工商业和工矿企业发展，浙江省铁路公司在杭州发起设立浙江兴业银行。1915 年总行迁往上海，为当时誉满上海的"南四行"之一。1946 年在香港设立分行。1989 年 4 月接受中国银行投资，成为中国银行全资附属企业。

▲ 中南银行中银卡

▲ 浙江兴业银行银行中银卡

（11）金城银行。1917 年，该行在天津设立，是当时重要的商业银行之一，也是"北四行"集团之一。1936 年在香港设立办事处。1989 年 4 月接受中国银行投资，成为中国银行全资附属企业。

（12）盐业银行。1915 年 3 月 26 日，该行在北京成立，创办时拟以政府收入盐税作为资本，向盐商招股，并办理盐商存款和放款业务，故定名盐业银行。后因经收盐税未成事实，遂改为商办。1989 年 4 月接受中国银行投资，成为中国银行全资附属企业。

▲ 金城银行中银卡

▲ 盐业银行中银卡

（13）国华商业银行。1928 年 1 月 27 日，该行在上海设立，原名国华银行。1938 年 10 月在香港设立分行。1948 年，国华银行更名为国华商业银行。1989 年 4 月接受中国银行投资，成为中国银行全资附属企业。

（14）中国银行澳门分行。中国银行澳门分行的前身是澳门南通银行，该行于 1950 年 6 月 21 日在澳门创立。该行初期以独资企业形式在澳门注册，澳门颁布银行法后，1974 年该行改组为有限公司，并于 1987 年 1 月 1 日更名为中国银行澳门分行。

▲ 国华商业银行中银卡

▲ 中国银行澳门分行中银卡

※ 中银集团（香港）信用卡

1981 年，随着国内改革开放，世界各地到华旅游、经商的人士逐渐增多，对外币兑换、支付结算的需求也日渐增加。南洋商业银行敏锐捕捉到发展信用卡业务的商机和前景，积极响应国内对支付结算业务需求，筹划中银集团的信用卡业务。

1981 年，南洋商业银行成立了一家全资附属公司——南洋信用卡公司，专门负责办理中银集团在港澳地区与中资金融机构的信用卡业务。当时，港澳地区虽有部分银行发行了信用卡，但中银集团从未涉足这块领域，没有任何经验可以学习借鉴。为了掌握信用卡基础工作，便于将来向国际社会推广信用卡业务，南洋信用卡公司确定了信用卡业务"区域化、国家化、集团化"三步走的发展策略，开始涉足信用卡领域。

区域化阶段：南洋信用卡公司发行了一张区域性的信用卡，即"发达卡"。该卡在港澳地区使用，可以在国内各地中国银行提现，也可以在国内特约商户直接购物使用，且不收取手续费。

▲ 南洋商业银行发达卡

国际化阶段：信用卡必须国际化，持卡人和商户才会感受到方便快捷支付，只有国际化，银行才能产生大规模的经营效益和扩大业务量。因此，银行加入国际信用卡组织是发展信用卡业务的必然之路。1984 年 12 月，南洋信用卡公司加入万事达国际组织，成为其基本会员。随后，南洋信用卡公司将发达卡和万事达卡有机结合起来，发行了"万事发达卡"。

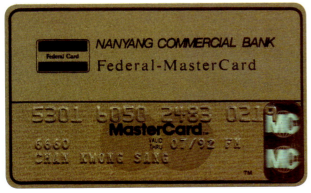

▲ 中银南洋商业银行万事达信用卡金卡、普卡

此卡发行后，可以在全球 170 多个国家、地区使用，拥有 500 多万特约商户。而且，万事发达卡和万事达卡如果在国内使用，均可通过南洋商业银行代为办理清算和结账。1986 年 5 月底，南洋商业银行发行的万事发达卡，已经在全球 170 多个国家和地区的 400 多万特约商户中凭卡购物垫款。

信用卡业务是银行零售业务的一种，每笔交易金额较小且业务量大。进入国际化阶段后，南洋信用卡有限公司也实现了内部操作、清算处理等系统自动化，以应对信用卡业务的需求和发展，及时传递金融信息，降低信贷风险、经营成本，确保经营效益逐步提高。

集团化阶段：信用卡业务在港澳地区竞争激烈，只有集团化，充分利用中银集团的网络优势，才能降低经营成本，创造更大的经济效益。

▲ 中银华侨商业银行信用卡万事达金卡、金城银行信用卡万事达普卡（二版）

1986 年 10 月，南洋信用卡有限公司组织中银集团其他成员银行集体加入万事达国际组织，共同发行第二版万事发达卡，该卡分为金卡和普卡两种。

1993年3月,南洋信用卡有限公司对原信用卡版面进行改版,组织14家中银集团其他成员银行集体,共同发行第三版万事发达卡。

▲ 中银香港信用卡万事达金卡、普卡(三版)

1986年11月,南洋信用卡有限公司加入VISA国际组织,成为基本会员,并于1988年6月组织中银集团其它成员银行发行VISA发达卡。此后,中银集团各成员银行通过南洋信用卡有限公司发行了万事达卡和VISA两种信用卡,上述信用卡除了行名不同,信用卡正面均采用绵千里、气势磅礴的长城图案。

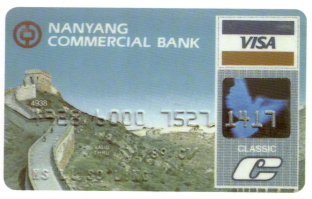

▲ 中银中南银行信用卡维萨金卡、南洋商业银行信用卡维萨普卡

经过一段时间的市场推广,南洋信用卡有限公司发行的信用卡成为港澳地区许多信用卡中最受欢迎的信用卡之一。此外,国内大多数的中国银行也可以接受发达卡、万事达卡及VISA卡提取现金。上述信用卡可以在中国80多个城市超过1500家友谊商店、宾馆、餐厅、百货公司、文物店等特约单位使用。

1987年,南洋信用卡有限公司发行了万事达商务卡,该卡正面为银灰色图案,供商务机构公务开支使用。公司员工外出时,各项公务消费开支均通过万事达商务卡结算。此外,1987年5月和1988年6月,港澳地区嘉华银行、澳门国际银行等银行,也分别通过南洋信用卡有限公司办理信用卡业务,使南洋信用卡有限公司成为港澳地区中资金融机构的信用卡处理中心。随后,南洋信用卡有限公司对卡面重新设计,相继更换了几次版面。

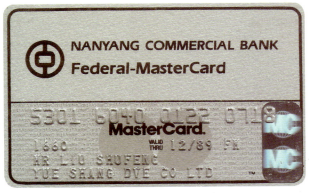 

▲ 南洋商业银行商务信用卡（一版、二版）

1994年4月，南洋信用卡有限公司对原信用卡版面进行改版，组织14家中银集团其他成员银行集体，共同发行第二版VISA信用卡。

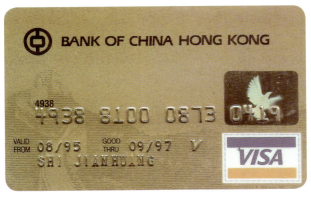 

▲ 中银香港信用卡维萨金卡、普卡（二版）

1997年4月，中银集团14家成员相继发行了商务卡，分金卡和普卡两种。由南洋商业有限公司统一发行。

▲ 中银香港分行商务卡金卡、普卡

※ 中银集团战略重组

1995年，香港中银集团进行重组，向南洋商业银行收购了南洋信用卡有限公司，并更名为"中银

▲ 1995 年中银信用卡（国际）有限公司成立酒会

信用卡（国际）有限公司"，成为中银集团的全资附属机构。同年 10 月 1 日，经中银信用卡（国际）有限公司研究决定，由中国组改组成立中国部，并在上海注册成立国内的首家代表处，做为中国部所在地。

2001 年，中银集团启动了大规模的重组计划，同年 10 月 1 日，中国银行在香港注册成立了全资附属企业——中国银行（香港）有限公司（简称中银香港），同时撤销了中国银行港澳管理处。中银香港成为中国银行在香港注册成立的持牌银行，具有独立法人资格，并且是香港的发钞银行之一。中银香港的成立，标志着中国银行在香港的事业进入了一个承前启后、继往开来的新时期。同时，成立于 1995 年的中银卡司继续保留独立法人地位，成为中银香港的全资附属公司。

2002 年 7 月 25 日，中银香港（控股）有限公司在香港联合交易所成功挂牌交易。

中银香港重组上市后，中银卡司作为一家香港本地上市公司的子

▲ 2002 年 7 月 28 日在长城上举办为庆祝中银香港重组上市成功庆典活动

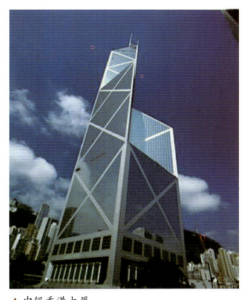

公司，与中国银行总行之间的法律关系随之产生了根本变化。中国银行和中银卡司在法律上成为了平等的、双方独立决策、追求自身利益最大化的商业伙伴关系（同时中国银行是控股母公司）。

2002 年，中国银行与中银卡司签署了《信用卡合作与服务协议》，就中国银行长城国际卡、外卡收单、海外发卡业务等方面的合作做出安排。协议规定中银卡司在中国银行总行支持下负责国内部分外卡收单业务清算，承担国内分行发行的长城国际卡后台支持、服务、经营等职责以及海外分行发展银行卡业务的集中式运作、管理中心职责。

在充分发挥优势互补作用的基础上，双方合作取得了积极成果，带动利润快速增长，并逐步拓宽了业务发展的层次和范

▲ 中银香港大厦

围。2006 年，中国银行与中银卡司签订了《实时货币转换协议》，利用中银卡司与 MONEX 公司合作开发的实时货币兑换（DCC）服务技术平台，率先在国内推出外卡收单 DCC 服务。所谓实时货币兑换，即通过在交易终端（POS）上为持卡人提供信用记账货币（如美元）和商户清算货币（如人民币）之间的即时转换，为持卡人和商户提供了结算便利。同时，通过收取持卡人相应的外币兑换费用，也为业务参与各方创造出可观收益。

合作过程中，中银卡司充分发挥了其在外卡收单业务上的系统平台优势和专业化服务团队优势，协助中国银行有效维护了与喜来登、万豪、香格里拉、希尔顿、假日等高收益、高交易量酒店之间的合作关系，从而充分调动了商户与中国银行合作的积极性，变被动接受为主动配合，对促进中国银行外卡商户收单额的增长起到了积极作用。

第四节　携手银联再铸辉煌

自 2002 年成立以来，中国银联在推动国内银行卡产业发展过程中，发挥着越来越重要的作用。而根据中国加入 WTO 时的金融业务开放承诺，2006 年外资银行卡营运机构将可以获准在中国市场经营人民币业务。面临这种挑战，起步较晚的国内银行卡产业要想在国际上树立起属于自己的品牌和标准，就要主动出击，步步为营，把握住过渡期这一难得的发展机遇。

※ 中国银联整体布局

为了促进国内银行卡产业的升级和蓬勃发展，并努力将中资银行共有品牌银联卡推向世界，中国银联"双箭齐发"，一方面将国内联网通用建设引向深入，积极改善受理环境，推广银联标准卡（即采

▲ 四川地区开展宣传活动海报

用银联发卡 BIN 号的银行卡）；另一方面于 2005 年开始推行国际化战略，希望通过国际合作和自身努力，逐步实现"中国人走到哪里，银联卡用到哪里"的愿景。

中国银联积极拓展之时，也正值国内银行卡产业处于欣欣向荣的扩张和发展阶段。2005 年 2 月 3 日，中国人民银行启动了以"银行卡之春——中国银行卡产业回顾与展望"为主题银行卡业务宣传活动。这次活动由中国人民银行主办，中国银联承办，中国银行、中国工商银行、中国农业银行、中国建设银行等 15 家全国性发卡金融机构参与，是我国首次开展全国联动的银行卡宣传活动。通过多种方式的宣传和推广，进一步普及了银行卡知识，引导社会各界高度重视并全面参与中国银行卡产业的建设。同时，参与各方共同研讨了我国银行卡产业发展的有效运营机制，明确了产业发展方向，为加速产业发展起到了有力推动作用。

银行卡宣传工作如火如荼，国家政策层面上也环环相扣。2005 年 4 月 24 日，中国人民银行等九部委联合发布了《关于促进银行卡产业发展的若干意见》，全面系统地提出了促进银行卡产业发展的政策措施，并首次明确国内"由多元化市场主体构成的银行卡产业链初步形成"，这标志着银行卡已经从单纯的银行业务转变为支撑国民经济发展的产业集群。随后，《中国人民银行关于规范和促进银行卡受理市场发展的指导意见》、《电子支付指引（第一号）》、《中国人民银行关于内地与香港银行办理人民币业务有关问题的补充通知》等一系列监管规定陆续出台，制度政策环境的显著优化，为促进银行产业的有序发展提供了坚实的制度保障。

2005 年，通过银联和各家银行的积极努力，国内银行卡受理市场建设取得了卓有成效的进展，联网通用目标基本实现，受理环境大为改善。截至 2005 年底，国内特约商户达到 39.4 万家，同比增长 28.76；POS 机具 60.8 万台（年度新增 15.8 万台），同比增长 35%；ATM 终端 8.2 万台，同比增长 20%。①

在国内，中国银联大力推广银联标准卡。在借记卡逐步成熟完善的基础上，中国银联积极尝试推广银联标准信用卡。与此同时，中国银联与中国银行，中

▲ 中国银联宣传活动

---

① 本节相关数据、资料参见中国银联主编《中国银行卡产业发展研究报告（2006）》。

国工商银行、中国建设银行、中国农业银行、
交通银行以及邮政储汇局分别签订了战略合作
协议，在逐步推广借记卡的同时，各家商业银
行开始酝酿银联标准信用卡的发行和推广。

此外，中国银联也是国内手机支付等创新
业务发展的有利推手。2005 年 5 月，中国银
联武汉分公司和中国移动湖北分公司联合湖北
省内各家银行推出手机钱包业务。该业务将移
动用户的手机号码与银行卡帐号进行绑定，通

▲ 中国银行全球通手机银行卡

过手机短信和互联网、移动语音等的操作方式，以绑定的银行卡为支付结算载体，实现查询、缴交手
机话费，购买电子游戏卡、图书等指定商品，查询银行卡余额，以满足用户随时随地进行支付的理财
需求。6 月，中国银联湖南分公司在陆续推出手机缴费、烟草代扣、短信移动商务应用、福彩投注等
手机支付业务应用的基础上，联合湖南移动推出手机支付新应用——批量代扣业务。2005 年底，中国
银联已在广东、浙江、海南、天津等 14 个地区开通了手机支付业务。

此时，中国银联也加快了走出国门，进军国际的步伐。2004 年 1 月 18 日，中国银联正式开办了
内地银联人民币卡在香港地区的 POS 消费业务、ATM 查询和取现业务，迈出了银联国际化的第一步。
2005 年，银联先后与泰国 PCC 公司、越南东亚银行、花旗银行、法国农业信贷集团等多家金融机构
建立了战略合作关系，开通银联卡海外 POS 消费和 ATM 取现业务。2005 年底，银联品牌已经在包括
新加坡、泰国、韩国、日本、美国、西班牙、法国等 16 个国家陆续登陆。银联卡可以在上述国家和地
区的 4.5 万台 POS 终端上进行消费，在 6.2 万台 ATM 上提现或查询。境外受理市场的全面开发带来银
联卡境外交易量的井喷式增长。截至 2005 年底,通过银联网络转接的银联卡境外交易比数 416.77 万笔，
同比增长 77.53%，总交易金额折合成人民币约为 127.61 亿，同比增长 225.54%。

※ 携手银联战略合作

在中国银联发展壮大的关键阶段，作为大型中资银行、中国银联的股东和董事单位，中国银行积
极支持银联"创品牌、走出去"的发展战略，并谋求双方合作共赢的发展愿景。在国内业务发展上，
通过发行银联标准卡，明确银联在收单和发卡业务中的转接地位，将有助于中国银行获得银联的积极
支持，开展国内发卡和收单业务，并可以直接降低品牌评估费用等业务开支。在国际业务发展上，中
国银行借助自身丰富的境外机构资源，与银联在海外实现业务合作和联动，有利于推动中国银行海外
机构的银行卡和零售业务发展。

2005 年 5 月 11 日,中国银行与中国银联股份有限公司在上海签署了战略合作协议。双方在理解互信、
共同发展的合作原则基础上，达成了包括国际业务合作、发行银联标准卡、开展新兴支付业务以及进
一步巩固扩大联网通用成果等在内的多个领域的多项合作协议。

2005 年 10 月 18 日，中国银联与中国银行联手打造的国内第一张银联新标识标准信用卡——长城人民币信用卡在北京问世。在长城人民币信用卡首发仪式上，银联新标识也正式启用。银联新标识是在保持银联老标识基本形象不变的基础上，增加英文"UnionPay"，体现了中国银联的全球化特征。

▲ 银联新标识

此后，中国工商银行、建设银行、农业银行等国内众多金融机构在推广借记卡的同时，也纷纷着手发行银联标准信用卡。截止 2005 年底，国内存量市场上银联标识卡共有 4.96 亿张，其中银联标准卡总量达到 8600 多万张 ①。面对 VISA、万事达、运通等国际品牌的竞

争和渗透，银联凭借本土优势和产品强化，后发而先至，取得了国内发卡市场 42.68% 的份额，占据国内发卡市场的半壁江山，规模实力足可以与国际组织分庭抗礼。

国际业务合作方面，中国银行通过发挥外汇业务和境外机构的优势，进一步加强与中国银联的合作，积极协助拓展银联卡境外受理商户。同时，中国银联在发展境外银联卡受理市场时，也承诺优先考虑与中国银行当地机构合作，并提供优惠条件支持中国银行境外分支机构开展银联卡收单业务。

中国银行和中国银联进行战略合作是民族银行卡产业应对新形势下竞争环境的有力举措，这对于加速国内银行卡产品创新、开拓国际银行卡市场、加强银行卡风险控制等方面起到了积极的作用，对中国银行打造国际一流银行、中国银联创建民族银行卡品牌产生了积极而深远的影响。

---

① 含借记卡和信用卡。

坚定信心　创新发展

2006—2010

第四部分

第十章
国内国际业务齐头并进

　　随着中国经济快速发展和中国金融领域的全面对外开放，大力发展银行卡等中间业务已逐渐成为国内主要商业银行的战略发展重点。截至 2008 年末，中国市场上银行卡发卡总量达 18 亿张，人民币交易总额为 127.16 万亿元[①]。银行卡是一种能与各类电子银行业务完美结合的离柜业务，它既可服务于个人客户，又可服务于公司客户，是国内商业银行竞争优质客户的利器，有助于商业银行实现业务结构和客户结构的转型和优化。银行卡还是银行与客户之间重要的可持续进行有效沟通的媒介，围绕客户获取、消费、取现、转账、还款等交易，与客户往来最为频繁，是客户感受银行品牌、服务、功能提升、价值增值等最直接、最有效的方式。银行卡已经由个人业务的附属产品演变为银行零售业务的核心平台。同时，从产业集群的视角出发，伴随着国内信用卡业务规模的扩大，银行卡行业已经形成涉及发卡行、收单行、制卡商、网络服务和系统集成商、特约商户、持卡人和政府相关部门的产业价值链，跨领域的合作与渗透不断加深，创新支付形式不断涌现，从而为银行卡行业的大发展、大繁荣奠定了坚实的基础。

第一节　携手外资银行合作发展

※ 引入战略投资

　　作为中国银行业的主体，四大国有商业银行的改革和发展，直接关系到中国经济和金融发展的全局。为了提高国有商业银行的市场竞争力，在国有企业改革取得实质性进展的同时，中国政府决定加快推进国有商业银行的改革。2003 年末，政府决定先行对中国银行和中国建设银行进行股份制改造的试点，用 3 年左右的时间，将中行和建行改造成为符合现代企业体制要求的、具有国际水准的股份制商业银行，这是一项非常关键但又非常艰巨的全新改革实践。国务院决定动用 450 亿美元国家外汇储备，为中国银行、中国建设银行补充资本金。

---

　　① 　数据来源于中国银联。银行卡包括借记卡和信用卡。

2004 年，中国银行在国有独资商业银行中率先进行股份制改革，并于 8 月 26 日在北京注册成立中国银行股份有限公司，标志着中国银行向拥有良好公司治理机制的现代化股份制商业银行的目标迈出了一大步。2006 年 6 月、7 月，中国银行先后在香港联交所和上海证券交易所成功挂牌上市，成为首家在内地和香港发行上市的中国商业银行。

2005 年底，中国银行完成引入战略投资者的战略举措，分别与苏格兰皇家银行集团

▲ 中国银行与苏格兰皇家银行"合作共赢"

及其全资控股的 RBS 银行和拥有控制权的 RBS 中国、亚洲金融控股私人有限公司、瑞士银行和亚洲开发银行等机构签署协议，建立了战略合作关系。[1] 其中，与苏格兰皇家银行（以下简称 RBS）的合作主要集中于信用卡、财富管理、公司业务及财产保险等业务领域，同时也涉及风险管理、财务管理以及运营支持等方面。

※ 成立信用卡业务单元

苏格兰皇家银行（RBS）在美国、英国和德国拥有大量信用卡业务，其广泛的银行卡业务国际拓展经验和独特的资源优势，使之成为中国银行在信用卡业务领域的主要合作伙伴。为引进国际先进的信用卡业务管理经验和专业知识与技能，在整体战略合作协议框架下，中国银行与 RBS 签订了信用卡业务合作协议。

合作协议签订后，为推进双方的整体业务合作，中国银行与 RBS 成立了战略合作指导委员会，由中国银行与 RBS 高层管理人员参加。同时，建立了信用卡业务单元管理委员会，指导信用卡业务的合作进展，中国银行派人出任委员会主席（主管行领导）和业务单元总裁（张联利），RBS 派人担任业务单元副总裁（Chris Holdworth）。在银行卡业务单元内部设立市场营销、风险管理、运营、IT、人力资源、财务、业务分析与行政等团队，其中，风险管理、运营、业务分析团队主管由 RBS 派管理人员担任。

2006 年 1 月，RBS 正式派驻人员参与信用卡 BU 的日常经营管理工作，双方组成项目小组。2006 年 2 月 9 日，合作双方在英国召开第一次银行卡业务单元管理委员会，任命银行卡业务单元的 CEO 及副 CEO，同时通过了信用卡业务 5 年业务计划及财务计划。2007 年 1 月 25 日，中国银行举行了银行卡业

RBS & BOC 合作指导委员会
职责：全面指导双方业务合作领域

RBS & BOC 信用卡业务管理委员会
职责：确定 BU/JV 的战略发展方向

业务单元管理层
职责：负责业务单元日常经营管理

---

[1] 引自《中国银行股份有限公司年报》（2005 年）。

▲ 中国银行银行卡中心2007年业务发展动员会，左5为总裁张联利。

务单元（银行卡中心）成立大会，正式宣布银行卡中心成立。

※ 携手合作互利共赢

在中国银行与 RBS 的协力合作下，新银行卡中心在银行卡业务各相关领域都取得了一定的进展。

一是风险管理方面。为进一步提高信用审批决策的科学性，双方首先在信用评分卡方面进行了合作。2006 年 6 月，在 RBS 专家的协助下、银行卡中心开发完成了客户化的申请评分卡。随后又共同研究制定了集成中银信用卡信用政策和评分卡在内的决策逻辑，将之嵌入信用审批决策系统中以支持审批运营处理。2006 年底，该申请评分卡与信用审批决策系统率先在总行应用，并于 2007 年 1 月开始向国内分行推广应用申请评分卡进行信用卡申请的审批决策处理工作。申请评分卡作为信用卡行业国际先进银行通常采用的一种评估客户资信状况的决策工具，它的开发与推广应用对中国银行信用卡风险管理朝着以数据分析为主的、量化的、科学审慎化的管理模式迈进起到了积极的作用。在 RBS 专家的协助下，中国银行建立了完整的中银信用卡 MI 分析机制，从帐龄分析、滚动率分析、客户管理等方面对中银信用卡风险状况进行多方位的分析，并开发了全辖 32 家分行的 MI 分析报告，每月定期将报告

发送至各家分行，用以对各地分行的银行卡风险管理工作提出指导意见。同时，RBS 专家协助中国银行开发行为评分模型，在风险管理的授信额度管理、风险预测方面引入行为评分模型，进一步提高了科学审慎化的风险管理能力。除此之外，中国银行与 RBS 专家在风险管理架构、欺诈风险管理、科学化风险预警机制等方面也开展了通力合作。

二是市场拓展方面。银行卡中心与 RBS 携手开展了一系列的市场拓展活动，合作开发了公务卡、都市卡、携程卡、国航联名卡等新产品。其中都市卡开创了中行主题类信用卡的先河，以知名漫画家几米的"向左走向右走"为卡面主题，融会了"分期轻松购"等当时较新的功能，吸引了大批的年青客户，至今仍是中国银行最受欢迎的信用卡产品之一。2008 年 2 月，银行卡中心与 RBS 相关人员成立了反销卡项目组，对销卡原因等问题进行了分析研讨，对反剪卡项目进行了模型测试，并开展了主动挽留营销活动以及 TCRM 优化工作。为了加强直销力度，在北京地区还试点成立了银行卡直销团队，并制定了相关的管理办法。

三是财务管理方面。在财务模型的运用方面，银行卡中心借鉴了 RBS 在财务模型编制与运用方面的先进经验，根据中国银行银行卡业务的实际情况将其财务模型调整后应用于预算编制、盈利能力分析、营销项目投入产出分析等领域。

※ 危机导致战略抉择

2007 年 6 月，有着 85 年历史的美国贝尔斯登公司由于经营不善而被摩根大通收购。以此为导火索，引起了美国次贷危机的全面爆发，并逐渐演化成为一场经济危机。2008 年 9 月，次贷危机进一步恶化，引发了全球范围内的金融动荡。2007 年 1 月 1 日，苏格兰皇家银行的股价为每股 6.64 英镑；到了 2008 年 12 月 31 日，其股价已经跌至 0.48 英镑，跌幅达 92%。该集团资产减计损失达到 150 亿美元，流动性面临前所未有的困境。此外，RBS 在 2007 年收购荷兰银行，并支付了 1400 亿美元的对价，而金融危机爆发后荷兰银行被英国政府控股，其战略发生了较大调整。[①]

为了缓解财务困境与流动性枯竭危机，经过与中国银行反复沟通，2009 年 1 月 15 日，RBS 选择全部转让其持有的中国银行股票。中国银行和 RBS 的合作虽然已告一段落，但其在合作过程中的努力与付出是中国银行永恒的财富。合作期间，RBS 累计对中国银行投入了 14.3 万人次、1.8 万个工作日的工作，高峰时有 60 多个人在中国银行办公，先后举办了 80 余期培训班。[②] 通过"引智、引技、引制"和并肩作战，RBS 给中国银行带来的不仅仅是管理、流程、产品的国际化，更重要的是意识和行为标准的国际化。

第二节 完善中后台系统建设

银行卡专业化、一体化、集中化运营管理模式的确立，蓬勃发展的业务规模以及不断翻新的产品属性，给银行卡中后台建设提出了更高的要求。为了适应业务发展的需要，助力业务拓展和创新，培养核心竞争力，中国银行站在银行卡业务持续快速发展的战略高度，对全行中后台经营管理资源进行

---

① 朱民 . 朱民详解中行战投减持前因后果，第一财经日报 .2009（1）.
② 朱民 . 朱民详解中行战投减持前因后果，第一财经日报 .2009（1）.

了大规模的分解与整合，使得内部价值链实现了优化升级。

※ 发卡收单大集中时代

按照中国银行 IT 蓝图以及银行卡业务的整体规划，包括贷记卡、准贷记卡、借记卡等在内的所有银行卡产品都将按照"前中后台分离、中后台操作集中运作"的理念设计业务体系和技术架构，实现职能分配优化，从而提高各环节的专业化水平，有效降低运营成本。

银行卡新系统建设项目（BOCKJ）实施后，在北京建成了全国集中的银行卡运营与管理中心，初步建立起包含发卡、收单、交换、清算、后台操作、数据仓库、客服中心、网上银行等方面在内的银行卡系统架构，基本实现了中银信用卡标准产品和相关衍生产品（双币种贷记卡）的集中化运营。在此基础上，对分散在 32 家省级分行的准贷记卡的发卡业务、收单业务，也按照计划逐步实施了数据整合集中、后台作业整合集中以及产品管理集中。

2005 年 11 月 30 日，中国银行总行投产了集中平台收单处理系统，并于 2006 年正式启动了收单业务的整合上收工作。集中式收单系统建设与分行收单业务整合，是中国银行对经营了近 20 年的银行卡收单业务经营模式与运作流程开展的一项重大改革措施。

同时，中国银行长城准贷记发卡业务整合和数据移植工作也相继展开。长城信用卡自发卡以来，在国内银行卡市场上一直处于领先地位，截至 2006 年底，中行长城信用卡累计发卡 700 万余张，存款

▲ 中国银行 QCC 上收项目组全家福

近 206 亿元人民币，透支总额 15.79 亿元人民币，是中行银行卡业务的核心力量。[①] 在 2001 年大集中和 2004 年长城人民币信用卡（单币种准贷记卡）中台建设基础上，各地分行准贷记卡系统、数据实现了省级集中，初步完成了在省级分行层面采取集中业务运营与操作流程的改造。2006 年 12 月，中国银行全面启动准贷记卡（QCC）整合上收工作，通过对省级分行准贷记卡数据上收，提升产品功能，实现对服务渠道、交换与清算系统等改造，以达到有效分离长城卡业务前中后台业务、提升运营效率、统一服务标准的目标，并形成"数据集中、账务集中、操作集中、业务政策和战略规划管理集中，分行负责当地市场营销、客户服务、风险控制和经营管理"的经营格局。

项目实施过程中，通过中国银行总行和各地分行通力配合，在完成总行卡业务系统（BOCKJ）配套改造、行内相关系统配套改造、分行系统配套改造、数据迁移（包括数据清理／迁移策略／数据移植等）的基础上，实现了产品整合、增值服务整合、运营模式整合的目标，最大限度保留了各地分行产品的特色功能，不但实现了业务的平顺对接，还大大增强了长城信用卡的核心竞争力。

※ 成立中银金融商务公司

按照价值链（Value chain）理论[②]，企业不应追求大而全、小而全的经营模式，应当通过分析整个价值链，从自己的比较优势出发，放弃某些增值薄弱环节，将资源投向可以形成核心竞争力的环节，并通过在市场上寻求合作伙伴，共同完成整个价值链的全过程。信用卡产业链包含：供应方（包括发卡机构、收单机构和银行卡组织）、消费方（包括持卡人和特约商户）和中间供应商（包括卡片制作商、中后台业务支持与维护商、客户服务机构等）。供应方、消费方和中间供应商之间的业务关联使得这三种参与中提形成一个相互作用的产业内循环体系。这个内循环体系在受到其他行业影响的同时，也会通过自身活动影响到其他行业的发展。

为了提升银行卡集中运作模式下的中后台运营效率，发挥信用卡产业链的价值，2007 年 11 月，中国银行与中银信用卡（国际）有限公司合资成立了中银金融商务有限公司，为中国银行银行卡业务提供中后台操作管理、客户服务、商户收单业务支持等全面服务。同时，将信用卡业务中操作性强、耗费人力资源多、适合

计件管理的业务剥离出来，委托商务公司专业经营，中国银行总行集中精力与资源，做好信用卡市场规划、营销拓展、风险管理等核心业务。这样，有利于中国银行控制风险、降低成本，避免了分散外包商资质不一、风险隐患大等问题。

中银金融商务公司成立后，承接了中国银行信用卡申请件处理、制卡、客户服务等后台业务，按照市场化标准规范经营发展，运营良好。中国银行信用卡非核心业务外包专业公司处理的经营模式，顺应了国内银行卡市场专业化、精细化发展趋势的需要，提升了中国银行信用卡业务中后台服务水平，

---

① 2007 年中国银行总行下发《关于长城信用卡业务规划与整合上收项目计划调整的通知》（中银卡文〔2007〕38 号）．

② 迈克尔·波特（Michael E Porter）于 1985 年提出。

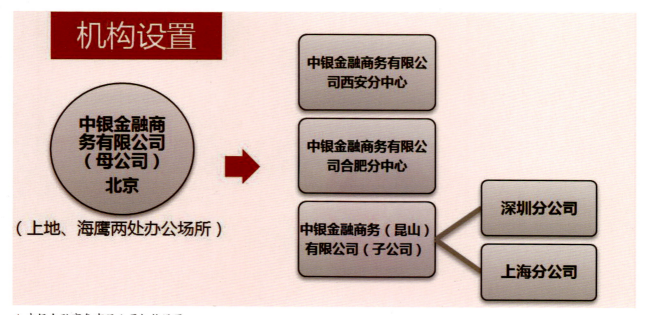

▲ 中银金融商务有限公司机构设置

为持卡人提供了更优质的服务。

※ 进件流程优化整合

中国银行集中运营体系构架建立后，运营效率大幅度提升，信用卡发卡量成倍数增长，截至2008年底中国银行已累计发行信用卡972.26万张[①]，业务规模迅速扩张。客户对中国银行的信用卡认同感不断提升，申请表数量猛增。面对数以百万计的信用卡申请表，以往完全依靠纸质件流转审批的做法，已经不能适应规模高速扩张所带来的考验。

2008年，中国银行总行成立了专门调研小组，通过对国内外同业做法进行深入调研分析，同时借鉴零售消费信贷流程处理经验，采取"总行＋省行"运营架构模式，开始推行信用卡进件处理流程优化整合工作，建立起一套符合中国银行实际的信用卡进件处理系统，解决了制约信用卡业务增长的瓶颈问题。

中国银行总行主要负责制定进件处理的流程规范、服务标准和授信审批的各项政策制度，负责信用评分模型的开发完善，以及对分行审批的授权、对分行审批质量监控和授权的动态调整，同时负责公务卡和直邮件等事项的审批处理。在运营操作上，更多发挥分行和中银商务公司的资源调配优势，将进件的合规性检查、申请进件的扫描等职能下放标准化处理网点，将纸质信息在进件流程的最前端转化为电子信息进入系统，由经授权的一级分行负责申请件的在线审批，负责申请件档案管理，同时负责特殊或紧急申请的快速处理。商务公司负责分行进件基于影像的录入、制卡、制密和邮寄处理，以及直邮件和公务卡等的扫描、录入等全流程处理。

信用卡进件流程优化整合实现了四大变革：一是实现了从手工处理向基于影像和电子数据、系统

---

① 引自《中国银行2008年年度报告》。

支持的进件处理的电子化转变；二是实现了从手工审批向在线审批的网络化转变；三是建立起特殊或紧急申请的快速处理通道的应急处理机制；四是实现了纸质档案分行管理、影像档案集中管理的档案管理模式。通过这些变革，进件处理全流程压缩在15个工作日内；对于特殊或紧急申请，最快处理周期可在3个工作日内完成。[①]

2009年，中国银行34家分行全部运用了进件流程整合系统，该系统支持108种申请表单，产品覆盖率达到99％。进件流程改革在中国银行总行分行现有组织架构下，充分发挥了地方分行积极性，重点实现进件处理的电子化、自动化，提高了处理效率，加强了风险控管，从而适应了信用卡运营处理集中化、规模化、标准化的特点，建立起面向客户的快速处理服务机制。

第三节　创新信用卡产品体系

自1986年在国内首先推出了以"长城卡"为品牌的人民币信用卡，经过二十五年的品牌积淀，中国银行信用卡产品体系建设逐步完善，产品的功能和服务得到了不断的提升和优化，客户分层和产品细分管理日益精细化，产品类型涵盖了个人卡和公司卡，打造出包含百货、商旅、高校、电子支付等类型丰富的联名卡产品线，为客户提供了琳琅满目的信用卡产品选择。

▲ 中国银行信用卡产品体系

※ 长城国际世界杯卡

2006年6月9日至7月9日，第18届世界杯足球赛在德国举行，这是继1974年后世界杯第二次在德国举行，也是继1998年后世界杯再次在欧洲举行。北京时间7月10日2时，意大利通过点球大战击败法国夺冠，法国、德国、葡萄牙获得第2至4名。齐内丁·齐达内获得金球奖，米洛斯拉夫·克

---

① 引自《中国银行信用卡进件流程整合工作进展情况汇报》（中银卡阅（2008）13号）。

洛泽获得金靴奖，吉安路易吉·布冯获得金手套奖。

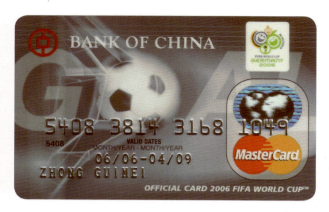

▲ 中国银行中银 2006 世界杯国际卡

为庆祝第 18 届世界杯足球赛，2006 年 1 月，中国银行发行了"中银长城国际 2006 FIFA 世界杯万事达卡"，该卡分欧元卡和美元卡两种，产品功能、收费及其它特征等，与现行欧元卡、美元卡相同。同时，持卡人享有抽奖、有奖竞猜等增值服务。该卡设计精美、尊贵、典雅，动感十足。卡面巧妙地融入了世界杯的运动理念和体育精神，是精美限量的纪念版银行卡。

第 18 届世界杯举办前夕，中国银行（香港）有限公司和澳门大丰银行也先后推出一款世界杯万事达卡，该卡设计经典，突出世界杯举办地特色，彰显世界杯的独特魅力。

▲ 中国银行中银 2006 世界杯国际卡

※ 国内第一张新银联贷记卡

中银都市卡首发于 2006 年，该卡是中国银行总行平台首发的以"62"开头的银联标准信用卡，是国内第一张使用银联新标识的银联标准的贷记卡，具备中银标准信用卡的基本功能与服务。包括先消费后还款、免息还款期、最低还款额等循环信用功能以及预借现金、分期付款、全球优惠商户专属折扣、缤纷积分好礼等，充分满足您消费理财的需要；更有短信随身行、可选凭密消费、挂失零风险，重重保障，为您安全护航。

该卡也是中国第一张主题卡，产品以都会年轻男女为主题，首度采用台湾著名漫画作家吉米"向左走，向右走"的经典卡面设计，持卡人可以在信用卡上加印您自选的中文昵称昵称自定义，将他（她）的昵称或与他（她）的暗语刻在卡面上，随身相伴。中银都市卡荣获 2010 年度"最佳情感信用卡"。

▲ 中国银行中银都市卡

※ 国内首张集银行与保险功能一体的信用卡

▲ 中国银行中银人保关爱卡

2006 年 8 月 8 日，中国银行在深圳发行了人保关爱银联标准信用卡，标志着中国首张复合型金融产品问世。这种取名"风铃花"的银联信用卡由中国银行深圳市分行与中国人保财险深圳市分公司携手开发，标志中国银行业和保险业的合作进入更深层次。

该卡除具有中国银行长城信用卡循环信用、预借现金、分期付款服务等信用卡基本金融功能外，还针对家庭的保险需求，首次提出了系统的家庭风险保障计划，体现合作双方对百姓家庭的关爱之情，也是保险进社区、进家庭的尝试，是银企合作模式在远保险代理、资金结算、资产托管、预约分保等领域的又一次重大突破。

※ 中银北大信用卡

2006 年 10 月 18 日，中国银行与北京大学在北京大学百周年纪念讲堂举行了隆重的中银北大信用卡首发仪式。北京大学校长许智宏、中国银行行长李礼辉以及多位北京大学校友代表出席。该卡是中国银行总行平台发行的第一张校园类联名卡，卡面设计低调独特，以北京大学著名景观未名湖为主要元素，适用于北京

▲ 中国银行中银北大卡

▲ 中银北大信用卡签约仪式

大学在校生、应届毕业生及新增校友办理。

中银北大信用卡是中国银行与北京大学共同打造的一张国际标准信用卡，是一张符合国际标准的 VISA 双币信用卡，具备中银标准信用卡的基本功能与服务。它涵盖了身份标识和信用消费的功能，并可用于校友向母校的直接捐款。同时，中国银行将按照刷卡消费金额，拿出固定的比例捐赠给北京大学校友基金会。

此次中银北大信用卡的发行，是中国银行捐资助学的又一项重要举措，也是双方长期友好合作关系的体现。

※ 中银孺子牛银联标准信用卡

2006 年 11 月 30 日，中国银行在深圳举行了"深圳市行政事业单位推广应用银行卡活动启动仪式暨孺子牛银联标准信用卡首发仪式"，总行副行长王永利及中国人民银行、深圳市人民政府、中国银联股份有限公司有关领导出席。"中银长城——孺子牛信用卡"是为公务员消费（含公务消费和个人消费）而设计的一种人民币（单币）个人信用卡。

▲ 中国银行中银孺子牛信用卡

※ 中银长城环球通信用卡

为整合中国银行信用卡产品功能和服务，充分发挥全球服务的比较优势，满足出国人群的用卡需求，2010 年，中行推出了一款在市场上具有竞争力的产品——长城环球通信用卡。长城环球通信用卡集成

▲ 中国银行长城环球通信用卡金卡、普卡

中行现有信用卡产品功能优势和服务卖点，支持通过中行个金积分平台实现增值服务兑换。它集借记卡和贷记卡核心功能于一身，具有存款有息、透支享有免息期、循环信用、本地取现免手续费、附属卡灵活管理、主附卡统一还款等基础功能，同时还提供升级短信和账单服务、附属卡电子交易明细单、互联网卡通支付等服务礼遇。长城环球通信用卡的推出，标志着从"为各类细分客户配置功能和服务、销售既定产品"的发卡模式，转变为"以客户为中心、功能服务整合、客户选择、按价值贡献实行积分消费"的模式。这不仅仅是产品的创新，更是产品模式的创新、产品理念的创新，秉承"功能整合、客户选择、积分消费、环球通行"十六字方针，确立了日后产品研发的工作思路，以及未来新产品的发展方向和趋势。长城环球通卡作为个金核心基础产品，有利于集中营销资源，充分发挥网点主渠道销售作用。同时，以长城环球通信用卡为蓝本，中国银行进一步丰富信用卡产品线，推出了面向细分客户的多层级产品，涵盖了普、金、白金及顶级产品，为客户提供多样化选择。

※ 中银白金信用卡

2008 年 7 月，中国银行发行首款面向高端客户的银行卡产品——中银白金信用卡，白金卡产品的推出是中国银行信用卡发展历史中的又一个重要里程碑，它填补了中行在高端市场产品的空白，为持卡人提供专属的金融支持和完善的增值服务。

▲ 中国银行中银白金信用卡

中国银行白金信用卡依托中国银行的整体优势，在功能服务上独具匠心：年度理财报表、中银理财 VIP 专业服务、覆盖含港澳台在内全国地区的优惠商户网络等独特服务，同时还向持卡人提供机场贵宾厅、免费道路救援、高额航空险、医疗健康、商旅预订等专属礼遇。中国银行白金信用卡产品最高信用额度可达到 200 万元人民币（或等值外币），并可根据需要即时调整。

随后，中国银行进一步丰富白金系列信用卡，推出了长城万事达白金卡、长城银联 IC 白金卡，向客户提供磁条卡和芯片卡多种选择。

※ 长城公务信用卡

2007 年 2 月 7 日，为满足单位客户公务支出管理需求，中国银行在总行六厦隆重举行长城公务卡产品发布会，推出了长城公务信用卡。这是总行平台第一张为服务世界500强企业而发行的信用卡，随后扩充到服务政府单位的单位卡，逐步形成完整的产品序列，包括企业公务卡、财政公务卡产品（中央预算单位公务卡、地方预算单位公务卡）、武警部队以及军队单位公务卡，产品覆盖了中国银联、万事达、威士等多家组织品牌。

▲ 中国银行中银公务卡

　　中国银行公务卡产品旨在提高公务支出透明度、降低单位公务支出成本、提高公务支出控管水平。面世以来，其凭借独具特色的功能、细致周到的服务，获得了客户的较高评价，客户数量不断扩充，业务规模稳步扩大，市场占有率居于同业前列。

　　随后，中国银行提高了长城公务卡的地位，将其定位于个人金融与公司金融联动业务的核心战略产品，巩固与吸纳公司存款来源的重要手段，维系公司客户关系的重要媒介。历经多年发展，公务卡产品积累了众多优质客户，包括世界五百强企业、大型国有企业、私营单位，政府部门、事业单位以及武警部队军队单位，如摩托罗拉（中国）有限公司、空中客车中国有限公司、深圳华为集团、中国远洋控股股份有限公司、中国对外贸易运输集团总公司等。

▲ 2007年2月7日，中国银行举行长城公务卡发布会，副行长王永利出席并讲话。

　　该卡是专为公司区分公私账务所设计的信用卡产品。它不仅是简单便利的支付工具，更是一个有效的控管系统，它将记录每一笔公务支出，让公司更清楚地掌控公司资金的流向，将预算做到有效的分配；并且协助公司进行账务核对、分析，为公司预算、决策提供依据。长城企业公务卡还可以在卡面上凸印公司英文名称等相关信息，以提升员工的归属。

※ 国内首张旅游主题联名卡

　　2007年5月15日，中国银行联手携程旅行网推出独具特色的旅游综合服务联名卡"中银携程信用卡"，这是中国银行第一张以旅游为主题的联名卡，除具有中银信用卡的基本功能和服务外，还具有双卡合一、双重积分、保险服务、优惠商户网等特色的功能及增值服务。该卡因其优越表现获得万事达卡组织颁发的"商务支付解决方案产品创新特别奖"。中银携程信用卡荣获 2009 年度"最佳联名卡"奖和 2010 年度"最佳联名预订信用卡"奖。

▲ 中国银行中银携程信用卡金卡、普卡

※ 国内首张存贷合一卡

2009 年 6 月，中国银行携手中国银联向市场推出了国内首张集借记卡和贷记卡功能于一体的创新金融新品——长城借贷合一卡。该卡符合银联最新标准的新型银行卡，有别于传统意义上的信用卡或借记卡，具备一卡双磁条、一卡双账户、银行卡功能全覆盖等显著特点。不但能为广大客户带来使用功能上的便利，也代表了国内银行卡今后的发展方向。

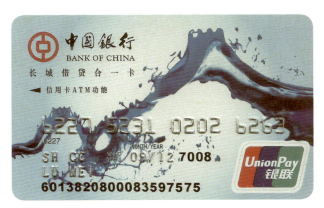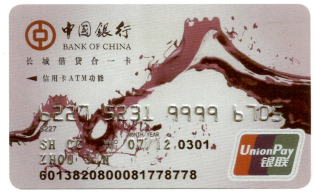

▲ 中国银行长城借贷合一卡

为保持卡面美观，长城借贷合一卡还在国内首创了隐形磁条和显形磁条相结合的方式，正面借记卡账户的磁条运用国际先进工艺进行隐藏，反面贷记卡账户磁条则以显形方式存在，保证持卡人在商户正常刷卡使用。同时，为便于持卡人使用，长城借贷合一卡在正反两面都添加了 ATM 机的使用方向，提示和指导持卡人在 ATM 机上正确使用双账户功能。

※ 澳门首张银联双币信用卡

2009 年 7 月 27 日，中国银行在中银大厦三十三楼举行"中银银联双币信用卡首发仪式暨中银银联双币白金信用卡杯高尔夫球友谊赛颁奖晚宴"。中国澳门特别行政区经济财政司司长谭伯源、中央人民政府驻澳门特别行政区办公室副主任高燕、中国银行个人金融业务部总裁祝树民、中国银联总裁许罗德等人出席了仪式。

自 2005 年起，中国银行澳门分行与中国银联已经互相合作，这次借助庆祝建国 60 周年和澳门特别行政区成立 10 周年之际，中国银行与中国银联再度合作隆重推出中银银联双币信用卡，这是首张在澳门发行，以人民币和澳门币双币结算的自主品牌信用卡，通行中国内地、港澳及全球多个地区，可为澳门广大客户、市民及旅客提供更多便利，不仅有助于促进内地与澳门的零售、旅游和经济发展，更对提升发卡双方的市场竞争力起到重要作用。

▲ 中银银联双币信用卡首发仪式

▲ 中国银行双币白金至尊卡、财富管理卡

中银银联双币信用卡分别有中银银联双币至尊卡、中银银联双币财富卡、中银银联双币金卡三种，分层级满足不同客户需要。持卡人在澳门及海外签账以澳门币结算，在内地以人民币结算，免除兑换差价，而且豁免内地及海外签账手续费。中银银联双币至尊卡更是尊享一对一贴身银行服务、中国银行全球网点贵宾服务、离澳刷卡意外保障、至尊级个性化信用额场及环亚机场贵宾候机室服务等至尊客户礼遇。出席晚会近百名社会人士均收到由中国银行预先准备的专属中国银联双币至尊卡，率先体现中银至尊级礼遇服务。

※ 中银全民健身运动卡

2009 年 7 月 28 日，中国银行在国家体育总局隆重举行中银全民健身运动卡发卡仪式。这是中国银行作为国家体育总局战略合作伙伴、全面参与支持"全民健身日"活动的一项重要举措，也是中国银行纪念北京奥运会 1 周年，向我国首个"全民健身日"献礼的务实之举。该卡是中国银行独家发行的运动健身主题卡，包含信用卡产品和借记卡产品，是唯一获得国家体育总局特别授权使用"全民健身日"标志的银行卡。

中银全民健身运动卡延续了中国银行信用卡的出色金融功能，配备了完善的金融服务，全方位满足持卡人的用卡需求。卡面设计亮丽动感，五种不同色调

▲ 中国银行中银全民健身运动卡首发仪式

的卡面呼应奥运五环色彩，以光线流动形成运动人物剪影，分别呈现了游泳、羽毛球、乒乓球、篮球和网球五种体育运动，为持卡人提供了不同的个性卡面。

※ 国内首张居住类联名借记卡

2009 年 10 月 26 日，中国银行携手新浪乐居在北京地区推出长城新浪乐居联名借记卡。该卡是国内首张居住类借记卡，其作为中国银行长城借记卡的个性产品，为追求品质生活的购房人群，精心打造以"家"为中心的全方位服务体系，提供围绕房产的选房、购房、装修、生活的全生命周期增值服务。

长城新浪乐居联名借记卡的持卡者不仅能享受到中国银行贷款管家、理财、汇兑、基金

▲ 中国银行长城新浪乐居联名卡

精选等专家服务，并能免费开通网上银行获赠动态口令牌，还可获赠家庭财产保险和交通意外保险等众多个人金融服务。此外，持卡者还将享有新浪乐居会的优惠产品与服务，包括楼盘优惠，优先参与购房专场活动，二手房过户、按揭手续费优惠，家装建材品牌折上折，吃喝玩乐折扣，成为复地会、华远会等五大品牌地产会会员等共计 5 大项 30 小项的增值特惠服务。

※ 国内首张钛金女士镜面卡

2009 年，中国银行与万事达国际组织合作，发行了国内第一张钛金信用卡—中银钛金女士信用卡。产品有 3 款时尚绚丽的卡面，每款卡面设计独具匠心，其中玫瑰红、亮天蓝为镜面卡面，能很好地满足现代女性消费者追求品质、时尚、健康、理财的诉求，充分展现爱自己，更美丽的新生活。

该卡以都市中高端白领女性为目标客户，具有多重安全保障、超长免息期、多种分期付款等金融支付功能。旨在满足现代女性消费者追求品质、时尚、健康、理财的诉求，为热爱生活的女士提供缤纷多彩的尊贵礼遇，全面贴心的女性健康专属保险、时尚绚丽的女性卡友专项网站。为了更好地为持

卡人提供专业的金融服务，中银钛金女士卡推出了专享的年度用卡分析报表。持卡人在过去一年里的开支记录以及中国银行为持卡人悉心提供的财务数据分析，都将呈现在该报表中，这对女性持卡人的理财活动和投资决策将有所帮助。

▲ 中国银行中银钛金女士信用卡

第四节　拓展海外银行卡市场

中国银行在海外有着广泛的机构网络资源和良好的品牌效应，发展海外银行卡业务，不仅可以促进中国银行海内外业务联动，共同为中外客户提供便捷、安全的服务，免于现金携带的不便与风险，同时也可为银行维护客户关系，拓展和增加银行中间业务带来可观收入。依托广泛的海外机构网络资源和多元化金融业务平台，中国银行银行卡始终坚持海内外一体化的发展战略，并不断寻求新的突破。

※ 新加坡长城银联白金卡

作为国内第一个将发卡网络延伸至国外的中资银行，中国银行在海外银行卡服务方面具有得天独厚的优势和经验。在全球一体化的趋势下，通过海内外联动，中国银行向海外市场拓展步伐日益加快。

▲ 中国银行新加坡分行长城银联白金卡

2008年10月9日，中国银行与中国银联合作在新加坡新加坡浮尔顿酒店举行新卡发布会发行了"长城银联白金卡"，该卡是中资银行在港澳以外地区发行的第一张银联标准信用卡，借助中国银行及银联在国内及港、澳地区的优势，为新加坡人前往中国开展商旅活动提供了更多的便利和更好的服务。在发卡仪式上，双方还签署了"中国银行及中国银联全球战略合作协议"。该协议的签署，标志着中国银行与中国银联在国际业务方面进入了更加紧密的深度合作阶段。[①]

中国银联总裁许罗德在新卡发布会上表示，中国银联和中国银行此次签订全球战略合作协议并发行中行长城银联白金卡，标志着双方进入新的合作阶段，必将促进双方在海外银行卡业务方面的深入合作。中行长城银联白金卡的发行，不仅将为常赴中国进行商务、旅游的新加坡人士提供更为便捷的支付工具，更将为推动银联卡在海外的全面发行起到示范作用。

※ 中国首张海外银联借记卡

2009年11月18日，中国银行东京分行在东京新大谷酒店隆重举办银联借记卡首发仪式，这是中国银行第一张在海外市场发行的银联借记卡，也是继花旗银行和汇丰银行之后，在日本金融市场上由外资银行发行的第三张借记卡。东京分行银联借记卡的发行，满足了广大在日华人华侨及中日往来商务人员的迫切需求。该卡可以在中国银联遍布日本、中国内地及全球其他地区庞大的ATM网络中使用，持卡人可以享受到余额

▲ 中国银行东京分行银联借记卡首发仪式

查询、ATM机取现及商户刷卡消费等服务。凭借申请简便、使用安全、全球服务、费用低廉等优势，这张小小卡片为客户提供了专业、优质的个人支付和结算服务，填补了中国银行业在日本借记卡市场的空白。

▲ 中国银行东京分行银联借记卡

同时，作为最早进入日本金融市场的中国金融机构，此次中国银行携手中国银联在日本金融市场发行银联借记卡，进一步增强了中国银行业在日本金融市场的竞争力和影响力。中国银行东京分行银

① 《我行与中国银联签署全球战略合作协议并携手发行长城银联白金卡》，来源中国银行内部网站。

联标准借记卡的成功发行开创了东京分行新的历史阶段，标志着中国银行海外银行服务的又一次成功跨越。该卡是日本银行同业发行的第一张银联品牌借记卡和在日中资银行发行的第一张借记卡，大大提升了在日中资银行在日本金融市场的知名度和影响力，也标志着中国银行携手中国银联这一民族品牌清算服务商拓展海外业务迈上一个新的台阶。该卡满足了在日华人和往来于中日两国间的商务人员的需求，增强了在日中资银行的市场竞争力和客户满意度，提高客户对中资银行服务的向心力。同时，此次发行填补了中国银行业在日本借记卡市场的空白，丰富了日本国内银行卡产品的，为日本境内的持卡人提供了更多的产品服务选择。

※ 马来西亚长城人民币预付卡

2010 年初，中国银行马来西亚分行成功发行了人民币预付卡，此卡分为马币卡和人民币卡两种，卡面有银联标志并可以重复充值，可通过银联"UP"支付网络，在中国内地，香港及澳门广泛使用。发卡对象为年满 18 岁或以上的马来西亚本地公民或非居民，马来西亚公民和永久居民可凭有效身份证件，即身份证和护照，外国居民须持有效工作准证或学生准证和护照。

▲ 中国银行马来西亚分行人民币预付卡、马币预付卡

该卡在马来西亚中行的 ATM 取现免费，每个自然月在大马境内任意支持万事达网络的 ATM 取现首两笔免费，在世界各地 ATM 上查询免费。这款卡除可以在 ATM 机进行存款、取款，在全球商户进行消费，在网上商户进行在线支付等常用功能外，还具备在马来西亚跨行取款的功能，且每月头两笔免费。另外，该卡还享有在中国大陆中国银行 ATM 机取款的最优费率等便利优惠，以及自定义每日交易额度、海外磁条交易开关等多重安全保障。

※ 菲律宾银联双币种借记卡

2010 年 10 月 12 日，中国银行马尼拉分行在菲律宾首都马尼拉正式发行银联双币种、双账户借记卡。这是中国银行在海外发行的首张银联双币种、双账户借记卡。

中国银行马尼拉分行发行银联双币种、双账户借记卡，满足了广大在菲华人及中菲间往来商务人员的需求。该卡连通中国银联在菲律宾、中国内地及全球其他地区庞大的 ATM 网络，持卡人可享受余额查询、ATM 机取现及商户刷卡消费等服务。[1]

中国银行总行个人金融部副总经理姚华在发行仪式上说，该卡连通中国银联在菲律宾、中国内地等地的自动柜员机（ATM）网络，可使持卡人享受银联 ATM 取现、查询余额及商户刷卡消费等服务。持卡人可将比索、人民币账户集于一卡，在菲律宾消费时用比索结算，在中国内地消费时用人民币结算，从而规避汇率风险，节省货币兑换费用。持卡人在其他地区消费时，以当地货币计价，用比索结算。

※ 海外银行卡业务专题会议

2010 年 12 月 14 日，中国银行召开了海外银行卡业务专题会议，明确了海外银行卡发展策略、产品定位、工作思路、业务模式及发卡目标，强调中国银行海外银行卡业务发展将遵循"集中统一、优质高效"的工作思路，实现海外银行卡业务的规模发展。海外信用卡业务发展紧密围绕集团发展战略规划，深入贯彻"创新发展、转型发展、跨境发展"的战略要求，认真落实"以信用卡产品为龙头，加快海外个人金融业务发展"的策略，

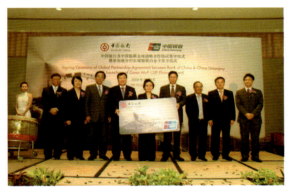
▲ 中国银行马尼拉分行银联借记卡首发仪式

遵循"集中统一、优质高效"的工作思路，以东南亚地区为重点，扎实推进海外信用卡基础建设，持续优化业务流程，实现海外信用卡业务的规模发展。同时，建设全球统一发卡平台，逐步实现海内外渠道一体化、全球客户单一视图以及海内外账户互通，为海外行当地客户、华人华侨以及往来中国和海外的商务、旅游和留学人士提供便利、高效的金融服务。

作为中国国际化程度最高的商业银行，中国银行共在 19 家海外机构发行银行卡，总发卡量接近 70 万张。同时，中国银行实现了 30 余个海外柜台受理银联信用卡紧急补现功能，覆盖东南亚、欧美等多个国内旅游目标地国家。

中国银行努力将收单、清算优势拓展至海外。为全力支持海外收单业务，争取实现收单业务抢占当地中资银行市场份额第一的目标，中国银行积极寻求与中国银联开展深入广泛的业务合作，通过海外平台、海外清算，抢占海外银行卡业务发展的先机。

围绕着"建设一流的国际化银行"的战略目标，在彰显全球化网络优势和品牌效应的同时，中国银行积极投身于建设先进的服务模式、产品研发机制与客户满意度模型，致力于为出国人士和来华商旅提供方便快捷的金融服务，并着力将中国银行银行卡打造成为国人和海外华人中高端客户的首选支付产品。

---

[1]《中行在菲律宾发行首张海外双币种借记卡》，来源中国银行官方网站。

第五节 精细管理信用卡业务

由次贷危机引发的全球经济金融危机促使国内信用卡市场竞争从规模竞争向规模与品质的综合实力竞争发展，发卡机构纷纷调整了业务发展思路。在监管层的引导下，各家商业银行更加注重信用卡业务发展的计划性与平衡性,强调规模与品质平衡发展的精细化运作方式,深化客户细分和差异化营销，在为广大持卡人带来良好用卡体验和高品质服务的同时，自身也得到了长足发展。

在这种发展趋势下，中国银行秉承服务创造价值的理念，以客户为中心、以市场为导向、以创新促发展，积极推动新兴支付技术和业务的应用，不断完善境内外持卡人服务体系，通过品牌、服务、功能提升，价值增值努力打造中行信用卡业务市场竞争力。

※ 产品功能日臻完备

产品功能是银行卡业务经营和发展的生命线。自2007年开始，在建设国际一流零售银行战略的指引下，中国银行在产品功能提升方面狠下功夫，核心功能和附加功能不断完善。为提升客户服务质量，中国银行逐步实现了总行集中平台语音IVR密码设置与修改、批量开卡、批量提额、卡片升级、卡片停用与解停用、优化网银还款、ATM/CDM的转账还款功能等功能，从而优化了业务流程，拓宽了客户还款渠道，提升了产品竞争力和服务水平。

为了满足客户信贷需求，2008年中国银行推出了以信用卡为载体的分期付款业务,形成了大额分期、邮购分期、普通商户分期和卡户分期四大分期业务类型。2008年7月,中行推出了全国邮购分期品牌——"聪明购"，信用卡持卡人拨打商户订购热线，即可享受免费送货上门服务。随后，中国银行大力推广大额分期业务，主打汽车、家装等大额消费市场，迅速扩大分期付款业务规模，成为盈利增长的新亮点。

2008年，中国银行还加强多礼品系列、多积分形式的客户忠诚度平台建设，推出"中银积分365"计划，包含10大类兑换商品，逐步缩小了与同业主要竞争对手的差距。

2009年，中国银行积极发展网上支付业务，与快钱、支付宝等第三方支付服务供应商展开全方位、多领域的合作，并实现交易密码动态管理，为持卡人在畅游网络、尽享便捷支付的同时提供贴心的安全保障。

※ 营销渠道丰富多样

通过实践摸索，中国银行逐步建立以全国分支机构为主渠道，以直销队伍、交叉销售等模式为重要补充的信用卡业务渠道体系，在充分利用网点、网银、ATM 自助设备等自有营销触点的基础上，继续完善外部媒体营销渠道，形成多方位的营销体系。

2007 年，中国银行开始建设信用卡直销团队。至 2009 年底，中国银行直销团队已经由北京、上海、江苏和四川 4 家分行发展到 26 家，人数已逾 2000 人，当年新增发卡量超过 100 万张。① 在充分发挥客户资源和行内资源优势的基础上，中国银行广泛开展交叉销售、联动营销。通过与公司部门联动，对总行分行级重点客户进行公务卡营销，提供企业公务卡、财政公务卡、军队公务卡和集团公务卡等全系列产品，取得了良好的市场反响，在业务表现方面领先于同业。

2009 年，为强整体竞争实力，中国银行进行了机构改革，总行层面实行板块化、模块化管理，银行卡中心对内称为银行卡模块，与个人信贷模块、个人金融模块以及财富与私人银行模块组成个人金融总部。通过整合，银行卡中心在挖掘行内营销资源、内部强强联合方面获得了得天独厚的优势。银行卡中心依托中国银行财富管理体系，开展高端人士精准营销，积极推广白金卡产品。2009 年，银行卡中心成功举办了五场白金卡推介会以及 10 场高尔夫球赛及丽江总决赛，为中国银行白金卡产品树立了良好品牌形象。

同时，中国银行秉承"以奥运促发展，以发展助奥运"的理念，借助奥运市场平台，在全国范围内推系列奥运主题营销活动。其中，2007 年"中银 VISA 奥运系列信用卡办卡有礼活动"、2008 年"百万奥运卡营销活动"、"海外刷中银 VISA 信用卡，亲临 2008 北京奥运会"、"刷卡送门票、奥运游"等活动，取得了热烈的市场反响。

▲ "寻找第一百万的你"——一百万奥运卡营销活动

在"奥运"大概念下，中国银行将品牌形象、产品、业务以及服务等各个方面与奥运会充分结合和互动，取得了丰硕的奥运营销成果。2008 年奥运会结束之后，奥运营销效果跟踪调查数据显示：中国银行在奥运品牌营销传播效果、奥运合作伙伴身份识别、品牌关注度和影响力等指标均处于领先地位，国际化品牌形象得到大幅提升。

▲ 中国银行国庆 60 周年纪念版"盛世华彩"金箔信用卡（全国首款内镶纯金金箔卡面）

---

① 中国银行总行下发《关于 2009 年直销队伍建设情况的通知》。

2009 年，时值伟大祖国 60 周年华诞之际，中国银行举办建国 60 周年"祖国你好"主题营销活动，在全国陆续推出"感恩二十载、金箔永典藏"、刷卡满额赠礼、优惠商户实惠促销等多重礼遇。

※ 创新发展赢得市场

伴随着市场竞争的日益激烈，国内收单市场利润空间不断被挤压，为提高市场竞争力胜，中国银行持续推进中银优惠商户网络建设，开展商户分期、实时外币兑换和电购交易等产品创新和推广，不断开发收单新业务和增值服务，做大做强收单业务。2008 年，中国银行与中国国际航空公司、携程合作开通电购交易，实现总行集中收单平台的分期付款功能。2009 年，中国银行总行积极支持各地分行开展固话支付、见费出单等创新业务。截至当年 11 月末，固话支付业务交易量达到 186.7 亿元。①

2009 年，中国银行推出银行卡与个人额度贷款相结合的创新业务——卡贷通。该业务以新一代长城卡为载体，根据个人客户信用状况和银行认可的抵质押物情况，在个人信用循环和抵质押循环额度贷款的基础上，为客户提供的一种融资便利产品。产品通过将循环授信额度与客户本人的新一代长城信用卡相关联，供客户消费、取现使用，并对消费提供最长 50 天的免息期，取现部分收取手续费。信用卡还款时，系统自动发放一笔个人贷款归还透支款项。

第六节　谱写奥林匹克荣耀篇章

2004 年 7 月 14 日，北京奥组委做出了历史性选择，正式宣布中国银行成为北京 2008 年奥运会银行合作伙伴。作为国内银行业唯一的奥运合作伙伴，中国银行将为北京 2008 年奥运会和残奥会提供全方位的金融服务，中国银行作为北京奥运的"金融管家"，将成为世界了解整个中国银行业的窗口。

▲ 2004 年中国银行成为北京 2008 年奥运会银行合作伙伴

① 引自《中国银行银行卡中心 2009 年工作总结》。

※ 科技护航奥运

为确保为北京奥运会提供国际化、高水平的金融服务，在"以奥运促发展，以发展助奥运"的战略指引下，中国银行积极做好奥运服务各项准备工作。

按照北京市政府信息办公室的要求，作为北京奥运会合作伙伴，中国银行必须为2008年奥运会提供"无现金智能奥运金融服务"。根据以往奥运会金融服务标准，举办国需要提供金融IC卡的受理服务，为此，中国银行于2006年成立了EMV迁移①项目工作组，按照"先标准、后试点，先收单、后发卡，先外卡、后内卡"的实施策略推进EMV迁移工作。② 经不懈努力，2008年3月，集中收单系统EMV改造工作顺利完成开发并通过了万事达卡（MasterCard）和维萨（VISA）国际组织的认证测试以及用户测试，实现了奥运城市和重点外卡收单地区EMV外卡无障碍受理使用。

▲ 中国银行设在奥运区域内的ATM机

为了提供优质服务，2005年起—2008年6月，中国银行新增投放ATM设备8000多台，在9000个网点开办外币兑换服务，发展银行卡特约商户22万家，6个奥运赛区设立固定和流动外币兑换点1334个，安装ATM设备2364台，POS机39993台，实现奥运场馆商户受理银行卡覆盖率100%。③

※ 全球第一张北京奥运信用卡

2004年12月8日，中国银行推出全球第一张北京2008年奥运主题的信用卡——中银VISA奥运信用卡，并举行以"缤纷动感，与奥运共舞"为主题的首发式。该卡除了具有贷记卡基本功能外，还具备了两项全球首创的个性化选项：在卡面设计上率先采用了中国印作为主视觉并提供蓝、黑、红、黄、绿等奥运五环颜色供持卡人选择；奥运卡单币卡持卡人可根据使用区域需要灵活开通和关闭全球漫游支付功能。此后，中国银行陆续推出的北京奥运相关的增值服务和市场活动也让中银VISA奥运信用卡得到更多用户的青睐，发卡量突破240万张，创

▲ 2008年1月8日，中国银行举行中银VISA奥运信用卡突破百万张庆祝仪式。

---

① EMV迁移是指按照EMV标准，在发卡、业务流程、安全控制、受理环境、信息转接、产品认证等各个环节从磁条卡向智能IC卡迁移。

② 引自《中国银行EMV迁移项目实施规划》。

③ 引自《中国银行2008年度社会责任报告》。

造了主题信用卡的市场奇迹。[1] 随后，中国银行联合中国第一家奥林匹克全球合作伙伴——联想集团，推出了“中银联想 VISA 奥运信用卡”。

▲ 中国银行中银奥运信用卡、联想联名信用卡

中银 VISA 奥运信用卡荣获“2005 年度服务创新奖”、“2007 年度最受欢迎的银行信用卡”和“2008 年度最佳主题信用卡”奖。随后，中银香港集团也发行了“中银联想 VISA 奥运信用卡”。

▲ 中国银行中银香港奥运信用卡

① 数字来源于《中国银行 2008 年度社会责任报告》。

▲ 中国银行中银澳门奥运信用卡

※ 国航知音中银 VISA 奥运信用卡

2007 年 4 月，中国银行与中国国际航空公司联袂推出了"国航知音中银 VISA 奥运信用卡"。该联名卡以奥运五环颜色"红、黄、蓝、绿、黑"分别为独立底色，每一款版面都是奥运项目和运动福娃的融合。奥运福娃活泼可爱、亮丽眩目，生动诠释了奥运的缤纷动感。

除独特的卡面设计以外，该产品金融功能也融入了奥运理念个性化设计，为用户建立了"畅游世界"与"奥运梦想"的主题积分计划。2007 年 7 月，中国银行携手中国航空公司推出奥运主题联名卡——国航知音卡。

奥运结束后，因与奥组会合作期限已满，中国银行与中国国际航空公司继续联合推出国航知音中银信用卡。

▲ 中国银行中银国航知音奥运信用卡

※ 中银 VISA 奥运版预付卡

为满足奥运期间小额支付需求，中国银行积极推动银行卡产品创新，向奥运期间来华人员提供预付费卡产品和服务。2007 年 5 月 21 日，中银香港与 VISA 国际组织合作推出港币奥运预付费卡——中银 VISA 奥运版预付卡。

▲ 中国银行中银奥运版预付卡

※ 国内首张长城人民币奥运预付卡

2008 年 7 月 25 日，中国银行在大陆首家推出符合银联标准奥运金融服务银行卡新产品——长城人民币预付卡。该卡作为预付卡产品，金额固定、申请简便，卡内金额使用完毕之后可成为 2008 年奥运盛会的收藏纪念。凭借其银行卡创新产品的出色表现和奥运主题概念，中国银行"长城预付卡"荣获了 2008 年度中国金融营销奖"金融产品十佳奖"。[1]

▲ 中国银行长城支付卡

※ 微笑服务奥运

北京 2008 年奥运会和残奥会期间，为了保证安全高效的金融服务，中国银行在北京、天津、上海、

---

① 《中行长城卡获"金融产品十佳奖"》，来源中国银行网站。

青岛、沈阳、秦皇岛和香港等七个赛区所有场馆和指定地点独家提供专属服务，并制定了银行卡业务连续性计划，包括紧急预案处置、移动和固定双通讯 POS 终端灾备、核心系统检测和完善、收单交易路径无缝切换等。奥运期间，中国银行累计出动 800 余人次进行奥运现场巡视和保障服务，信息科技部门针对 22 个重点应用系统实施监控，每日有 50 多名员工赴奥运现场职守，累计加班 906 人次，8600 多小时！①

▲ 中国银行北京分行奥运现场服务人员全家福

2008 年 8 月 8 日—9 月 17 日，内地赛区城市奥运现场 ATM 顺利完成查询和取款交易 29435 笔，交易金额 2945.16 万元人民币；奥运现场银行卡实现交易 181051 笔，交易总金额 1.22 亿元人民币。奥运期间，中国银行实现了"客户零投诉、服务零差错"的行业佳绩，生动的诠释了追求卓越的深刻内涵，用骄人的成绩向世界展现了国际化银行的风采和魅力！

---

① 《北京市分行以优质高效的奥运金融服务赢得广泛好评》，来源中国银行网站。

第十一章
追求卓越谱写华章
2010-2015

第一节　支付创新引领科技浪潮

※ 开展电子支付业务

伴随互联网用户规模持续增长和电子商务的蓬勃兴起，以年轻人群为主导的网上购物消费行为和习惯变革，推动了互联网支付应用领域不断扩大以及普及率持续提高。在网络支付领域，除网上银行外，第三方支付平台机构也逐步被推到了排头兵行列，支付宝（阿里巴巴旗下）、财付通（腾讯公司）、快钱、ChinaPay（银联控股）、环迅支付等主要第三方支付企业雄踞中国网上支付市场。第三方支付企业主要通过应用服务于交易的支付网关模式、促成交易的信用中介模式以及创造交易的便捷支付工具模式，为网络交易提供支付渠道，并通过广泛拓展公共事业缴费业务、航空客票、电信缴费等民生领域，交易规模迅速扩大。2011 年中国第三方支付市场（包括互联网支付、手机支付和电话支付）交易额达到 21611 亿元。

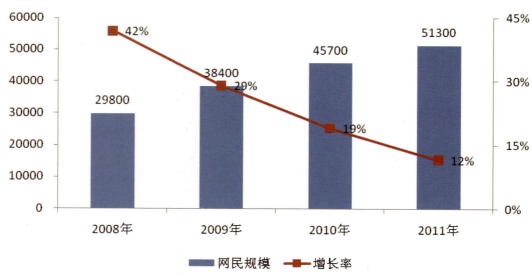

▲ 中国网民规模与增长率（2008-2011 年）

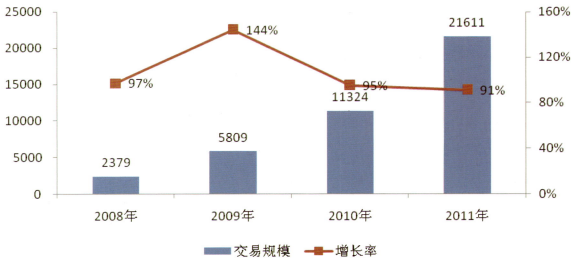

▲ 中国第三方支付市场交易规模（2008—2010 年）

同时，以数据高速传输为特征的新一代移动通信 3G 技术的应用和发展日趋成熟，无线通信与互联网等多媒体通信结合的 3G 通讯时代已经开启。通讯技术的飞跃发展和手机用户的急遽增长，使手机支付（Mobile payment）成为具有广阔发展前景的朝阳产业。新科技应用使电子化货币支付对现金替代效应日益强化，由此产生的用户体验及消费习惯的变革，必然推动作为支付行业主要参与者的银行业对支付领域商业模式创新的思考与探索。面对这种局面，中国银行积极回应市场需求，将顺应互联网经济和电子商务发展的潮流，创新支付产品，服务社会大众，开创了国内信用卡网上消费的崭新模式。

※ 国内首张"网上网下"支付全功能信用卡

2010 年 1 月 12 日，中国银行携手淘宝网和支付宝，正式对外发行国内首张具有"网上网下"全覆盖型支付功能的信用卡——中银淘宝信用卡。

▲ 中国银行中银淘宝信用卡

中银淘宝信用卡自动绑定支付宝账号，从而在国内信用卡中首次实现了支付宝卡通支付功能，即持卡人无需事先办理网上银行注册、关联等手续，只需输入支付密码就能直接用中银淘宝信用卡进行支付，完成网上购物。另外，使用中银淘宝信用卡，持卡人可以直接升级为淘宝网钻石 VIP，享受到

161

淘宝网数万精品商家的特别折扣优惠；持卡人在超市、商场、餐饮等日常消费商户刷卡，获得的中银信用卡积分还可转为支付宝积分，用于兑换支付宝购物券等多种礼品。

中银淘宝卡是传统支付行业与新兴支付领域的跨界合作成果，是中国银行适应新兴发展趋势对价值链重构和发展方略的重要调整，具有极为重要的开创性意义，产品在 2010 年上市当年发卡量即突破 150 万张。

※ 国内首张银联标准 3G 手机支付卡

2010 年 10 月 29 日，中国银行联合中国银联、中国电信在浙江省宁波市举行了天翼长城卡首发仪式新闻发布会。该卡是中国银行和中国电信携手推出的国内首张包含 3G 通讯和银联标准的金融手机支付卡，是银行卡金融支付领域与移动通讯领域相结合的创新产品。

这张卡在电信手机 UIM 卡中，加载了符合我国金融行业芯片卡通用标准的电子钱包账户，持卡人拥有此卡，即在手机终端建立起一

▲ 中国银行天翼长城卡

个移动通讯与电子钱包交易的综合平台，发送一个短信，即可从自己存款账户转出指定金额到手机支付账户中，完成充值缴费、消费支付、3G 通讯等功能。

▲ 中国银行天翼长城卡首发仪式

中国银行与中国电信联合推出天翼长城卡，对手机支付及金融产业的发展起到积极影响，双方在教育、卫生、交通、电力、能源等领域的优势将为天翼长城卡创造广阔的应用前景。天翼长城卡可以在宁波地区超过 7000 家商户、近 20000 台 POS 机上自由刷卡消费，还可在宁波市公交总公司所属的 125 条线路、超 1300 辆公交车上畅通使用。[①]

※ 网上跨行支付产品

网上支付、手机金融 IC 卡等创新产品是应人民群众金融服务需求而生的时代产物，凭借其在便捷、安全、通用等方面的优势，在不远的将来必将对金融产业的发展起到积极影响。紧跟科技新浪潮的步伐将是中国银行银行卡未来发展的强力助推，科技与金融服务有效融合，将引领高科技金融服务走进大众生活、走向时代深远。

---

① 《我行与中国电信、中国银联携手推出手机支付卡创新产品》，来源中国银行内部网站。

2011 年 6 月，中国银联推出了人民币卡网上跨行支付产品——银联无卡支付，拉开了"互联网联网通用"的序幕。在各家商业银行的支持下，银联无卡支付产品迅速壮大，截止 2011 年底已经连接国内 180 家金融发卡机构。以此产品为契机，中国银行迅速展开银联卡网上跨行收单业务，发展商户数量及交易金额在银行同业中均保持领先。同时，继续与银联深入合作互联网支付，围绕银联无卡支付产品研发手机支付、语音支付等技术，研究适用中国银行海外分支机构网上银联卡收单产品。

第二节　行业融合促进银企共赢

区域经济发展水平各异，客户群体实际情况千差万别，导致单一行业难以提供全方位满足市场需求的服务与产品。因此，行业间和产业的融合渗透、携手合作已成为破解市场营销难题的良方。此外，席卷全球的次贷危机过后，民生领域消费能力的稳定性，使中国银行业逐步将目光投向转向医疗、交通等民生消费领域。

※ 国内首张长城银医健康卡

为满足日益增长、形式多变的市场需求，有效拓展基础客户群，中国银行加大了银行医院的合作力度，积极推行名优诊疗机构战略。2010 年 9 月 8 日，中国银行湖南省分行与中南大学湘雅二医院在长沙联名发布国内首张集银行借记卡和医院诊疗卡功能于一体的长城健康卡。该卡除满足持卡人银行金融服务需求及医院就诊服务需求外，可借助中国银行渠道资源为持卡人提供就医服务，在银行网点、网上银行和银行自助终端及医院自

▲ 中国银行长城健康卡首发仪式

助终端进行诊疗卡绑定、充值、退款、预约挂号等操作，大幅拓展了患者就医渠道，免除携带大量现金及在医院长时排队的烦恼，在国内尚属首创，创了我国银医合作的新局面、新模式和新思路。

银医合作的推行，顺应了我国医疗改革的形势，体现了中国银行服务社会、回报社会的大局观和责任感。同时，银医项目的实施对于中行在卫生领域客户拓展和获取基础客户群体进行了创新性试验，并为后续发展奠定了良好的基础。

※ 国内首张社保金融 IC 卡

2011 年 8 月 19 日，中国银行与天津市人力资源和社会保障局共同举办社保金融 IC 卡首发仪式，正式推出了国内第一张集社会保障和金融服务功能于一身的社保金融 IC 卡。天津市副市长崔津渡、中国银行副行长祝树民等出席了首发仪式。

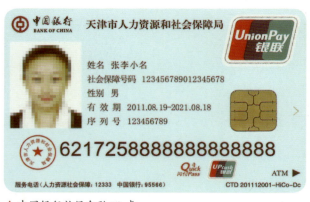

▲ 中国银行社保金融 IC 卡

社保金融 IC 卡是社会保障与金融服务功能融合的一次积极尝试，也是金融 IC 卡在公共服务领域应用取得的重要突破。作为人民银行指定的金融 IC 卡试点城市之一，天津也成为全国第一个发行具有金融功能社会保障卡的城市。该卡除覆盖原有"医保卡"功能的同时，作为持卡人享有社会保障和公共就业服务权益的电子凭证，具有信息记录、信息查询、业务办理等功能，对于推动多层次社会保障体系建设具有重要意义。该卡在设计上将社保芯片和金融芯片合一，同时又具备传统银行卡磁条读写功能，安全性和可靠性都得到极大提升，代表了国际银行卡技术的发展趋势。金融 IC 卡解决了传统医保卡和银行卡功能上互不相通的问题，实现了社保和金融服务的一卡通，为社保金融 IC 卡提供了功能持续提升的技术平台。

※ 国内首推私人银行专属服务信用卡

2011 年 10 月 26 日，中国银行"环球荣耀 非同凡享"长城美国运通卡推介会在京举行。此次中国银行推出的"长城美国运通信用卡"是国内同业首张针对私人银行客户发行的信用卡。该卡秉承私人银行高端专属服务理念，为客户提供管家式的金融服务，量身定制专属理财、投资、综合融资产品。同时，该卡整合了银行卡高端服务平台，满足客户多样化的需求，比如全球机场快速通关、豪华礼车接送服务，

▲ 中国银行长城运通卡

无限次免费使用全球主要机场贵宾厅，尊享遍布全球的高端优惠商户网络，提供财富传承、留学移居等全方位管家服务。

中国银行与美国运通联合打造长城美国运通卡，整合了中国银行的全球网络和美国运通的海外服务平台，致力于为私人银行客户提供全方位的服务。美国运通在高端客户服务方面享有盛誉，拥有全球化的服务平台。

※ 全球第一张潮商客户信用卡

2011年11月21日，中国银行推出国内首张面向全球潮商客户的信用卡——"潮商卡"，这是中国银行针对潮商群体发行的专属信用卡。该卡卡面设计精美、特点鲜明，融入了当代国学大师饶宗颐教授题写的"潮商"二字及长城图案，并围绕"纵横四海、根在潮汕"的主题，突出潮商人文、地域特征，同时与中行长城全球通卡的特色进行有机融合。

▲ 中国银行长城环球通潮商白金卡、金卡

潮商卡不仅具备强大的金融功能，能提供存款有息、透支免息期、自动还款、短信通知服务、网上银行、电子现金功能等服务，并具有全球交易单以人民币结算、航空里程自动兑换、卡通支付等增值服务。同时，潮商卡还具备快捷优质的资金支付和优惠的跨地区资金汇划、贸易结算等功能，可满足商务人士的用卡需求。

此外，依托分布在各地的潮汕商会，结合商会会员管理、会员互助、委托扣款等需求，潮商卡还可进行针对性的增值服务功能开发，为潮商客户提供更多贴心服务。

※ 第十二届全运会星座联名信用卡

2013年5月6日，作为第十二届全运会唯一银行类合作伙伴，中国银行推出第十二届全运会星座联名信用卡。这是继成功赞助2008年北京奥运会、2012年第三届亚洲沙滩运动会之后，中国银行又一次赞助规格较高、影响较大的综合性体育赛事。

这款信用卡承载了全运会的体育精神，并以"十二"为寓意专门设计了十二款唯美星座卡面，蕴含守候、幸运、珍藏之深意，是时尚、浪漫、运动的象征。该卡卡面上是具有纪念意义的全运会标识、梦幻般的星座炫彩卡面，一

▲ 中国银行长城全运会联名信用卡

定会让所有运动迷、星座迷们为之心动。该卡符合PBOC2.0标准，具有存款、透支消费等功能，并享受在中国银行部分柜台、ATM机存取款和转账免手续费，以及免费短信提醒等服务。

※ 国内第一张全币种国际芯片卡

2013年6月9日，中国银行联合Visa国际公司推出长城全币种国际芯片卡，这是目前国内发行的首张EMV国际安全标准且免货币转换费的全币种芯片卡。该卡的发行，使跨境支付迈上"芯时代"新台阶。

▲ 中国银行长城环球通白金卡、金卡

长城全币种芯片分为白金卡和金卡，可在方便持卡人境外使用的同时，显著降低伪仿盗用风险；在满足处理所有币种交易需求的基础上，免除货币转换费；该卡特设的全球交易单一人民币结算功能，方便没有美元账户的持卡人在海外消费后，回国直接用人民币还款，并可在全球120个地区免税店为白金卡客户提供刷卡消费5%现金返还优惠。

※ 国内第一张多币种借记卡

2013年9月25日，中国银行在珠海市横琴新区举办了银联标准多币种卡仪式，首发长城环球通多币种借记卡。持卡人使用此种多币种卡，能在港澳地区及境外直接使用美元、澳门元等外币账户结算，这在全国尚属首创。长城环球通多币种借记卡是中国银行针对珠海横琴新区等跨境合作平台所推出的金融创新支付产品，也是中国银行在境内发行的首张多币种借记卡。该卡片具有人民币、澳门元、美元三个币种账户，客户在境内以人民币结算，在境外使用时，若卡内币种与交易币种相同且账户余额充足时，无需货币转换，直接从卡内外币账户以当地货币扣款，规避汇率风险，尤其适合经常往返于澳门与内地、美元国家与中国的商务人士、留学生、外派人员、游客等客户

▲ 中国银行长城多币借记卡首发仪式

群体使用。此外在其他国家和地区以人民币结算，免货币转换费。

1985年，中国银行在国内首发中国第一张信用卡——中银卡，1987年在国内率先安装、使用第一台ATM机，均诞生于中国银行珠海分行。此次发行长城环球通多币种借记卡，是中国银行在历史传承中的创新，也是中国银行首张信用卡28年的轮回，更是中国银行打造高品质、国际化银行卡品牌的使

▲ 中国银行长城环球通多币借记卡

命所然，体现出中国银行坚持服务民生、履行社会责任，始终把惠民金融作为重要业务支撑的发展方向。

第三节　喜迎中国银行百年华诞

2012年2月5日，中国银行迎来百年华诞。中国银行诞生于辛亥革命，于1912年2月5日成立于上海，是国内唯一连续经营百年的银行，见证了近百年来中国波澜壮阔、跌宕起伏的历史风云，经历了近现代中国金

融业发展的曲折历程，积淀了深厚的文化底蕴。作为中国第一家连续经营100年的银行，中国银行始终保持着与全球经济脉搏的紧密联系，代表着中国的金融形象和发展实力。为纪念百年行庆，回馈客户对中行的支持和关爱，中国银行举行了盛大的庆祝活动，并盛情推出长城百年中行典藏借记卡、百年中行典藏纪念存单、百年中行典藏纪念存折等产品，同时开展相关促销活动。

※ 确定百年行庆标识

中国银行征集"百年行庆"宣传口号及标识活动历时近半年，得到了全球中国银行员工及国内外众多专业设计机构的热烈响应。最后，中国银行从一万余条候选口号中选出的五条行庆宣传口号，体现了中国银行作为中国连续经营时间最长、国际化程度最高的银行所取得的辉煌成就，也表达了全体中国银行员工期盼行庆的喜悦心情。行庆标识从近500个设计方案中脱颖而出，以中行员工的创意设计为基础，数字"1"造型灵感来自位于北京西单商业区的中行总行大厦，三角形结构是中国银行建筑中的代表性元素，而地球版图呈现望远镜形状，寓意中国银行的全球化发展战略和高瞻远瞩、放眼未来的经营智慧。

※ 隆重举行成立 100 周年大会

世纪风雨追求卓越，百年中行再谱新篇。2012 年 2 月 3 日上午，庆祝中国银行成立 100 周年大会在北京人民大会堂隆重举行。中共中央政治局常委、国务院总理温家宝发来贺信。中共中央政治局常委、国务院副总理李克强出席大会并讲话。中共中央政治局委员、国务院副总理王岐山，全国政协副主席何厚铧出席。

人民大会堂鲜花绽放，处处洋溢着喜庆热烈的气氛。主席台正上方悬挂着中国银行行徽，1912 和 2012 的字样分列两侧，标示着中国银行走过百年风雨历程。会场二层眺台悬挂着大幅红色标语："在党中央、国务院坚强领导下，深入贯彻落实科学发展观，团结奋斗，开拓创新，加快建设国际一流银行，共同创造更加美好的明天！"

▲ 中国银行成立 100 周年庆祝大会

上午 10 时 15 分，庆祝大会在庄严的国歌声中开始。大会宣读了温家宝总理的贺信。在贺信中，温家宝总理代表党中央、国务院向中国银行全体干部职工表示热烈的祝贺和亲切的慰问！

温家宝总理说，中国银行长期作为国家对外开放的重要窗口和对外筹资的主渠道，服务大众，诚信至上，为支持经济建设和促进对外经贸发展作出了重要贡献。近十年来，中国银行顺利完成股份制改革并上市，竞争力明显增强，国际形象和影响力大幅提升。随着经济发展方式转变和结构调整，我国经济社会发展对金融业提出了新的更高要求。希望中国银行继续深入贯彻落实科学发展观，着力转变发展方式，牢牢把握发展机遇，进一步完善公司治理，努力提高经营管理水平，不断改进金融服务，百尺竿头更进一步，为推动我国经济社会平稳较快发展作出新的更大贡献！

※ 举行纪念钞币及邮票发行仪式

2012 年 2 月 6 日，在庆祝中国银行百年华诞之际，"中国银行 100 周年纪念钞币及邮票发行仪式"在北京、香港、澳门三地以视频方式同步举行。

为庆祝中国银行成立 100 周年，香港、澳门发行纪念钞，中国人民银行发行熊猫加字纪念金银币，中国邮政集团公司发行纪念邮票。这是世界金融史上第一次同时在港澳以银行为主题发行纪念钞，也是中国邮政史上第一次以百年企业为主题发行纪念邮票，开创了钞、币、邮票组合发行的先河，是中国货币、邮票发行史上的一次创新。

▲ 中国银行发行 100 周年纪念钞

中国银行董事长肖钢、行长李礼辉、监事长李军出席发行仪式。肖钢董事长发表致辞。他表示，纪念钞、纪念币和纪念邮票的成功发行，为中行百年华诞献上了一份特殊礼物，充分体现了社会各界对中国银行的高度重视，对中行百年品牌的高度认可，对中国银行的关心与厚爱，必将广泛传播百年中行的辉煌成就与文化内涵，有力提升百年中行的独特优势与品牌价值，鼓舞中行员工继承优良传统、坚定理想信念，为加快建设国际一流大型跨国银行集团而不懈努力。

此次以纪念中国银行成立 100 周年为主题的纪念钞币及特种邮票分别为：由中国银行（香港）有限公司在香港地区发行的面额 100 元港币纪念钞，中国银行澳门分行在澳门地区发行的面额 100 元澳门币纪念钞，中国邮政在内地发行的"中国银行"特种邮票一套两枚，主题分别为"百年中行"和"全球服务"，中国人民银行计划发行纪念中国银行成立 100 周年熊猫加字金银币。

※ 百年纪念版长城环球通信用卡

为庆祝中国银行成立 100 周年，配合"百年中行　再创辉煌"系列活动，中国银行发行了百年纪念版长城环球通信用卡。该卡在长城环球通信用卡版面上加印百年行庆专用标识，突出中国银行百年纪念特色，具有收藏价值，以满足客户对环球通卡的特色卡面需求，同时表达了中国银行对重要客户的回馈与答谢之意。

卡面印有"百年中行"标识，突出纪念特色，长城环球通卡具有长城环球通信用卡所有金融功能，是全球首款支持人民币自动购汇的信用卡，可将全球交易自动转换成人民币入帐，免除换汇程序。该卡将储蓄卡和信用卡的优势合二为一，存款获得利息，透支消费享受免息还款期，航空里程自由兑换，

▲ 中国银行百年纪念版环球通信用卡金卡、普卡

提供国航、南航、深航等航空公司的会员申请、里程自动兑换、全方位用卡安全和出行保障、短信随身行等服务，功能丰富而且使用简单。

▲ 中国银行银行卡历程回顾

第四节　推广小额支付预付卡业务

　　预付费卡（Prepaid card）属于储值卡（Stored Value card）的一种，70 年代早期出现在美国，伴随着大学校园项目转账卡（交通卡）而诞生。早期最著名的应用案例是旧金山 BART 系统（Bay Area Rapid Transit System，海湾地区快速运输系统），客户预先支付旅游费用，支付记录被保存到卡里面，每次卡被使用的时候，费用将通过卡上的磁条将其从卡余额中扣除。BART 系统负责从卡片制作到客

户服务整个系统的运作，同时卡片只能够在该系统的机具中使用。后来，该项目的成功运转，使得预付费卡顺利推广到主题公园、电信业及零售业。

随着社会支付体系日益完善和电子支付的发展，小额支付在日常生活中的使用愈加频繁。预付费卡不同于一般借记卡和信用卡产品，客户可根据本人需求按一定金额购买，先付款后使用、储值支付，凭借快捷、方便的支付特点，预付费卡在支付领域得到了广泛应用和快速发展。

根据历届奥运会惯例，为满足奥运期间大量的小额支付需求，作为北京奥运会唯一银行合作伙伴，中国银行积极推动预付费卡发行工作。2007 年 5 月 21 日，中银香港与 VISA 国际组织合作推出港币奥运预付费卡——中银 VISA 奥运版预付卡。

※ 长城人民币预付卡

2008 年 7 月 25 日，中国银行在北京举行了"中国银行长城预付卡及长城支付卡发布仪式"。中国人民银行副行长苏宁、中国银行业监督管理委员会纪委书记王华庆、中国银联总裁许罗德、中国银行行长李礼辉、副行长周载群、个人金融总裁岳毅等出席了发卡仪式。

中国银行获批发行符合银联标准的长城预付卡，充分体现了中国银行在奥运金融服务的优势。该卡是中国银行针对奥运金融服

▲ 中国银行长城预付卡发布仪式

务需求推出的新产品，奥运结束后在北京地区面向海外人士发行。在产品功能上，长城预付卡不同于一般借记卡和信用卡产品，客户可根据本人需求按一定金额购买，先付款后使用、储值支付。作为预付卡产品，长城支付卡固定金额、申请简便，卡内金额使用完毕之后更可成为 2008 年盛会的收藏纪念。

中国银行预付费卡发行后，市场反应强烈。中国银行认识到这一小额支付产品的发展空间十分广阔。随后，在参考国外成熟的预付费卡产品建设体系基础上，中国银行积极筹备建立专业化经营公司，启动预付费卡产品创新工作。

▲ 中国银行长城预付卡

※ 成立中银通支付商务有限公司

2009 年 8 月，中国银行与中国银联共同投资成立中银通支付商务有限公司（以下简称中银通），注册资金 4.5 亿元人民币，注册地为上海。

中银通是中国境内唯一的金融标准预付卡发行业务特许经营企业。该公司致力于通过股权投资与公司化运作打造跨行业支付应用平台，并构建互联网金融领域的创新业务模式，为客户提供以支付为核心的专业化、多元化、一体化的综合金融服务解决方案。在中国人民银行及中国银联

▲ 中银通支付商务有限公司成立仪式

的支持下，中银通于 2009 年底及 2010 年初先后推出了国内首张银联标准磁条预付卡及首张银联标准电子现金卡。

在此基础上，中银通充分利用公司灵活的市场化运作机制，通过股权合作与业务合作等多种方式，积极开展跨行业支付应用合作，实现了铁路客运支付（参股中铁银通支付有限公司）、公共交通支付（控股合肥城市通卡股份有限公司）、市民卡服务（参股宁波市民卡运营管理有限公司）、电视支付（参股银视通信息科技有限公司）、移动支付等众多领域的突破。

※ 获批发行银联品牌人民币预付卡

2010 年 2 月，中银通公司首家获得中国人民银行批准并推出银联标准预付费卡产品——银通卡。该卡借助银联遍布国内的受理网络，作为银联品牌的人民币预付卡产品，使用范围极为广阔，是国内外游客和商旅人士理想的支付工具。银通卡包括银通支付卡、银通支付钱包和银通易购卡。中银通支付卡账户币种为人民币，面值固定，持卡人购买时有 200 元、500 元、1000 元、2000 元四种金额选择，卡背面将印有该卡的面值。

※ 银通米兰世博中国馆纪念卡

2015 年 5 月，以意大利米兰举办的世博会为契机，中银通支付商务有限公司发行了银通米兰世博中国馆纪念卡。该卡是在米兰世博中国馆组委会及银联授权下，推出的以中国馆为主题的银联品牌预付卡产品。该产品包括两款不同的卡面，分别以意寓丰收的金色和富有希望的浅紫色作为卡面的主色调，以中国国家馆为主视觉元素，结合具有意大利特色的建筑和 icon，突出了中国馆"希望的田野、生命的源泉"这一自然主题，设计简洁明快，极具收藏价值。

银通米兰世博中国馆纪念卡为银联品牌人民币预付费卡，在全球银联卡受理商户均可使用。其中，金色款为不记名卡，分为 IC 卡（仅在上海地区发行）和磁条卡两种，磁条卡初始金额 500 元，卡内限

额 1000 元，不可挂失；紫色款为记名磁条卡，不设初始金额，卡内限额 5000 元，可挂失补卡。同时，两款卡均可反复充值、余额及交易明细查询、损坏卡重置等，卡内金额不计息，不可透支，不提供取现、转账等其他支付结算服务。

▲ 中银通米兰世博中国馆纪念卡

※ 银通邂逅南京预付卡

2014 年 8 月，在中国银联江苏分公司、南京市委宣传部的支持下，中银通支付商务有限公司发行的一套以"邂逅南京"为主题的银联品牌预付卡，该卡共四款，卡面以中山陵、鸡鸣寺、明孝陵、总统府四个南京著名景点为主体，整体设计集"中国风、南京韵、时代潮"于一体，运用水墨画的风格

▲ 中银通邂逅南京预付卡

展现了南京这座历史文化名城的悠久历史及丰厚文化底蕴，设计精美、文化浓郁，极具收藏价值。

其中，中山陵和鸡鸣寺为金融 IC 卡，可在全球受理银联 IC 卡的商户消费，在银联闪付终端还可挥卡支付；明孝陵和总统府为磁条卡，卡片初始金额分别是 500 元和 1000 元，可在全球银联网络刷卡消费。

银通邂逅南京卡为不记名预付卡，支持全球银联商户消费，卡内金额上限为 1000 元，可提供反复充值、余额及交易明细查询、损坏卡重置等便捷服务，卡内金额不计息，不可透支、不挂失，不提供取现、转账等其他支付结算服务。

※ 银通上海旅游 IC 卡

2010 年 5 月，为迎接上海世博会召开，中银通支付商务有限公司推出铁通上海旅游 IC卡，该卡是境内首款银联标准的电子现金卡产品，可在支持芯片卡消费的银联卡受理商户网络内使用。卡片介质为双界面芯片卡，支持非接触式脱机快速消费。

该产品是在中国银联支持下，主要面向境内外来沪人士推出的纪念性产品；该卡在海外地区以及上海部分星级酒店的发售，为境外来

▲ 中银通上海旅游 IC 卡

沪人士在大陆地区的消费提供了金融支付工具与便捷服务。

该卡卡面设计以上海黄浦江畔陆家嘴地貌为主背景，极具上海特色与风情。卡面上印有"上海旅游"的标识，凭此标识持卡客户可在上海地区近 10 家景点享受门票半价优惠，更可在近千家餐饮娱乐等商户享受折扣。

长城预付费卡和支付卡的发行，进一步完善了中国银行银行卡的产品线。经过近几年跨越式的发展，在市场细分、客户分层的基础上，中国银行信用卡产品体系逐步丰富，服务渠道不断拓展，已经形成较为完备的支付服务体系。

第五节 深化海外市场信用卡业务

中国银行秉承全球服务理念，一直致力于打造特色突出、具有市场竞争力的跨境支付产品。1988年中国银行推出长城国际卡，1993 年新加坡分行在当地发行信用卡，在 20 多年的跨境支付业务经营过程中，中国银行积累了丰富的经验。通过不断完善、升级信用卡产品体系，中国银行陆续推出了多款引领市场的跨境支付明星产品，为跨境客户提供专业化、全球化的服务，获得了业界和客户的广泛好评。

2011 年，中国银行推出为出境客户量身定制的基础系列明星产品——长城环球通信用卡，在业内首创推出全球交易人民币单一还款及免收货币兑换手续费服务；2013 年，针对出境客户日益强烈的安全支付需求，中国银行在国内率先推出全币种国际芯片信用卡，该产品延续了长城环球通信用卡的产品功能与服务，并采用 EMV 芯片标准，有效提升了支付安全；同时，中国银行还面向出境旅游客户推出了长城环球通自由行信用卡，旗下包括港澳台旅游卡等细分产品，主打港澳台地区消费返现。2014 年，中国银行针对留学生境外用卡需求推出了减免境外 ATM 取现手续费的长城国际卓隽卡、全新升级的国航联名卡和携程联名卡等商旅信用卡产品，并全面减免金卡及以上信用卡货币兑换费，为客户提供安全、便捷、优惠的跨境支付服务。2014 年，中国银行信用卡在"银行业发展论坛暨第二届银行业评选颁奖典礼"上荣获"年度最佳信用卡"、在 TripAdvisor"旅行者之选—最喜爱的品牌"评选活动中荣获"中国旅行者境外消费最受欢迎的信用卡发卡行"等奖项。

※ 中国银行法兰克福分行发行万事顺借记卡

2008 年 3 月，中国银行法兰克福分行发行了万事顺借记卡。该卡使用 EMV 芯片，个人信息更加安全，可提供账户管理、ATM 服务、购物消费等功能，适用于德国及境外 ATM 存取及消费，是集储蓄存取、ATM 服务、购物消费等功能于一身的现代化电子支付工具，既适合在德国本地划卡消费取现，也适合国际旅游、探亲、商务来往。

▲ 中国银行法兰克福分行借记卡

该卡使用安全、方便，快捷，可在全球 100 多万台带有 Maestro 标识的 ATM 机上取款，在全球 500 多万家 Maestro 商户购物消费，刷卡消费无手续费用。

※ 中国银行（英国）有限公司发行长城英镑借记卡

2011 年 1 月，中国银行（英国）有限公司发行了 VISA 借记卡，该卡无年费，开卡无须任何手续费用，可以在英国境内和全球范围大多数取款机上免费取款，取款金额上限为每日 200 英镑或等值当地货币，在英国境内部分超市使用 Cash Back 服务支取现金，并在英国境内和全球范围有 VISA 标志的商户处消费，包括商店、餐馆、超市等。在此之前，2007 年 12 月，中国银行（英国）有限公司还发行了万事顺英镑借记卡。

2011 年 6 月，中国银行在英国推出总行集中平台发行的第一张信用卡——VISA 英镑单币 EMV 信用卡。该卡可以在全球任何有 Visa 标识的取款机和银行网点提取现金，在英国境外提取的现金为当地货币。

▲ 中国银行伦敦分行借记卡

※ 中国银行（泰国）有限公司发行首张银联双币借记卡

2011 年 7 月 18 日，中国银行在泰国曼谷举行了银联双币借记卡首发仪式。中国驻泰国大使管木、中国银行副行长祝树民、中国银联常务副总裁蔡剑波，及中泰两国企业代表 150 余人出席了仪式。此次发行的中国银行银联借记卡，是中国银行曼谷分行与中国银联携手合作，满足广大中泰客户需求的创新成果，标志着中国银行曼谷分行金融服务迈上了新的台阶。

▲ 中国银行曼谷分行借记卡

此次中国银行推出的银联双币借记卡，是泰国第一张银联借记卡，也是泰国第一张人民币、泰铢双币卡，具有"全球通用，一卡双币"的优势，是为往来于中泰两国的跨境人士精心打造的银行卡创新产品。该卡可在中国及包括泰国在内 110 个国家和地区的银联网络使用，在中国境内消费以人民币结算，在泰国及其他国家和地区消费以泰铢结算，免除货币转换费，可为泰国居民尤其是往来中泰的人士提供便利、贴心的金融服务。

发卡仪式后，中国银行还与中国银联签署了《银联卡紧急现金服务合作协议》，确保银联卡持卡人海外出行得到更好的服务。

2011 年 11 月 30 日，中国银行在泰国曼谷举行长城环球通信用卡发卡仪式，推出泰国首张人民币、泰铢双币信用卡。中国银行此次推出的银联双币信用卡，同时关联泰铢和人民币两个账户，在中国境内

▲ 中国银行曼谷分行长城环球通信用卡发卡仪式

交易以人民币账户结算，在泰国及中国以外的其他国家和地区通过泰铢账户结算，可有效帮助持卡人降低汇率风险。该信用卡是一款集透支消费、取现、循环信用、分期付款等多功能于一体的综合支付产品。持卡人可在中国银行及全球银联网络轻松享受柜台交易、特约商户刷卡消费、ATM 预借现金等服务。

▲ 中国银行曼谷分行长城环球通人民币金卡、普卡

中国银行还在泰国曼谷同步推出了为高端人士设计的长城环球通白金信用卡，客户可享受到中国银行提供的全球优惠商户、高额保险、双倍积分、机场贵宾厅、网点 VIP 优先通道、高尔夫球赛等增值服务。此次又率先发行双币信用卡，将高品质的信用卡服务延伸到泰国，为中泰商旅人士提供便利、贴心的金融服务。

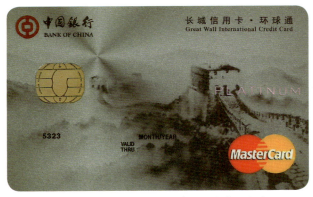 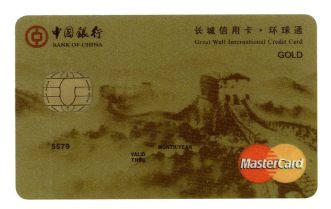

▲ 中国银行曼谷分行长城环球通万事达白金卡、金卡

※ 中国银行雅加达分行发行首张银联双币借记卡

2011 年 12 月 28 日，中国银行雅加达分行在香格里拉香宫厅举行迎新年客户答谢会暨借记卡发行仪式。此次发行的借记卡包括人民币印尼盾双币借记卡及印尼盾万事达借记卡。中国驻印尼大使章启月、中国银行副行长岳毅、印尼央行代表 Kusnandar 等人参加了活动。多年来，中国银行雅加达分行始终为中印两国经贸往来提供最佳金融服务，努力践行中国银行"追求卓越、全球服务"的承诺。此次雅加达分行发行的借记卡是印尼市场首张人民币印尼盾双币卡，其中，万事达品牌借记卡是印尼盾单币卡，银联品牌借记卡是印尼盾和人民币双币卡。分别加入中国银联、印尼 ATM Bersama 和万事达三个网络，

能够更好地为中印两国文化交流与商贸往来提供便利，将为客户在印尼或中国取现及刷卡消费提供了极大的便利。

银联双币卡旨在满足经常往来于中国和印尼的客户需求，与客户的人民币账户和印尼盾账户挂钩，在印尼使用直接从印尼盾账户扣款，在中国使用直接从人民币账户扣款，从而避免客户外汇买卖损失。持卡的客户可免费使用中国所有的银联提款机，同时还可通过商户POS机消费。

▲ 中国银行雅加达分行借记卡发行仪式

▲ 中国银行雅加达分行印尼盾万事达借记卡、人民币印尼盾双币借记卡

※ 中国银行首尔分行发行借记卡

中韩两国是互为重要的经贸合作伙伴和旅游目的地，近年来跨境金融需求快速增长。伴随着中韩两国人员互访数的持续增长，中国游客对于在韩自助游过程中的各类金融及非金融的服务需求也与日俱增。

▲ 中国银行中银汇兑卡、汇款专用卡

2012年8月，中国银行首尔分行发行了借记卡，可在中韩两国同时使用，两地刷卡消费时皆无手续费。该卡连接两张存折，一张存韩币，一张存人民币。在韩国使用时与韩国本地银行的卡一样，刷卡消费时无手续费；在ATM上存取款时，如在外换银行（KEB）或者韩亚银行（hana bank）的ATM上操作则无手续费，如在其他银行如友利银行，新韩银行，则会收取900—1300韩币不等的手续费，与韩国本地卡跨行存取款时的规定一样。

此外，中国境内可以直接往韩国汇钱到韩币账户里，汇率按汇款当时国内银行规定的汇率，适合留学生使用。该卡在柜台取款时没有手续费也没有最高额限制，在ATM上取款最高限额也与韩国国内卡一致。同时，如果假期回国也可直接存人民币到人民币账户，回国刷卡取款，相比直接携带现金，既方便又划算。

▲ 中国银行首尔分行人民币借记卡

※ 中国银行（加拿大）发行借记卡和环球通信用卡

2012年，中国银行加拿大分行发行了借记卡，该卡是集储蓄存取、ATM服务、购物消费等功能于一身的现代化电子支付工具，适合在加拿大本地划卡消费取现，24小时在加拿大6多万台带有Interac标识的ATM机上取款，不受营业时间限制，可在加拿大70多万家Interac商户购物和消费，免去携带现金的诸多麻烦。

凡在中国银行（加拿大）相关网点开立了加元账户的个人客户均可申请中国银行（加拿大）借记卡。此外，持卡人商户消费及ATM机取款有每日最高限额，额度可根据客户要求调整，账户不能透支；持卡在中国银行（加拿大）网点柜台存、取款免费；在装有Interac网络终端机的商铺消费免费；在标有Interac标识的ATM自动取款机取现费用低廉。

2012年9月17日，中国银行（加拿大）

▲ 中国银行多伦多分行借记卡

与万事达国际组织合作，在加拿大多伦多市发行了万事达品牌环球通信用卡，这是中资金融机构首次在加拿大市场发行信用卡。

▲ 中国银行多伦多分行长城环球通信用卡

该卡有两种卡面，一种是白色经典长城卡背景，另一种是加拿大多伦多市地标性建筑 CN Tower 图片。该卡为加元单币信用卡，支持万事达网络的销售点终端消费、自动柜员机取款和网上消费。

※ 设立新加坡财富管理中心和银行卡中心

2012 年 7 月 2 日，中国银行新加坡财富管理中心和银行卡中心举行揭牌仪式，成为首家在海外设立财富管理及银行卡区域业务中心的中资银行。

中国银行新加坡财富管理中心和银行卡中心是中国银行在境外设立的首批个人金融业务区域中心，将立足于新加坡，为东南亚地区及中国的个人客户提供专业的财富管理服务和丰富的支付卡产品。借助两个业务区域中心的成立，中国银行将继续发挥集团多元化业务平台和全球机构网络优势，推动东南亚相关业务的发展。

※ 中国银行金边分行发行首张环球通银联双币借记卡

2012 年 11 月 22 日，中国银行在柬埔寨推出环球通银联双币借记卡，成为中资银行在柬公开发行的第一款银行卡产品。

环球通银联双币借记卡是为柬籍华人和中柬商务人士量身打造的一款银行卡产品，可同时钩联美元及人民币账户，并使用银联服务网络，提供便捷的用卡环境。持卡人可在中国银行及银联网络轻松享受柜台交易、特约商户刷卡消费、ATM 现金服务等，并享受中国银行广泛的优惠商户网络。环球通银联双币借记卡的发行在当地产生积极反响，发行当日即发卡 200 余张。

▲ 中国银行金边分行长城环球通借记卡

※ 中国银行胡志明市发行首张长城银联环球通借记卡

2012 年 12 月，越南胡志明市分行举办长城环球通借记卡首发仪式暨分行 17 周年庆祝活动。中国驻胡志明市总领事馆翟雷鸣总领事、越南国家银行裴辉寿副司长以及分行公司金融、个人金融中高端客户共计 250 余人出席了活动。该卡是中国银行借记卡系列产品，是中国银行面向越南市场推出的现代化电子支付工具，它集储蓄存款、购物消费、现金取现等各种功能于一身。以环球通借记卡为载体，可

▲ 中国银行胡志明分行环球通借记卡

以通过中国银行柜台网点，有银联标志的 ATM 等自助终端向客户提供全面、便捷、安全的金融服务，真正实现一卡通用，是客户出国旅行、理财消费的首选之卡。

环球通借记卡的成功发行，有助于中国银行打造"中国银行全球服务"的金字招牌，创建成为"越南最佳伙伴银行"。发卡仪式有效提升了长城环球通借记卡在越南市场的知名度，仪式现场反应热烈，客户现场申请办卡超过 200 余张。

※ 中国银行（澳大利亚）有限公司发行首张银联双币借记卡

2013 年 5 月 30 日，中国银行与银联国际在悉尼发行了澳大利亚首张人民币—澳元双币借记卡。该卡是人民币与澳元直接结算的体现和成果，是为两国跨境人士精心打造的银行卡创新产品。该卡同时关联人民币和澳元两个账户，支持人民币和澳元账户结算，可为中澳往来商务、旅游、学习、居住的人士提供灵活、便捷、高效的支付服务。

▲ 中国银行悉尼分行长城环球通借记卡

此次发行的中国银行长城环球通双币银联借记卡，是为澳大利亚持卡人本地使用和出境旅行提供的一张国际支付卡，解决了澳大利亚本地品牌的借记卡无法在境外使用的问题。该卡可在包括澳大利亚、中国在内超过 140 个国家和地区的银联全球网络使用。其中中国大陆 100% 的 ATM 和 POS 终端，澳大利亚 60% 的 ATM 以及数万 POS 终端都可使用，年底前澳大利亚的商户使用范围扩展到 50%。该卡设有人民币和澳币两个账户，特别方便往来澳中的持卡人。在中国以人民币结算，在澳大利亚及其他国家和地区以当地货币支付以澳币扣帐，免收货币转换手续费。

中国银行是银联国际重要的战略合作伙伴，是境外发行银联卡的重要中资银行之一。此次发卡合作实现了双方品牌、服务、客户等资源的融合，也实现了澳洲本地网络与银联卡全球受理网络的结合。在为澳大利亚持卡人提供新的支付品牌选择和便利、优惠服务的同时，也有利于推动中澳两国金融合作，并更好地支持两国扩大其他领域的双边合作。

2005年4月、2012年12月，中国银行澳大利亚分行依托本地支付网络，曾经先后发行了借记卡，为持卡人提供借记卡电脑终端、商户销售终端等金融服务。

▲ 中国银行悉尼分行借记卡

※ 中国银行（新加坡）有限公司发行东南亚首张银联旅游卡

2013年11月20日，中国银行与银联国际在新加坡联合推出中银—银联旅游卡。这是东南亚地区首张为持卡人本地及中国出游提供景区、酒店、购物等专属优惠和服务的银行卡。该卡在新加坡、马来西亚和越南发行，并在东南亚其他国家陆续推广。

为满足东南亚客户在中国旅行的金融需求，此次中国银行携手银联推出中银—银联旅游卡，结合了银联广泛的支付网络和中行领先的跨境人民币结算能力，将为持卡人提供多种优惠和增值服务。

▲ 中国银行新加坡分行银联旅游卡发行仪式

中银—银联旅游卡的持卡客户可在中国700多家景点享受门票优惠，并享受全球6000余家餐饮、购物和租车等商户专属优惠。新加坡中银旅游白金信用卡客户还可在全球14个主要机场免费使用机场贵宾厅和全球礼宾热线，享受海外交易双倍积分等服务。

※ 中国银行（加拿大）发行湛山平安卡

2014年12月31日，中国银行与加拿大著名佛教寺院湛山精舍和联合举行新闻发布会，宣布共同启动祈福羊年的"湛山平安卡"。该卡不但具备信用卡所有功能，而且每张卡都由九十一岁的性空长老和达义大和尚两代高僧开光祈福。

　　"湛山平安卡"旨在服务社会，满足客户需求，支持中加多元文化交流，弘扬中华传统文化。作为中国银行金融产品融入祈福平安的内涵，籍以信用卡为载体，祝福持卡人一生平安幸福。凡是加拿大的公民（Residence）、居民（Permanent）和持有学生签证（Student Visa）、工作签证（Working Visa）的人群都可以申请"湛山平安卡"。

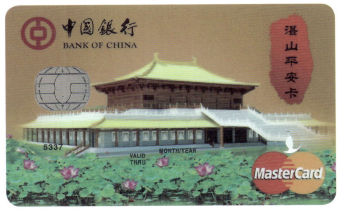
▲ 中国银行湛山平安卡

※ 中国银行（马来西亚）有限公司发行长城环球通借记卡

　　农历马年，熊猫"兴兴"和"靓靓"远渡重洋登陆马来西亚，增进了中马两国之间的传统友谊和持续合作。时隔一周年，憨态可掬的大熊猫作为马来西亚中国银行首发借记卡的形象大使，将为马来西亚全境客户带来更为贴心的金融服务。

▲ 中国银行吉隆坡分行长城环球通借记卡

　　2015年6月1日，中国银行在吉隆坡正式首发以熊猫、双子塔、长城为卡面主视觉设计的长城环球通借记卡。该卡卡面上是一只在津津有味地啃竹子的年幼大熊猫，萌萌的大脑袋，圆滚滚的身体，憨态可掬，集中体现了大熊猫温和友好的特质。背后的双子塔与长城交相辉映，代表了马中两国友谊万年长青，体现出熊猫作为马中两国友谊信使的特殊价值。

　　作为全球为数不多的以熊猫作为卡面形象的芯片借记卡，这款卡除可以在ATM机进行存款、取款，在全球商户进行消费，在网上

▲ 中国银行吉隆坡分行长城旅游预付卡

183

商户进行在线支付等常用功能外，还具备在马来西亚跨行取款每月首两笔免费，在中国大陆中国银行ATM机取款的最优费率等便利优惠，以及自定义每日交易额度、海外磁条交易开关等多重安全保障。

随后，马来西亚中国银行又推出全新人民币预付卡——长城旅游预付卡。该卡可以使用银联网络支付，中国超过500万的商户接受银联卡，持卡人可以充分享受银联网络所带来的便利，是外出旅行的最佳良伴。同时，该卡尽享中国、港澳、东南亚地区精选优惠商户，享受全年的旅游、购物、餐饮、娱乐优惠。

※ 中国银行（新加坡）有限公司发行第一张银联双币借记卡

2015年10月20日，中国银行在新加坡举办中国银行银联双币借记卡发卡仪式。该卡是新加坡市场首张适应本地特色提供现金返还功能的新元—人民币双币借记卡。

中银银联双币借记卡具有全球通用、一卡双币的特点，可供新加坡持卡人在包括新加坡、中国在内的全球150多个国家地区使用，在新加坡和除了中国大陆外的国

▲ 中国银行新加坡分行双币借记卡发卡仪式

家使用新元消费，在中国大陆所有的ATM和POS终端均可以使用人民币账户直接取款和消费，免收货币兑换手续费，人民币账户余额不足时可联动至新元账户，促销期间在中国大陆地区中国银行ATM查询和取款免收手续费。

该卡为新加坡客户的日常使用和国际出行提供了新的选择。借助中国银行集团资源，中国银行银联双币借记卡能够为客户提供本地和跨境支付结算功能和优质服务，满足不同新加坡居民的用卡需求。

早在1997年1月、1998年10月，中国银行新加坡分行曾经先后发行了配合存折使用的借记卡，为持卡人提供支付、消费和查询等金融服务。

多年来，中国银行按照"担当社会责任，做最好的银行"战略目标，高度重视海内海外两个市场，通过打造业界领先的核心竞争力、树立全球专业化服务品牌形象，努力搭建海内外一体化服务体系，为中国"走出去"客户、海外本地客户及往来中国的客户提供全方位、高品质的跨境金融服务。

▲ 中国银行新加坡分行借记卡

继往开来　再展宏图

第五部分

第十二章
开拓创新展望未来

1985 年中国银行发行了国内第一张信用卡－中银卡，开启了中国货币电子化变革和信用卡产业兴起的序幕。这之后的三十多年来，中国银行信用卡一路孜孜以求、薪火传承，创造了一个个业界领先。1985 年率先发行国内第一张信用卡，1987 年成为国际银行卡组织中的首家中国会员，1988 年发行国内第一张国际信用卡，1994 年发行国内首张长城职能卡，2008 年发行全球首张北京奥运主题信用卡，2010 年发行国内首张人民币单一结算信用卡，2013 年首发国内第一张 EMV 标准芯片卡，2015 年首发国内第一张万事达品牌数字信用卡……回首过去，中国银行秉承时代荣耀，肩负历史使命，亲历并见证了中国信用卡行业的诞生、发展和壮大，成为中国乃至世界信用卡产业格局中的重要力量。

第一节　明确科学发展目标

回首中国银行发展历程，特别是在新中国成立以后的发展道路，就是坚持在中国人民银行领导下，注重从世界金融发展大势中科学判断形势，不断创新与科学发展的历程。

百年来，中国银行从改革创新中破解发展难题，逐渐明确了科学发展的思路与"追求卓越，持

续增长，建设国际一流银行"战略目标，确定了"以商业银行为核心、多元化服务、海内外一体化发展的大型跨国经营集团"的战略定位，提出了"调结构、扩规模、防风险、上水平"的工作方针，制定了"全行数据大集中，信息科技引领业务发展"的 IT 蓝图规划，形成了"扩大客户基础，提升服务能力"的发展策略，通过创新发展、转型发展和跨境发展，努力实现向以服务和产品为中心发展模式的转变，向资本节约型发展模式的转变，向综合化多元化业务发展模式的转变，向整合集约型经营发展模式的转变。作为中国银行的战略性产品，信用卡业务始终坚持以客户为中心、以市场为导向、以科技为引领，大力推进创新发展、转型发展、跨境发展，努力实现电子化、网络化，推进全球服务一体化。

※ 持续创新发展

创新是信用卡业务发展的永恒动力。中国银行信用卡要把握未来的发展机遇，就必须依靠创新发展，努力实现信用卡业务电子化、网络化。一是全流程电子化。中国银行结合最新科学技术，把客户发起请求到中后台服务、客户服务的全部过程实现电子化、网络化，缩短等待时间，增强客户体验；二是全渠道一体化。中国银行将把现有服务渠道打通，使得不同渠道客户在接受营销服务、客户服务、支付便利服务等方面都能拥有相同品质的感受；三是营销网络化。中国银行整合与其他金融、非金融服务机构的关系，在互联网上建设提供综合金融服务的网站，综合多家金融机构网上服务，走出传统信用卡业务局限，延伸到非金融服务领域，从而推进信用卡品牌、产品、功能和服务的营销，提高营销活动的深度、广度和准度；四是卡片虚拟化。中国银行顺应产业发展的潮流，推进卡片虚拟化进程，使客户在网络上购物或者支付更加安全、更加便捷；五是服务电子化。推进服务电子化水平，实现基础服务、增值服务和客户服务的电子化；营销活动、理财缴费等增值服务的电子化；网银在线客服、自助设备远程客服等客户服务的电子化。六是支付电子化；随着时代发展和科技进步，人们日常消费、公共缴费和资金结算依赖信用卡结算，并向网上支付、手机支付、非接触支付发展。

▲ 中国银行手机支付技术

※ 提升服务能力

金融服务是信用卡业务的立业之本。中国银行信用卡着力提升服务水平，打造全球一流的服务品质，就要提升逐步提升综合服务能力。一是改善运营服务的品质，实现业务发展前中后台衔接的电子化、自动化与流程化，提升对持卡人和商户的服务效率和服务水平；二是提升营销服务的品质，充分发挥全球化经营网络的优势，建设全球性和区域性的优惠商户网络，使客户体验到中国银行的服务品质和营销水平；三是完善风险管理体系，通过抓风险管理促业务发展，形成全员风险管理文化，倡导科学审慎的风险管理理念，实现风险管理与业务发展的平衡高效发展。四是建立服务水平量化评价体系，

通过制定标准、确定方法和指标来评价信用卡产品、服务、功能、流程和营销的水平，客观了解市场口碑与客户评价，最终达到提高信用卡业务持续快速健康发展的目标。

※ 推动转型升级

2015 年我国银行卡产业快速生长，银行卡累计发行 54.4 亿张，2015 年银行卡跨行交易比数达到 232.21 亿，2015 年我国银行卡渗透率已达 48%，银联在境外市场上银联的网络覆盖 157 个国家和地方，在超过 40 个国家地区发行的银联卡，全球的联网商户接近 3400 万户，ATM 超过 200 万台，银联品牌成为全球公认的银行卡品牌。2015 年 IC 卡发卡 8.9 亿张，且全部具备非接支付功能。全国具备非接受理能力的 POS 终端已达 840 万台，占全部 POS 终端的 37%；移动支付发展迈入新阶段，2015 年 12 月，在中国人民银行指导下，中国银联联合 20 多家商业银行发布了具有划时代意义的移动支付新品牌"云闪付"。作为首批支持"云闪付"服务的银行，中国银行已陆续推出 HCE、Apple Pay、Samsung Pay 等云闪付产品，均支持借贷记卡。

第二节　打造全新产品体系

截止 2015 年底，中国银行信用卡累计发卡总量超过 5300 万张，累计签约商户数量 51 万户，并在港澳及新加坡、澳大利亚、英国、泰国等 8 个国际地区发行了信用卡，顺应"一带一路"国家发展战略实现海内外一体化发展。

中国银行大力推动信用卡产品创新，持续完善专属性强、特色突出的信用卡产品体系。一是着力打造中高端品牌形象，满足客户多元化金融服务需求，为客户提供乐游、乐购、乐享、乐生活的金融服务；二是围绕中高端、商旅、跨境、消费金融、互联网五类重点客户群，推进特色突出、权益丰富的信用卡产品体系建设，持续打造专属性强、特色突出的支付产品体系，丰富重点客群专属支付产品；三是围绕民生、居家、汽车、特色四大主题，建立品种多样、市场领先、服务高效的消费金融产品体系，推广"易分享"自动分期、爱驾分期、教育分期、爱家分期等信用卡消费金融产品。

※ 中银无限信用卡

2014 年中国银行面向中国银行高端客户精心设计推出无限信用卡，全币种国际芯片无限信用卡是业内首款采用国际通行 EMV

▲ 中国银行中银无限信用卡

188

芯片标准的无限等级信用卡。客户享有遍及全球的尊享服务，包含全面高额保险、国际航线机票优惠、机场贵宾室、专属接机等出行礼遇，以及高尔夫、网球、健身、高端酒店、餐厅优惠、跨境支付返现等。

※ 中银海航金鹏信用卡

2015 年 7 月，中国银行携手海航集团旗下海南海航航空销售有限公司联合推出一款商旅联名信用卡产品"中银海航金鹏信用卡"。

该产品集金融、商旅航空服务为一体，不但具备信用卡支付、预借现金、分期付款以及全球优惠商户专属折扣等，更融入了航空商旅服务、境外旅游消费等众多商旅旅游消费类权益。此款产品的发布，广大消费者无论是商旅旅游出行，还是日常境外消费，都可以随时享受高额优惠及高额里程累计。

▲ 中国银行中银海航金鹏信用卡

※ 长城环球通爱驾汽车卡

2014 年，中国银行推出面向私家车主特邀发行的长城环球通爱驾汽车信用卡。此卡是中国银行为满足私家车主客户的需求，特量身打造出一款专属高品质产品。

爱驾汽车信用卡除具有除存款有息、循环信用、分期付款等金融功能外，还具有交警业务离柜办理特色功能，客户可自助处理牌照车辆的交通违章扣分处理、罚款缴纳及多项车驾管功能；还具有高速 ETC 扣款特色功能、车

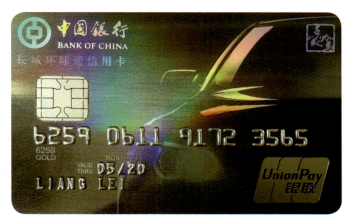

▲ 中国银行长城环球通爱驾汽车卡

辆美容保养优惠和无限次免费道路救援服务等专属权益，为私家车主带来全方位驾行享受。

※ 长城环球通自由行系列产品

2015 年，中国银行在长城环球通自由行信用卡系列产品中，结合国内居民出境热点地区，全新推出了长城环球通自由行系列产品。

长城环球通自由行信用卡是中国银行为出境旅行的客户倾情打造的信用卡，涵盖金卡和白金卡等级，旗下有"精彩港澳台版"、"精彩韩国版"、"精彩日本版"、"精彩东南亚版""精彩美国版"六款特

色卡面产品。其中，带有"中国旅游卡"标识的产品全国发行，带有"自由行"标识的产品仅在广东、深圳发行。旗下任何一款产品均可享受长城环球通自由行卡的所有优惠权益，并不断丰富自由行产品系列权益。

※ 长城国际卓隽卡

中国银行面向出国留学生及家长、外派、商旅等客户推出长城国际卓隽卡，是中国银行首次针对留学细分客群推出的专属信用卡。卓隽卡为 VISA 品牌美元白金 EMV 芯片卡，享有境外 ATM 取现手续费优惠和美元分期 5 折优惠，同时具有长城环球通白金卡的透支免息、存款有息、循环信用、分期付款、附属卡灵活管理、主附卡统一还款等礼遇。

※ 海外信用卡产品

截至 2015 年底，中国银行共有中国香港

▲ 精彩日本版

▲ 中国银行长城国际卓隽卡

澳门地区、新加坡、泰国、英国、加拿大、悉尼 8 个国家和地区发行当地信用卡，以及香港、澳门、

▲ 中国银行海外分行分布图

英国、加拿大、新加坡、马来西亚6家海外机构开展收单业务，保持国内同业最大的跨境信用卡发卡机构低位。中国银行信用卡是推进"以银行卡为龙头，加快海外个人金融业务发展"的载体，是通过推动公司业务联动发展的抓手，是维护客户关系、促进跨境业务联动与海内外一体化发展的重要手段。

目前，中国银行海外机构发行的信用卡已涵盖VISA、万事达、银联品牌，已建立包括钻石卡、世界卡、白金卡、金卡、普卡等在内，面向高端族群、中收入族群及大众族群的较为完整的产品体系。

第三节 打造全新品牌内涵

新的历史时期，中国银行围绕"担当社会责任，做最好银行"的战略规划，以改革激发活力，以创新驱动增长，坚持"规模、效益、质量、服务"协同发展，不断丰富国际化、中高端化、都市时尚惠民化的信用卡品牌内涵，通过"一个创新、两个扩大、三个做优"，即持续加快产品创新，扩大有效客户规模和消费额规模，做优做强消费金融、跨境支付和商户收单三大特色业务，取得良好的经营业绩。

※ 建设业界最有影响力的支付服务商

中国银行以积分商城、优惠商圈为平台，以互联网、缤纷生活（APP）、微信为入口，形成线上支付、码券支付、OTO方式为主的增值服务生态圈。同时，中国银行缤纷生活（APP）客户端完成全面改版，极大提升了客户体验和业务支持力度。

"中国银行信用卡官方微信"在功能方面实现了多项突破。一是拓展了投产卡片激活、额度和账单查询优化、账单寄送方式设置、账单地址修改、POS消费验证方式、自动还款设置等10余个新功能；二是将信用卡账户功能、增值服务及消费场景进行整合，使得信用卡官方微信的服务更加全面和多元化。

※ 打造全球化支付服务商

中国银行采取海内外一体化发展战略，打造特色化、差异化跨境支付产品和服务体系，具备了独具特色的跨境支付业务优势：一是范围广，在新加坡、泰国、英国、加拿大、澳大利亚等近20个国家和地区实现了本地信用卡发卡，并在海外搭建了全球商户优惠网络；二是品种全，覆盖公务、商旅、航空、留学等跨境产品体系，陆续推出了长城国际卡、长城环球通卡、全币种EMV卡、自由行卡等多款跨境支付明星产品；三是优惠多，持续开展"环球精彩一卡尽享"、"中银海淘"线下线上跨境主题营销活动，以"精彩港澳台"、"精彩东南亚"、"精彩日韩"、"精彩美加"、"黑色星期五"等主题，陆续推出消费返现、刷卡赠礼、购物折扣等活动，持续为客户提供高品质的跨境用卡服务，赢得了客户青睐和市场认可。

※ 建立专业消费金融提供商

中国银行积极布局信用卡分期业务，围绕民生、居家、汽车、特色四大主题，建立品种多样、市场领先、服务高效的消费金融产品体系，打造线上线下融合的无抵押消费金融业务新模式，成为市场上客户满意的消费金融提供商。一是针对购房客户等优质客户置业后衍生的各类消费需求，推出居家消费金融产品—"爱家分期"。该产品采取无抵押、免担保、纯信用业务模式，多种期限与灵活还款方式供客户选择，满足了客户家装、购房税费、车位、教育、旅游等面的资金需求；二是中国银行以"无处不分期，越分越有礼"为主题，持续开展优惠活动。同时，与奥迪、捷豹、路虎等品牌车商及苏宁等大型商户开展"总对总"合作，费率减免优惠活动；三是提升卡户分期业务效能，拓宽外呼、直销、微信等卡户分期销售渠道，促进卡户分期交易额快速增长。

※ 打造品牌营销服务体系

中国银行持续打造促境内消费增长的"惠聚中行日"、促跨境交易的"环球精彩一卡尽享"、"中银海淘"和促消费金融的"无处不分期，越分越有礼"四大品牌营销体系。一是推进商圈建设工作，将

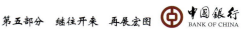

"惠聚中行日"营销活动与获客渠道拓展有机结合，搭建线上线下相结合的获客、活客场景，打造"惠聚中行日"主题营销活动；二是持续开展境内媒体广告宣传，在北京等地投放跨境支付、汽车分期、微信红包、中银海淘广告，并在百度、携程、大众点评等网络媒体投放网络广告；三是在香港、澳门、美国旧金山、韩国仁川、英国希思罗等境外机场投放持续开展境外媒体广告宣传，同时，选择中国游客到访较多的美国旧金山、西雅图、费城等奥特莱斯投放跨境支付广告。

※ 建立领先的客服体验和增值服务商

中国银行因势而变，实现产品服务与芯片技术、移动互联、自媒体等最新兴行业生态联动，引领线上线下全方位融合，推进精细管理，提供卓越品质服务。一是打造"互联网＋"增值服务生态圈，以积分商城、优惠商圈、聪明购为核心，以互联网、APP、微信为入口，整合营销资源，为持卡人提供乐游、乐购、乐享、乐生活的增值服务体验；二是发卡策略与时俱进，重点面向财富、商旅、跨境、消费金融、互联网年轻五类重点客户群，实现由"网点零散销售"向"场景化批量销售"转型；三是建立"客户思维"的全新管理视角，开展客户生命周期管理，提升客户贡献度和忠诚度，优化多维渠道，开展客户精准营销，实现量化品质监控；四是优化消费金融业务模式，丰富以卡为载体的消费类分期产品，逐渐向全方位消费金融产品方向发展。

※ 打造风险管理体系

中国银行结合风险环境变化和业务创新发展，主动转变管理模式，持续健全信用卡风险管理体系，完善治理结构，形成信用风险、欺诈风险、操作风险"三位一体"的闭环风险管理体系，为信用卡业务长期健康稳定发展保驾护航。一是着力夯实信用卡全流程风险管理组织体系，持续优化风险管理政策制度体系和授信决策体系，打造有效的风险管理工具，提升信用卡准入及授信决策机制的科学性、准确性和高效性；二是加强风险管理模型开发和系统建设，提高决策效率，打造动态增额机制，逐步完善主动授信、动态调整、快速响应、风险可控的业务模式；三是做好贷中

风险的定量管理和风险排序，提高信用卡风险管理效率和质量，提升风险决策的科学性；四是强化大数据对欺诈交易、违规交易的侦测分析，完善欺诈侦测模型库建设，有效防御欺诈、套现等违规交易带来的损失；五是完善内控"三道防线"体系建设，打造信用卡风险管理专业队伍，全面提升信用卡风险管理人员的风险识别、量化分析、突发事件处理能力和专业水平。

※ 恪守企业社会责任

中国银行秉承"担当社会责任,做最好的银行"的理念,坚持服务社会、奉献社会、回报社会、与利益相关各方携手合作,积极参与和谐社会建设,全力支持实体经济发展。一是积极响应银行卡业务规范发展的各项要求,在费用减免、电子化服务渠道、磁条卡换芯等方面,推动银行卡产业良性健康化发展;二是优化和完善定价管理业务流程,完成信用卡价格表升级和更新,并在网站、网点公示;三是免除多项银行卡手续费用,降低客户用卡成本;四是配合银监会、发改委专项检查,落实监管部门各项要求;五是推动铁路惠民便民电子支付业务开展,为铁路客运项目投入大量设备采购、安装维护费用。

第四节　中国银行信用卡三十周年

1985 年,中国银行发行了中国第一张信用卡,2015 年,中国银行迎来了信用卡发卡 30 周年。30 年来,中国银行薪火传承,砥砺前行,为向消费者和商户提供优质、便捷的支付服务而不懈努力。30 年里,中国银行解放思想、与时俱进,改革开放、大胆探索,是艰苦奋斗、团结拼博的 30 年,是沧海桑田、跨越发展的 30 年。

※ 三十年辉煌历程

1985 年 3 月,中国银行发行了仅限在珠海地区使用的国内第一张信用卡——中银卡。中银卡的推出,适应了特区经济发展的客观需要,揭开了中国支付领域变革的序幕;1986 年 10 月,中国银行发行了长城卡,并将长城卡作为中国银行系统内统一的信用卡品牌。中国银行长城卡发行后,收到了良好的社会效益和经济效益,开始走向全国;1988 年,中国银行推出了长城国际卡,成为国内最早的外汇卡,满足了中国出国人员、外国驻华机构及在华常驻外籍人士对中行外汇信用卡的需求,中国信用卡开始走向世界;2008 年,作为北京奥运国内银行业唯一的合作伙伴,中国银行为北京奥运会和残奥会提供全方位的金融服务。中国银行成为世界了解整个中国银行业的窗口,中国银行发行的北京奥运主题信用卡也成为国人走向世界、拥抱世界的美丽名片;2013 年,在银行卡芯片化迁移的大背景下,中国银行为有出境支付需求的人士精心设计并发行了全币种国际芯片卡,中国银行信用卡国际业务走入"芯"时代;2015 年,在当前全球移动互联网迅猛发展的时代,中国银行 HCE 数字信用卡应运而生,为广大消费者提供非接触式快速支付体验,打开了一片崭新的天地。

※ 打造专业品牌

2015 年，中国银行始终坚持百年企业的责任和使命，紧紧围绕金融服务实体经济这个中心，扎实推动发展，在保持传统业务优势的同时，中国银行继续保持国际化优势，全球服务网络进一步延伸，市场竞争力持续提升。回顾 30 年，中国银行始终紧握时代脉搏，不断推出各具特色的信用卡产品，满足广大客户差异化的支付需求。经过不断开拓与发展，中国银行产品体系建设逐步完善，客户分层和产品细分管理日益精细化，产品类型涵盖了年轻族群卡、女性卡、白金卡、公务卡、商旅卡等主题系列，打造出包含百货、商旅、高校、电子支付、政府机关等类型丰富的联名卡产品线，为客户提供了琳琅满目的信用卡产品选择。中国银行发卡 30 周年来，通过加快信用卡产品、渠道和服务模式的创新，为客户提供优质、全方位的现代金融服务，多项核心经营指标居于市场领先地位。

※ 发行三十周年纪念卡

为庆祝发行信用卡 30 周年，中国银行限时发行了长城环球通国际卡和银联人民币卡系列纪念版。该系列卡对原有版面进行重新设计，在原有长城环球通信用卡和银联人民币卡右上角印有中国银行发卡 30 周年标识，整体卡面设计精美，高端大气，烘托出中国银行信用卡 30 周年的喜庆效果，具有较强的艺术性、纪念性和收藏价值。

▲ 中国银行长城环球通国际卡发卡 30 周年纪念卡

▲ 银联钻石卡（财富管理）金属

▲ 银联钻石卡（私人银行）金属

中国银行银行卡鉴赏

1985—2005

第六部分

第十三章

中国银行信用卡

珠海中银卡金卡　10 ★

珠海中银卡普卡　9 ★

珠海中银卡金卡（二版）　9 ★

珠海中银卡普卡（二版）　8 ★

珠海中银柜员卡金卡　6★

珠海中银柜员卡普卡　5★

珠海中银工资卡　7★

珠海中银工资卡（二版）6★

珠海中银卡普卡（二版）6★

长城外汇个人卡　9★

长城外汇专用卡　9 ★

长城外汇单位卡　9 ★

长城外汇专用卡（青岛）　9 ★

江门如意金卡　9 ★

江门如意普卡　8 ★

人民币长城个人卡　8 ★

人民币长城单位卡　9 ★

人民币长城 ATM 测试卡　7 ★

人民币长城维萨卡　9 ★

人民币长城万事达卡　9 ★

人民币长城维萨卡　8 ★

长城国际白金卡　8 ★

人民币长城信用卡　6 ★

人民币长城信用卡　4 ★

人民币长城信用卡　4 ★

人民币长城信用卡　3 ★

人民币长城单位卡　8 ★

人民币长城个人卡　7 ★

人民币长城信用卡　2 ★

人民币长城信用卡单位卡　4 ★

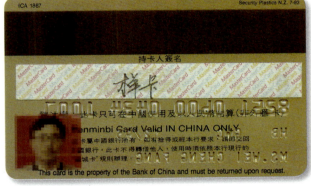

人民币长城信用卡照片卡　5 ★

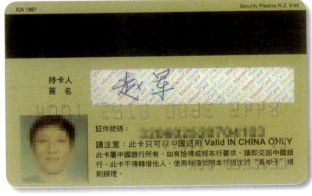

人民币长城信用卡照片卡　5 ★

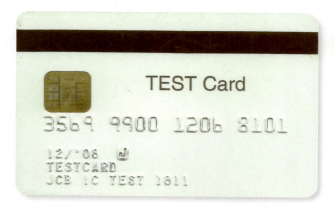

北京长城 JCB 智能测试卡　6 ★

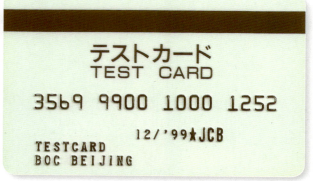

北京长城 JCB 测试卡　5 ★

人民币信用普卡　2 ★

人民币信用普卡　2 ★

人民币信用普卡　2 ★

人民币信用普卡　2 ★

人民币信用普卡　2 ★

人民币长城信用金卡　2 ★

人民币长城信用普卡　2 ★

人民币长城单位金卡　3 ★

人民币长城单位普卡　3 ★

长城人民币信用金卡　2 ★

人民币长城彩照金卡 3★

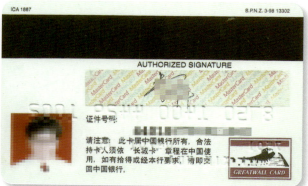

人民币长城彩照普卡

长城人民币信用普卡 2★   长城人民币单位金卡 3★

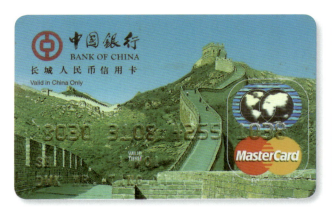

长城人民币单位普卡　3 ★

长城个人金卡卡　2 ★

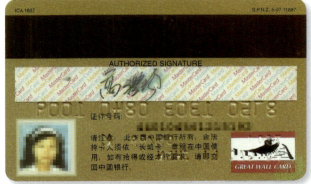

长城人民币照片金卡　3 ★

长城人民币照片普卡　2 ★

长城个人普卡　2★　　　　　　长城人民币单位金卡　3★

长城人民币单位普卡　3★　　　　中银万事达信用金卡　2★

长城人民币彩照金卡　2★

长城人民币彩照普卡　2 ★

中银万事达信用普卡　2 ★

中银维萨信用金卡　2 ★

中银维萨信用普卡　2 ★

中银维萨信用金卡　2 ★

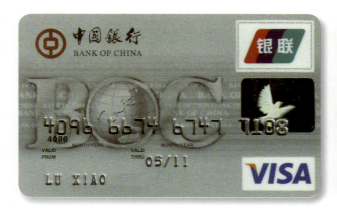

中银维萨信用普卡　2★

中银维萨白金卡　2★

中银万事达白金卡　2★

中银私人银行卡　6★

中银维萨白金　3★

中银维萨金卡　2★

长城 JCB 国际卡　8 ★

长城万事达国际卡　9 ★

中国银行运通卡　9 ★

长城万事达国际卡　7 ★

长城万事达国际卡　6 ★

长城维萨国际卡　7 ★

长城奥运国际卡　5 ★

长城冬奥会国际卡　7 ★

长城世界杯国际卡　7 ★

长城奥运会欧元金卡　6 ★

长城奥运会欧元普卡　5 ★

长城世界杯国际卡　5 ★

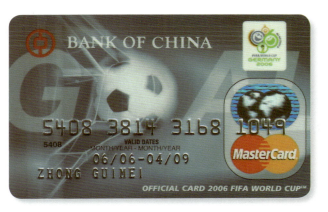

长城世界杯国际卡　5 ★

长城维萨国际卡　6 ★

长城维萨国际卡　4 ★

澳门北京印国际卡　5 ★

长城北京印国际卡（1）4 ★

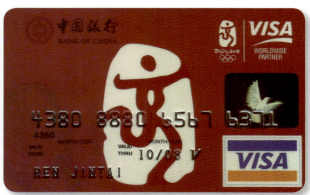

长城北京印国际卡（2） 4★　　　　　　长城北京印国际卡（3） 4★

长城北京印国际卡（4） 4★　　　　　　长城北京印国际卡（5） 4★

长城北京印联想国际卡　5★　　　　　　中银VISA国航奥运信用卡（1） 4★

216

中银 VISA 国航奥运信用卡（2）　4 ★

中银 VISA 国航奥运信用卡（3）　4 ★

中银 VISA 国航奥运信用卡（4）　4 ★

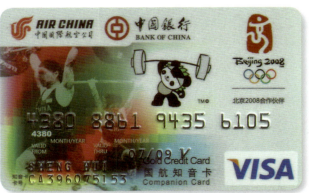

中银 VISA 国航奥运信用卡（5）　4 ★

中银奥运卡　2 ★

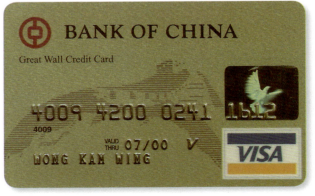

长城维萨美元国际金卡　4 ★

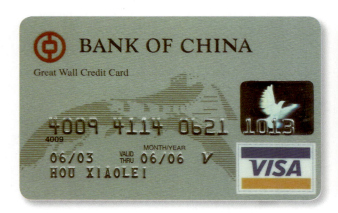

长城维萨美元国际普卡　3★

长城维萨美元国际金卡　2★

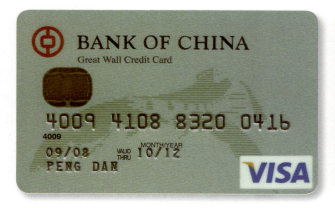

长城维萨美元国际普卡　2★

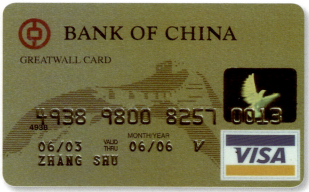

长城维萨港币国际金卡　4★

长城维萨港币国际普卡　4★

长城维萨港币国际金卡　2★

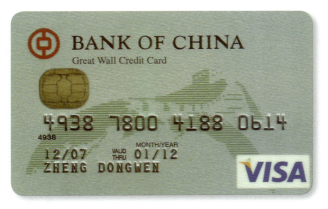

长城维萨港币国际普卡　2 ★

长城万事达美元国际金卡　4 ★

长城万事达美元国际普卡　3 ★

长城万事达美元国际金卡　2 ★

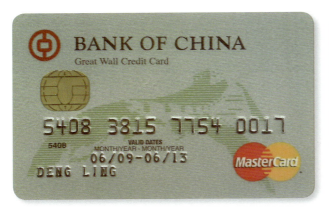

长城万事达美元国际普卡　2 ★

长城万事达港币国际金卡　4 ★

长城万事达港币国际普卡　4 ★

长城维萨欧元国际金卡　5 ★

长城维萨欧元国际普卡　3 ★

长城维萨欧元国际金卡　3 ★

长城维萨欧元国际普卡　2 ★

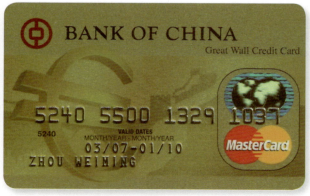

长城万事达欧元国际金卡　5 ★

长城万事达欧元国际普卡　3 ★

长城万事达欧元国际金卡　3 ★

长城万事达欧元国际普卡　2 ★

长城万事达英镑国际金卡　6 ★

长城万事达英镑国际普卡　4 ★

长城万事达英镑国际金卡　5 ★

长城万事达英镑国际普卡　4 ★

长城万事达澳元国际卡　3 ★

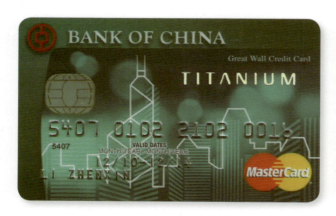

长城万事达港币国际卡　3 ★

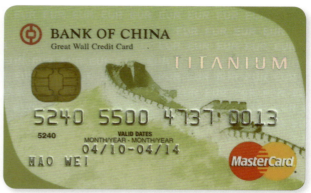

长城万事达欧元国际卡　3 ★

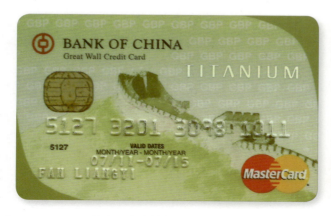

长城万事达英镑国际卡　3 ★

长城万事达美元国际卡　3 ★

长城欧元国际卡　5 ★

长城欧元国际卡　3 ★

长城美元国际卡　3 ★

长城美元国际卡　5 ★

长城美元国际卡　4 ★

长城英镑国际卡　5 ★

长城万事达美元商务金卡　7 ★

长城万事达美元商务普卡　7 ★

长城万事达港币商务金卡　7 ★

长城万事达港币商务普卡　7 ★

长城万事达美元商务金卡　6 ★

长城万事达港币商务金卡　7 ★

长城维萨美元商务金卡　7 ★

长城维萨美元商务普卡　7 ★

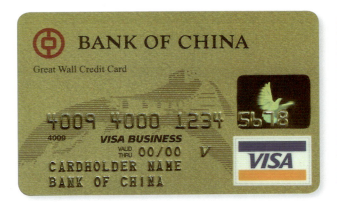

长城维萨港币商务金卡　7 ★

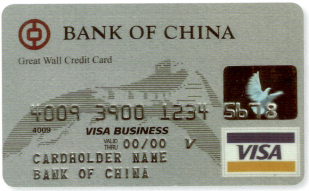

长城维萨港币商务普卡　7 ★

长城维萨商务金卡　6 ★

长城维萨美元商务金卡　6 ★

长城维萨公务卡　3 ★

长城万事达公务卡　3 ★

长城维萨公务卡　5 ★

人民币长城本田汽车联名卡　6 ★

长城人民币万科联名卡　6 ★

人民币长城杭百联名卡　4 ★

长城人民币中欧学院认同卡　6 ★

人民币长城新世界联名卡　6 ★

人民币长城东航联名金卡　6 ★

人民币长城东航联名普卡　3 ★

人民币长城复旦大学联名金卡　6 ★

人民币长城复旦大学联名普卡　3 ★

长城人民币上海外服联名金卡　6 ★

长城人民币上海外服联名普卡　3 ★

长城人民币香格里拉联名金卡　5 ★

长城人民币香格里拉联名普卡　3 ★

人民币长城国航联名金卡　6 ★

人民币长城国航联名普卡　3 ★

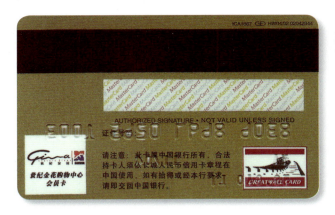

长城人民币世纪金花联名金卡　3 ★

长城人民币世纪金花联名普卡　2 ★

长城人民币天津外服联名金卡　5 ★

长城人民币天津外服联名普卡　3 ★

长城人民币华晨联名金卡　5 ★

长城人民币华晨联名普卡　3 ★

长城人民币上海外服联名金卡　5 ★

长城人民币上海外服联名普卡　2 ★

长城人民币伊势丹联名金卡　5 ★

长城人民币伊势丹联名普卡　3 ★

长城人民币新燕春联名金卡　5 ★

长城人民币新燕春联名普卡　3 ★

长城人民币民惠联名金卡　4 ★

长城人民币民惠联名普卡　2 ★

长城人民币上海复旦联名金卡　5 ★

长城人民币上海复旦联名普卡　3 ★

长城人民币江苏电信联名金卡　4 ★

长城人民币江苏电信联名普卡　2 ★

长城人民币东航联名金卡　5 ★

长城人民币东航联名普卡　3 ★

长城人民币国际汽车城联名金卡　5 ★

长城人民币国际汽车城联名普卡　3 ★

长城人民币中晨汽车联名金卡　5 ★

长城人民币中晨汽车联名普卡　3 ★

长城人民币上海交大联名金卡 5 ★

长城人民币上海交大联名普卡 2 ★

长城人民币江西移动联名金卡 5 ★

长城人民币江西移动联名普卡 3 ★

长城人民币紫薇地产联名金卡 5 ★

长城人民币紫薇地产联名普卡 2 ★

长城人民币玲珑湾联名金卡　5 ★

长城人民币天津外服联名金卡　5 ★

长城人民币购物中心联名金卡　5 ★

长城人民币购物中心联名普卡　2 ★

长城人民币首旅联名金卡　5 ★

长城人民币首旅联名普卡　3 ★

长城人民币中商集团联名金卡 5 ★

长城人民币中商集团联名普卡 3 ★

长城人民币世尊联名金卡 5 ★

长城人民币银泰百货联名普卡 2 ★

长城人民币武汉交管联名普卡 5 ★

长城人民币武汉交管联名普卡 2 ★

长城人民币百购联名金卡　5 ★

长城人民币百购联名普卡　3 ★

长城人民币万科联名金卡　4 ★

长城人民币万科联名普卡　2 ★

长城人民币珠江地产联名金卡　3 ★

长城人民币珠江地产联名普卡　2 ★

长城人民币全球通联名信用卡　5 ★

长城人民币柳钢联名普卡　2 ★

长城人民币新燕春联名金卡　5 ★

长城人民币中海物业联名金卡　4 ★

长城人民币四川航空联名金卡　5 ★

长城人民币四川航空联名普卡　3 ★

长城人民币农信联名金卡　5 ★

长城人民币农信联名普卡　4 ★

长城人民币昆山台协联名金卡　5 ★

长城人民币昆山台协联名普卡　4 ★

长城人民币思考乐联名金卡　4 ★

长城人民币思考乐联名普卡　2 ★

长城人民币爱家联名金卡　3 ★

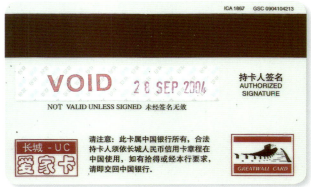

长城人民币爱家联名普卡　2 ★

长城人民币摩托罗拉联名金卡　4 ★

长城人民币丰田联名普卡　5 ★

长城人民币广州日报联名金卡　4 ★

长城人民币广州日报联名普卡　2 ★

长城人民币玛雅房屋联名金卡　5 ★

长城人民币玛雅房屋联名普卡　4 ★

长城人民币百事饕餮联名金卡　5 ★

长城人民币百事饕餮联名金卡　4 ★

长城维萨公务卡　2 ★

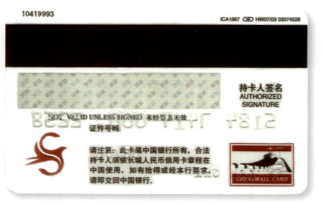

长城人民币燕莎联名普卡　3 ★

中银 JCB 信用金卡　2 ★

中银 JCB 信用普卡　2 ★

中银南航明珠信用金卡　2 ★

中银南航明珠信用普卡　2 ★

中银金鹰信用卡　2 ★

中银国航信用卡　2 ★

中银东华大学信用卡　2★

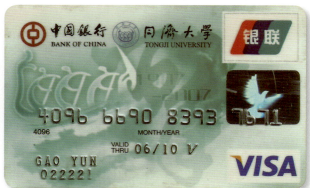

中银同济大学信用卡　2★

中银上海交大信用卡　2★

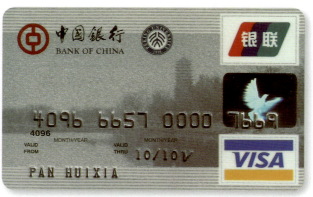

中银北大信用卡　2★

中银蒙牛信用卡　2★

中银蒙牛信用卡　2★

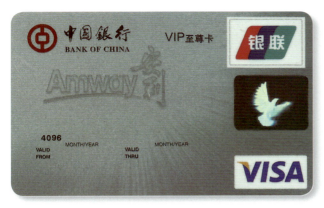

中银安利信用卡　3 ★

中银安利信用卡　2 ★

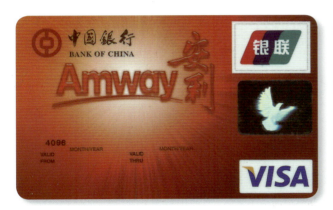

中银安利信用卡　2 ★

中银城市广场联名卡　2 ★

深航尊鹏信用卡　3 ★

深航尊鹏信用卡　3 ★

中银久光联名卡　2 ★　　　　　　　　中银久光联名卡　2 ★

中银大中电器信用卡　2 ★　　　　　　中银大中电器信用卡　1 ★

中银 SOGO 联名卡　2 ★　　　　　　中银梦之岛百货联名卡　2 ★

中银晨曦百货联名卡　2★

中银世纪泰华联名卡　2★

中银金鹰联名卡　2★

中银兴隆联名卡　2★

第十四章

中国银行借记卡

长城提款个人卡　6 ★

长城提款单位卡　7 ★

长城提款卡　7 ★

长城提款卡　7 ★

长城自动提款卡　4 ★

长城自动储蓄卡　4 ★

人民币长城结算卡　7 ★

长城储蓄卡　7 ★

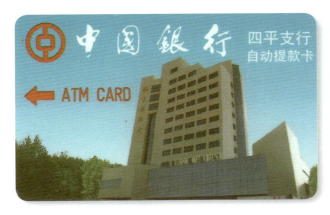

自动提款卡　7 ★

长城中兴卡　6 ★

储蓄提款卡　6★

长城朔通卡　6★

长城阿城储蓄卡　6★

长城理财卡　5★

人民币储蓄专用卡　3★

长城三明储蓄卡　2★

长城珠江卡　3 ★

长城丁香卡　4 ★

长城丁香卡　2 ★

长城湘通借记卡　6 ★

长城宁通卡　2 ★

长城通个人卡　7 ★

长城储蓄卡　5 ★

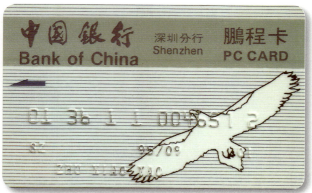

鹏程卡　3 ★

长城保通卡　6 ★

长城一卡通　7 ★

长城存款专用卡　6 ★

长城万事顺卡　5 ★

长城万事顺电子借记卡　3 ★

长城储蓄卡　2 ★

长城抚通卡　5 ★

长城抚通卡　5 ★

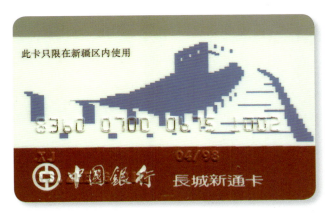

长城新通卡　3 ★

长城提款卡　5 ★

长城提款卡　2★

长城自动储蓄卡　2★

长城金鹰卡　5★

长城金鹰卡　4★

长城鸿运卡　7★

长城鸿运卡　4★

长城储金卡　2★

台州地区卡　2★

人民币长城地区卡　2★

人民币长城地区卡　5★

人民币长城地区卡　5★

人民币长城地区卡　5★

人民币长城地区卡　5★　　　　　　　　　　　　　长城卡　3★

长城万通卡　1★　　　　　　　　　　　　　　长城万通卡　1★

长城浙通卡　1★　　　　　　　　　　　　　　长城电子借记卡　1★

长城一卡通　1 ★

长城智能个人卡　5 ★

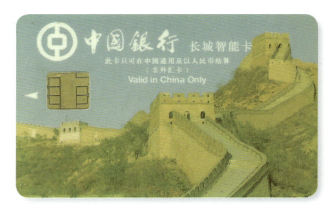

长城智能单位卡　7 ★

长城智能卡　7 ★

长城智能卡　7 ★

长城智能卡　7 ★

000451002

王忠　　　　智能提款卡

长城智能卡　8 ★

长城智能卡　8 ★

6013820800060073424

SH　9602　12/10

长城智能卡　7 ★

6013820800060073820

SH　9602　12/10

长城智能卡　7 ★

6013820100100000182

BJ　　　　06/2000

长城智能卡　8 ★

长城智能IC卡

4563517500001466604

HN　　VALID THRU　11/10

4718610000010084211

长城智能卡　8 ★

长城浙通IC卡 7 ★

企业智能卡 6 ★

企业智能卡 4 ★

长城浙通IC卡 1 ★

人民币长城校园卡 5 ★

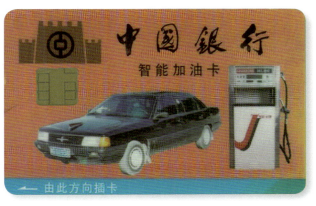

长城智能加油卡 5 ★

长城医保卡　3 ★

长城社会保障卡　2 ★

长城加油卡　5 ★

长城加油卡　2 ★

长城加油卡　1 ★

长城劲力卡　6 ★

长城铁路联名卡 6★

长城铁路联名卡 6★

长城乐泰万事通卡 6★

珠海企业账户卡 2★

长城缴费专用卡 5★

长城纳税卡 6★

长城万事通卡　3 ★

长城万事通卡　3 ★

长城万事通卡　3 ★

长城万事通卡　5 ★

长城万事通卡　5 ★

长城万事通卡　3 ★

长城 JCB 商户卡　3 ★

长城缴费专用卡　6 ★

长城政府采购卡　6 ★

长城太平洋保险联名卡　5 ★

长城加油卡　5 ★

长城加油卡　5 ★

长城人寿保险联名卡　5★

每家玛联名卡　2★

资金账户卡　3★

股票交易卡　3★

长城天工艺苑联名卡　4★

长城服务卡　3★

长城世纪联名卡　2 ★

长城世纪联名卡　2 ★

长城世纪联名卡　2 ★

长城世纪联名卡　2 ★

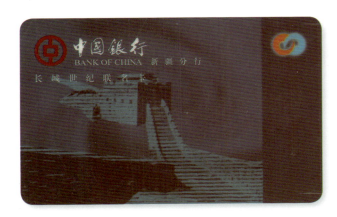

长城世纪联名卡　4 ★

长城世纪联名卡　4 ★

长城专用卡　3★

长城专用卡　3★

帝达购物中心联名卡　4★

长城地区卡　4★

长城加油卡　5★

长城加油卡　5★

长城消费卡 4 ★

长城消费卡 4 ★

南国长城卡 5 ★

长城购物卡 2 ★

长城文峰卡 2 ★

长城文峰卡 4 ★

联通缴费卡　4 ★

长城消费卡　4 ★

电信缴费卡　3 ★

移动联名卡　4 ★

长城三元支行专用卡　3 ★

长城项目专用卡　3 ★

长城项目金卡　3 ★

长城项目卡　3 ★

长城税收专用卡　6 ★

长城贵宾卡　3 ★

长城专项卡　6 ★

长城羊城通卡　5 ★

长城宝大祥公司金卡　5 ★

长城宝大祥公司金卡　3 ★

长城赣通百货卡　5 ★

长城国联商厦联名卡　6 ★

长城国联商厦联名卡　4 ★

长城国联商厦联名卡　4 ★

长城永安专用卡 5 ★

东泰商厦专用卡 4 ★

华宇仓储超市联名卡 3 ★

华宇仓储超市联名卡 3 ★

华宇仓储超市联名卡 3 ★

华宇仓储超市联名卡 3 ★

长城税通卡　5 ★

长城工资卡　6 ★

长城好百客联名卡　3 ★

长城加油卡　4 ★

长城巴黎春天百货联名卡　4 ★

长城加★油卡　6 ★

长城万事通卡　7 ★

长城消费卡　3 ★

长城纳税专用卡　5 ★

长城专用卡　3 ★

长城医疗保险卡　3 ★

长城金开泰超市消费卡　3 ★

长城消费卡　5 ★　　　　　　　　　　　　长城消费卡　5 ★

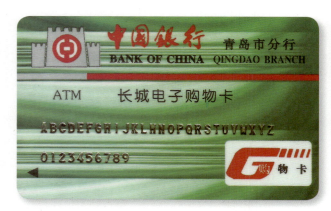

长城电子购物卡　5 ★　　　　　　　　　长城 ATM 提款卡　2 ★

政府采购加油卡　4 ★　　　　　　　　　长城加油卡　4 ★

成都分行纪念卡 4 ★

成都分行纪念卡 4 ★

成都分行纪念卡 4 ★

成都分行纪念卡 4 ★

长城学子卡 4 ★

长城储值卡 6 ★

长城专用卡　2 ★　　　　　　　　　　长城一卡通　2 ★

长城医疗一卡通　2 ★　　　　　　　　长城一卡通　3 ★

长城渝通卡　3 ★　　　　　　　　　　代发工资专用卡　7 ★

274

长城消费卡　3 ★

长城消费卡　3 ★

长城消费卡　3 ★

长城美容院联名卡　5 ★

长城缴费卡　5 ★

纳税专用卡　5 ★

长城专用卡　6 ★

购物储值卡　5 ★

长城消费专用卡　5 ★

政府采购卡　5 ★

长城好运卡　5 ★

日照中银一卡通　5 ★

长城专用卡　2 ★

长城中艺联名卡　5 ★

人民币长城专用卡　6 ★

长城工资卡　6 ★

长城运通测试卡　6 ★

长城银泰百货联名卡　4 ★

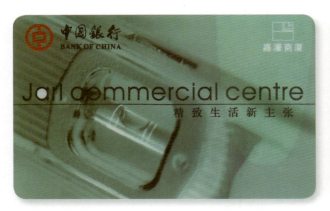

长城嘉濠商厦联名卡　5 ★

长城西武长城卡　5 ★

长城购物储值卡　5 ★

长城购物储值卡　5 ★

长城购物储值卡　5 ★

长城凌云联名卡　6 ★

长城证券卡　6 ★

五洲酒店长城卡　4 ★

长城员工卡　4 ★

中加枫华联名卡　4 ★

长城人民商场联名卡　3 ★

长城联名卡　1 ★

长城预约授信额度卡　3 ★

长城洪客隆联名卡　4 ★

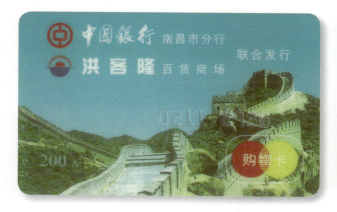

长城洪客隆联名卡　4 ★

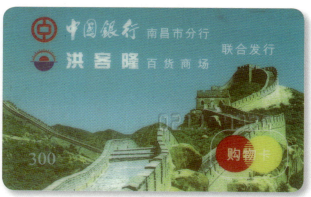

长城洪客隆联名卡　4 ★

长城绿色食品消费卡　2 ★

中银单位结算卡　2 ★

中银理财贵宾卡　2 ★

长城博源超市积分卡　1 ★

长城自学考试卡　5 ★

长城储值卡　2 ★

沃尔玛购物广场专用卡　3 ★

百盛广场长城卡　2 ★

山姆会员商店长城卡　3★

免税商场联名卡　1★

长城英才卡　2★

长城专用卡　2★

长城专用卡　2★

长城专用卡　2★

积分购物礼品卡　1 ★

长城新时代卡　4 ★

长城华联卡　3 ★

长城华联卡　3 ★

长城保健卡　1 ★

长城医疗卡　4 ★

长城消费专用卡 2★

长城专用卡 2★

长城项目专用卡 2★

长城项目专用卡 2★

长城项目专用卡 2★

长城项目专用卡 2★

积分购物礼品卡　1 ★

长城新时代卡　4 ★

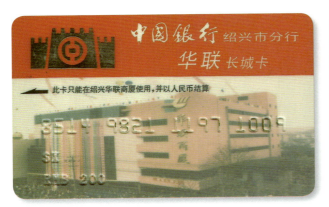

长城华联卡　3 ★

长城华联卡　3 ★

长城保健卡　1 ★

长城医疗卡　4 ★

长城消费专用卡　2★

长城专用卡　2★

长城项目专用卡　2★

长城项目专用卡　2★

长城项目专用卡　2★

长城项目专用卡　2★

长城消费专用卡　2★

长城专用卡　2★

长城专用卡　4★

长江浙通卡　2★

长江浙通卡　2★

长城万通卡　1★

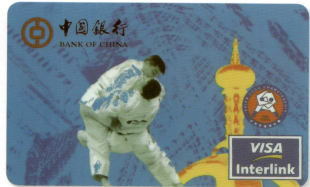

长城柔道锦标赛纪念卡　5 ★

长城联名卡　1 ★

长城联名卡　1★

长城联名卡　1★

长城校园卡　2★

长城校园卡　3★

长城海军总医院一卡通　2★

长城联通缴费卡　3★

长城联通缴费专用卡　2★

长城联通缴费专用卡　2★

长城联通缴费专用卡　2★

长城移动缴费专用卡　2★

长城职工社会保险卡　2★

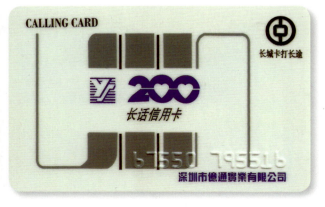

长城长话信用卡　2★

长城医疗保险卡　2 ★

长城中油医疗卡　3 ★

长城专用卡　2 ★

长城优惠卡　2 ★

长城东百便利卡　3 ★

长城贵宾卡　3 ★

长城提款联名卡　3 ★　　　　　　　　长城提款联名卡　3 ★

长城提款联名卡　2 ★　　　　　　　　长城提款联名卡　2 ★

长城提款联名卡　3 ★　　　　　　　　长城提款联名卡　3 ★

长城提款联名卡　3 ★

长城提款联名卡　3 ★

长城保龙仓联名卡　3 ★

长城生肖卡　1 ★

长城专用卡　2 ★

长城专用卡　1 ★

长城专用卡　1★

长城专用卡　1★

长城专用卡　2★

长城专用卡　1★

长城专用卡　2★

长城专用卡　1★

长城松雷卡　2 ★

长城万家惠优惠卡　2 ★

长城星期8小镇　2 ★

长城星期8小镇　2 ★

长城校园一卡通　3 ★

长城赣通专用卡　1 ★

长城消费卡

长城消费卡

长城消费卡

长城消费卡

长城消费卡　2★

长城消费卡　3★

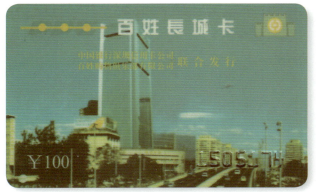

百姓长城卡　3 ★

百姓长城卡

百姓长城卡

百姓长城卡

百姓长城卡

百姓长城卡

长城储值卡　3 ★

长城储值卡

长城储值卡

长城储值卡

长城储值卡

长城中银红 ★ 电影卡　2 ★

长城赣通百货卡　2 ★

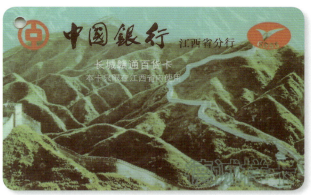

长城赣通百货卡　3 ★

长城赣通百货卡　3 ★

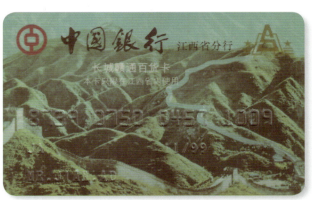

长城赣通百货卡　2 ★

长城赣通百货卡　3 ★

长城赣通百货卡　3 ★

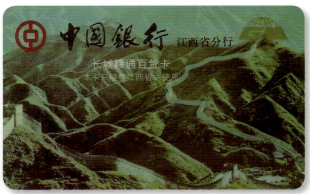

长城赣通百货卡　3★　　　　　　　　　　　长城赣通百货卡　3★

长城赣通百货卡　2★　　　　　　　　　　　长城赣通百货卡　2★

长城赣通百货卡　3★　　　　　　　　　　　长城赣通百货卡　3★

全球通手机银行卡　3 ★

长城中保人寿联名卡　2 ★

长城中银理财贵宾卡　1 ★

长城浙江贵宾卡　5 ★

长城四川贵宾卡　4 ★

长城湖南贵宾卡　5 ★

长城江西贵宾卡　4 ★

长城安徽贵宾卡　5 ★

长城河南贵宾卡　5 ★

长城湖北贵宾卡　5 ★

长城北京贵宾卡　5 ★

长城山东贵宾卡　3 ★

长城济南工资卡 3 ★

长城特约商户卡 1 ★

长城私人银行业务卡 6 ★

长城生肖卡 2 ★

长城生肖卡 2 ★

长城生肖卡 2 ★

长城生肖卡　2 ★

长城生肖卡　1 ★

长城生肖卡　1 ★

长城生肖卡　1 ★

长城生肖蛇卡　6 ★

长城生肖马卡　6 ★

长城生肖马卡　6 ★

长城生肖卡　1 ★

长城生肖卡　1 ★

长城生肖羊卡　4 ★

长城生肖羊卡　4 ★

长城生肖卡　1 ★

长城生肖猴卡　4★

长城生肖卡　1★

长城生肖卡　1★

长城生肖卡　1★

长城生肖卡　1★

长城生肖卡　1★

长城生肖卡　1 ★

长城储值卡　4 ★

长城电子借记卡　1 ★

长城电子借记卡　1 ★

长城万科借记卡　5 ★

长城劳动模范借记卡　6 ★

长城税收借记卡　6★

长城电子借记卡　1★

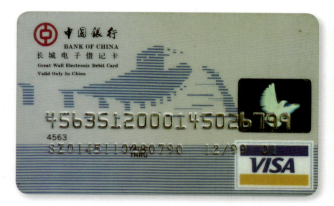

长城电子借记卡　1★

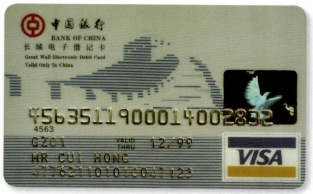

长城电子借记卡　1★

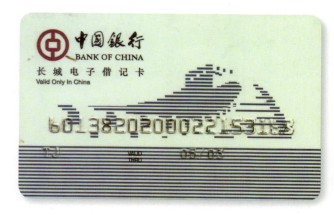

长城电子借记卡　1★

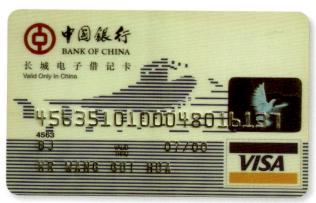

长城电子借记卡　1★

长城海南免税借记卡　5 ★

长城海南航空借记卡　5 ★

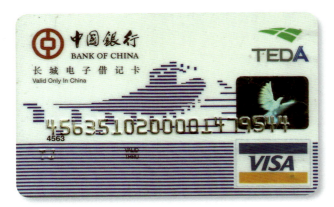

长城泰达借记卡　4 ★

长城海南航空借记卡　2 ★

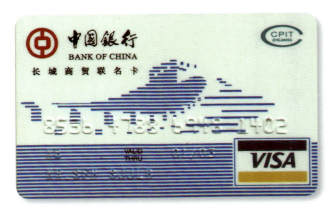

长城商贸联名卡　2 ★

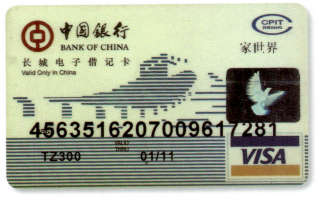

长城家世界联名卡　1 ★

长城平安保险借记卡　1★

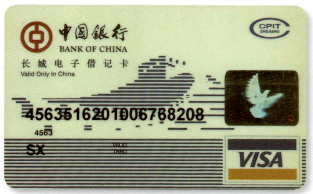

长城商贸联名卡　1★

长城华宇集团借记卡　1★

长城家乐超市借记卡　1★

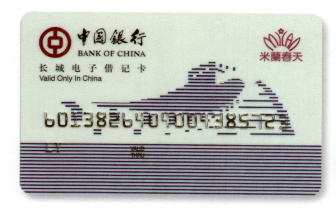

长城米栏春天借记卡　4★

长城友谊商场借记卡　3★

长城新大洲借记卡　4 ★

长城致远广场联名卡　3 ★

长城新闻报借记卡　4 ★

长城杭州大学借记卡　3 ★

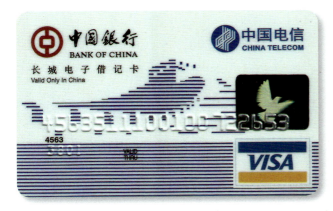

长城中国电信借记卡　2 ★

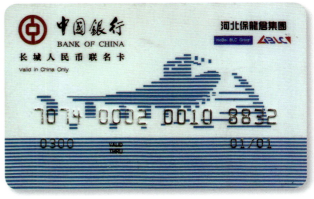

长城保龙仓借记卡　2 ★

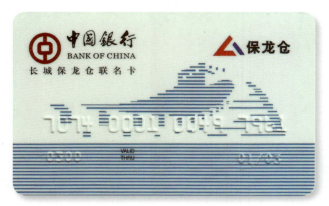

长城保龙仓借记卡　2 ★

长城尚德大厦借记卡　5 ★

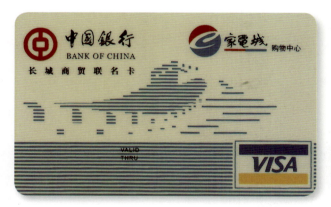

长城家电城借记卡　5 ★

长城天津大荣借记卡　4 ★

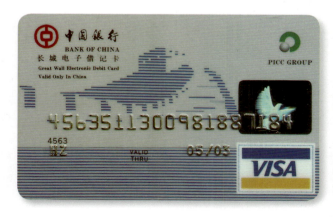

长城人保借记卡　2 ★

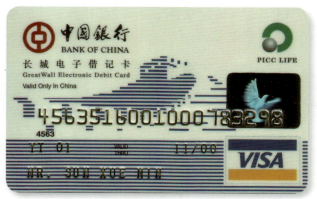

长城人保借记卡　2 ★

长城社会医保结算卡　3 ★

长城社会医保结算卡　3 ★

长城社会医保结算卡　3 ★

长城凯旋门百货借记卡　1 ★

长城百盛卡　3 ★

长城联通借记卡　4 ★

长城电子借记智能卡　3 ★

长城百盛借记卡　2 ★

长城电子专用卡　2 ★

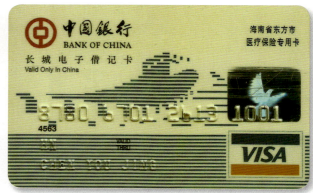

长城医疗保险专用卡　4 ★

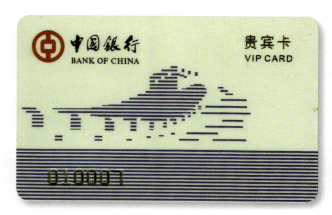

长城贵宾卡　4 ★

长城利百得借记卡　4 ★

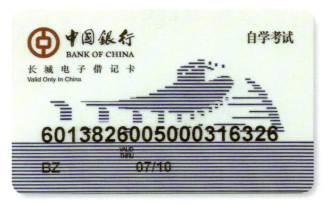

长城自学考试借记卡　1★

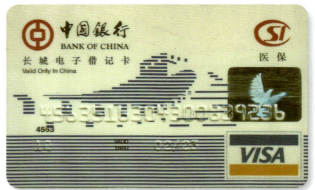

长城医保借记卡　2★

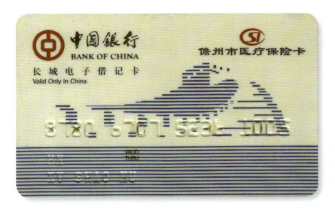

长城医保卡　4★

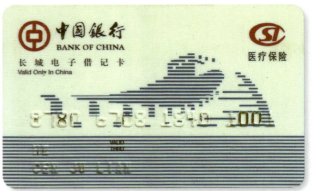

长城医保借记卡　2★

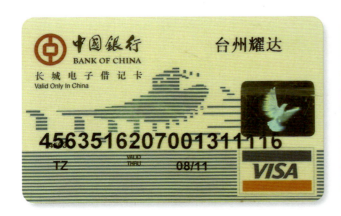

长城台州耀达借记卡　1★

长城联通卡　3★

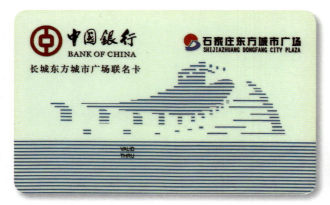
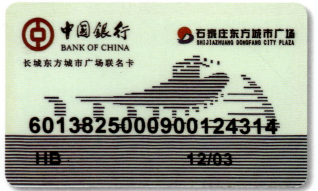

长城东方城市广场联名卡　2★　　　　　　长城东方城市广场联名卡　2★

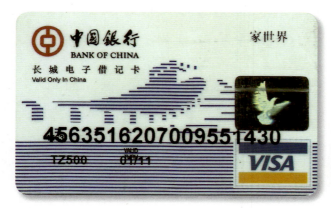

长城家世界借记卡　1★　　　　　　　长城家世界超市借记卡　1★

长城茶陵支行专用卡　3★　　　　　　长城公安交通借记卡　2★

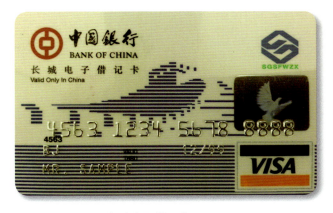

长城电子借记卡 5 ★

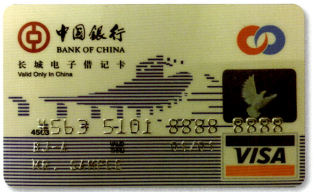

长城电子借记卡 5 ★

长城医保借记卡 2 ★

长城医保借记卡 2 ★

长城自学考试借记卡 1 ★

长城北京华联借记卡 3 ★

长城北京华联借记卡　3 ★

长城中信万通证券借记卡　3 ★

长城凯旋门百货借记卡　1 ★

长城鄂州公交借记卡　3 ★

长城齐鲁证券借记卡　4 ★

长城桃源大世界借记卡　4 ★

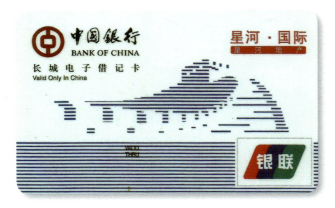

长城星河国际借记卡　4 ★

长城社会保障卡　2 ★

长城社保联名卡　2 ★

长城武汉晚报借记卡　1 ★

长城消费者协会借记卡　4 ★

长城世贸集团借记卡　3 ★

长城第一百货借记卡　2★

长城文峰大世界借记卡　2★

长城时代借记卡　4★

长城利群集团借记卡　3★

长城丰田汽车借记卡　4★

长城佳乐家借记卡　4★

长城安徽华贸借记卡　4 ★

长城友嘉购物借记卡　3 ★

长城广发证券借记卡　3 ★

长城永隆城市广场银行卡　5 ★

长城华安证券借记卡　5 ★

长城新一百借记卡　1 ★

长城山姆士超市　3 ★

长城田森超市　4 ★

长城奥体新城借记卡　4 ★

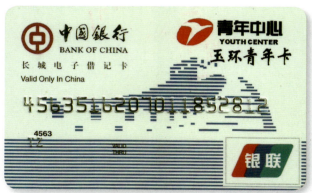

长城青年中心借记卡　4 ★

长城中银理财借记卡　2 ★

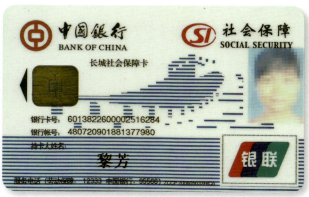

长城社会保障卡　2 ★

长城友谊购物借记卡 2 ★

长城雅乐居借记卡 4 ★

长城深圳晚报借记卡 1 ★

长城天津电力借记卡 4 ★

长城华中科技大学借记卡 1 ★

长城社保联名卡 1 ★

长城保龙仓借记卡　1★

长城医疗保险借记卡　2★

长城华联商厦借记卡　1★

长城济南铁路局借记卡　1★

长城中银理财借记卡　2★

长城天津商联借记卡　1★

长城天津商联借记卡　1★

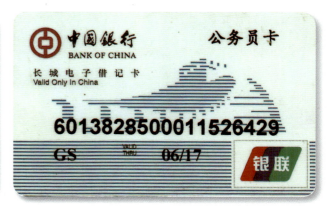

长城公务员卡　5★

长城华龙证券借记卡　5★

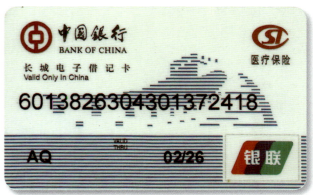

长城医保借记卡　1★

长城好又多智能卡　3★

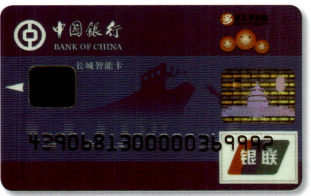

长城好又多智能卡　3★

长城好又多智能卡　3 ★

长城理想之家会员卡　2 ★

长城建业会桂花卡　3 ★

长城建业会桂花卡　4 ★

长城建业会兰花卡　4 ★

长城建业会百合卡　4 ★

长城借记卡　3★

长城借记卡　3★

长城成达联名卡　4★

长城★河丹堤联名卡　4★

长城公众通卡　4★

长城恒泰证券联名卡　3★

长城国元证券联名卡　4 ★

长城东吴证券联名卡　4 ★

长城华泰证券联名卡　4 ★

长城医保联名卡　4 ★

长城中国科学院联名卡　4 ★

长城雨润集团借记卡　4 ★

长城内江师范学院借记卡　　3 ★

长城扬州广电借记卡　　3 ★

长城烹饪专科学校借记卡　　3 ★

长城内江师范学院借记卡　　3 ★

长城建发房产会员卡　　3 ★

长城华东理工大学联名卡　　3 ★

长城理想之家房车卡　2★

长城理想之家房车卡　2★

长城中国人联名卡　2★

长城中国人联名卡　2★

长城中国人联名卡　2★

长城中国人联名卡　2★

长城中国美亚借记卡　2 ★

长城北京华联借记卡　3 ★

长城联华借记卡　1 ★

长城南通大润发借记卡　3 ★

长城百联 OK 联名卡　2 ★

长城株洲百货联名卡　3 ★

长城富山诚达联名卡　3 ★

长城洛阳公积金联名卡　4 ★

长城打折通行证联名卡　2 ★

长城湘潭劳动保障借记卡　3 ★

长城校园卡　2 ★

长城深圳通借记卡　2 ★

长城易家网联名卡　2 ★

长城公积金管理中心借记卡　3 ★

长城大陆联名卡　3 ★

长城比亚迪汽车联名卡　4 ★

长城泰富集团借记卡　2 ★

长城富临集团借记卡　4 ★

长城中海地产联名卡　2★

长城国信证券借记卡　2★

长城中银汇兑借记卡　3★

长城中豪国际★城借记卡　4★

长城花季卡　2★

长城花季卡　2★

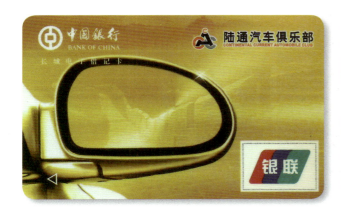

长城陆通汽车俱乐部借记卡　4 ★

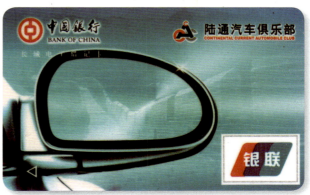

长城陆通汽车俱乐部借记卡　4 ★

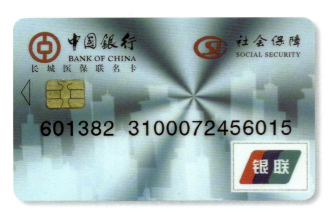

长城医保联名卡　2 ★

长城家佳友惠民卡　2 ★

长城江西旅游借记卡　4 ★

长城江西旅游借记卡　4 ★

长城江西旅游借记卡　4 ★

长城江西旅游借记卡　4 ★

长城江西旅游借记卡　4 ★

长城江西旅游借记卡　4 ★

长城江西旅游借记卡　4 ★

长城江西旅游借记卡　4 ★

第十五章
中银香港集团银行卡及海外银行卡

南洋商业银行发达卡　8 ★

南洋商业银行万事发达卡　8 ★

南洋商业银行借记卡　4 ★

中银香港分行借记卡　4 ★

广东省银行借记卡　5★

交通银行银行借记卡　5★

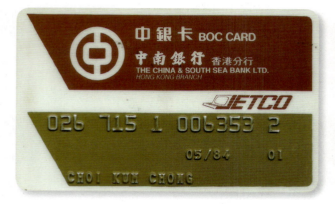

中南银行借记卡　5★

新华银行借记卡　5★

国华商业银行借记卡　5★

金城银行借记卡　5★

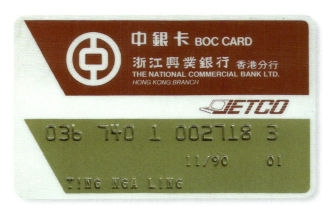

浙江兴业银行借记卡　5 ★

盐业银行借记卡　5 ★

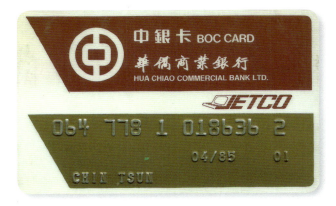

华侨商业银行借记卡　5 ★

宝生银行借记卡　5 ★

澳门南通银行借记卡　5 ★

集友银行借记卡　5 ★

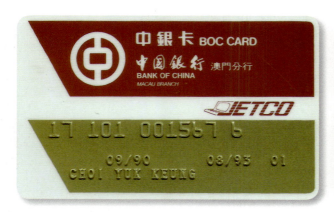

中银澳门分行借记卡　4 ★

金城银行借记卡　3 ★

国华商业银行借记卡　3 ★

浙江兴业银行借记卡　3 ★

中银香港分行借记卡　3 ★

宝生银行借记卡　3 ★

集友银行借记卡　3 ★

华侨商业银行借记卡　3 ★

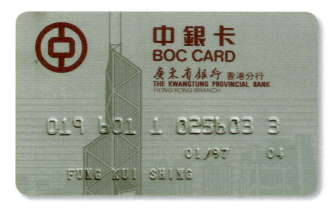

广东省银行借记卡　3 ★

新华银行借记卡　3 ★

南洋商业银行借记卡　2 ★

盐业银行借记卡　3 ★

交通银行借记卡　3 ★

中南银行借记卡　3 ★

中银香港分行借记卡　3 ★

集友银行借记卡　4 ★

宝生银行借记卡　4 ★

盐业银行借记卡　4 ★

中银香港借记卡　3 ★

新华银行借记卡　4 ★

中南银行借记卡　4 ★

华侨商业银行借记卡　4 ★

浙江兴业银行借记卡　4 ★

中银香港分行借记卡　2 ★

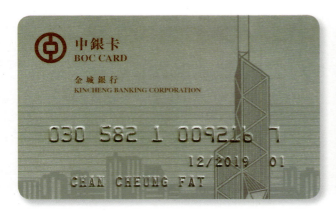

金城银行借记卡　3 ★

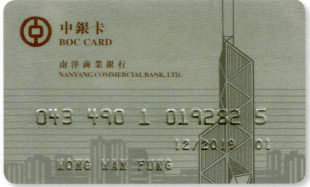

中银南洋商业银行借记卡　2 ★

国华商业银行借记卡　4 ★

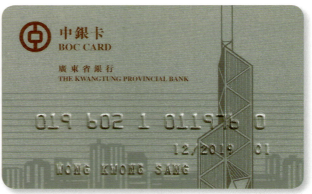

广东省银行借记卡　3 ★

浙江兴业银行智能中银卡　6 ★

广东省银行智能中银卡　6 ★

新华银行智能中银卡　6★

南洋商业银行智能中银卡　5★

金城银行智能中银卡　6★

交通银行智能中银卡　6★

国华商业银行智能中银卡　6★

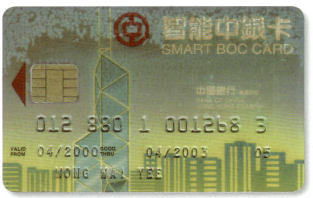

香港分行智能中银卡　5★

南洋商业银行智能中银卡　5 ★

广东省银行智能中银卡　6 ★

中南银行智能中银卡　6 ★

盐业银行智能中银卡　6 ★

香港分行智能中银卡　5 ★

中南银行智能中银卡　6 ★

华侨商业银行智能中银卡　6 ★

新华银行智能中银卡　6 ★

集友银行智能中银卡　6 ★

金城银行智能中银卡　6 ★

中银维萨现金卡　6 ★

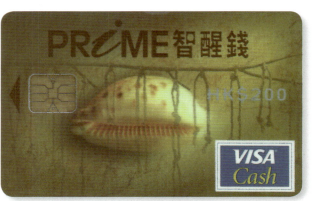

中银维萨现金卡　6 ★

中银维萨现金卡　6★

中银维萨现金卡　6★

中银维萨现金卡　5★

中银维萨现金卡　6★

中银维萨现金卡　6★

中银易达钱借记卡　2★

中银好自在借记卡　2 ★

盐业银行尊贵理财卡　4 ★

中银香港借记卡　1 ★

中银香港借记卡　2 ★

中银澳门分行借记卡　5 ★

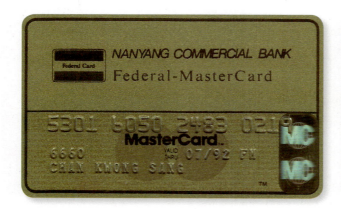

南洋商银行万事发达卡　9 ★

南洋商银行万事发达卡　9 ★

宝生银行发达卡　7 ★

金城银行发达卡　7 ★

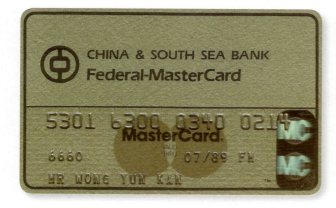

中南银行发达卡　7 ★

澳门分行发达卡　7 ★

华侨商业银行发达卡　7 ★

交通银行发达卡　7 ★

香港分行发达卡　7 ★

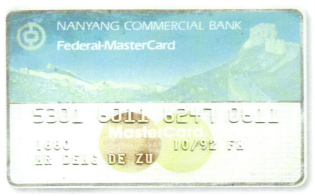

南洋商业银行发达卡　7 ★

南洋商业银行发达卡　7 ★

南洋商业银行万事发达商务卡　6 ★

南洋商业银行万事发达商务卡　5 ★

南洋商业银行万事发达商务卡　5 ★

盐业银行金卡　7 ★

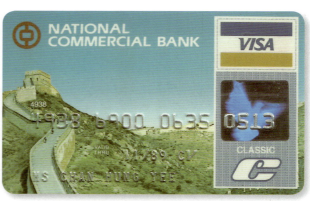

国华商业银行普卡　7 ★

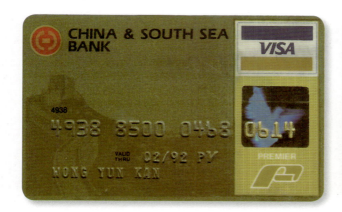

中南银行金卡　7 ★

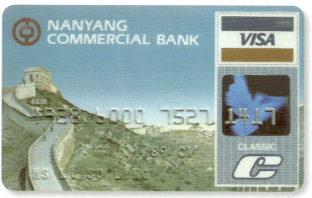

南洋商业银行普卡　7 ★

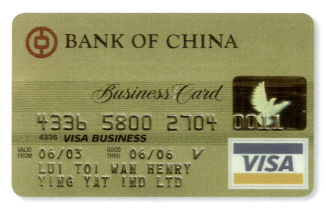

中银香港分行商务卡　6 ★

中银香港分行商务卡　7 ★

中银香港分行商务卡　6 ★

中银香港分行商务卡　7 ★

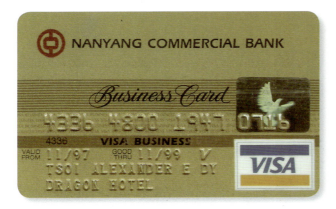

南洋商业银行商务卡　6 ★

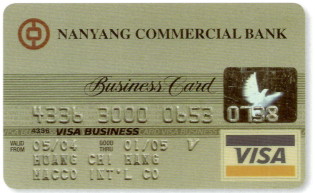

南洋商业银行商务卡　7 ★

金城银行商务卡　7 ★

金城银行商务卡　7 ★

交通银行商务卡　7 ★

交通银行商务卡　7 ★

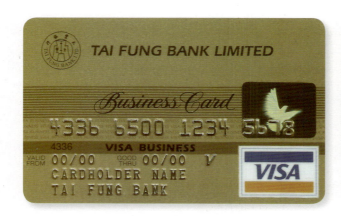

大丰通银行商务卡　7 ★

大丰银行商务卡　7 ★

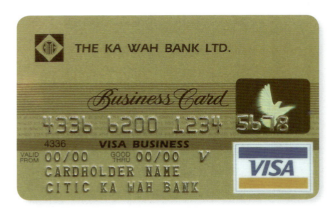

嘉华银行商务卡　7 ★

嘉华商务卡　7 ★

友联商务卡　7 ★

友联商务卡　7 ★

浙江兴业银行商务卡　7 ★

广东省银行商务卡　7 ★

新华银行商务卡　7 ★

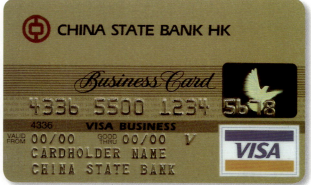

国华商业银行商务卡　7 ★

宝生银行商务卡　7 ★

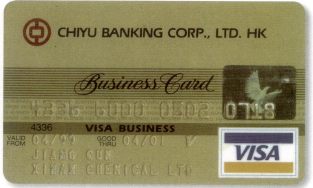

集友银行商务卡　7 ★

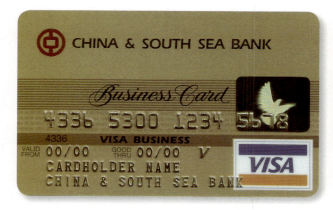

中南银行商务卡　7 ★

交通银行商务卡　7 ★

中银香港公司卡　6 ★

华侨商业银行商务卡　7 ★

南洋商业银行公司卡　5 ★

交通银行商务卡　6 ★

南洋商业银行公司卡　6 ★

中银香港公司卡　6 ★

中银香港商务卡　5 ★

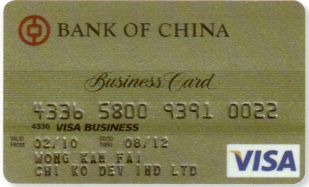

中银香港商务卡　5 ★

集友银行商务卡　5 ★

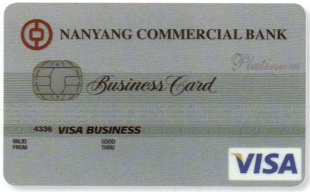

南洋商业银行商务卡　5 ★

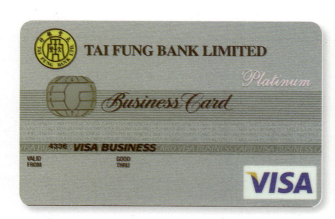

大丰银行商务卡　5 ★

大丰银行商务卡　4 ★

中银香港商务卡　3 ★

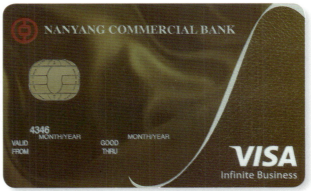

南洋商业银行商务无限卡　5 ★

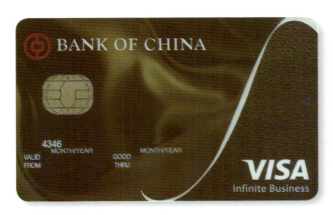

中银香港商务无限卡　5 ★

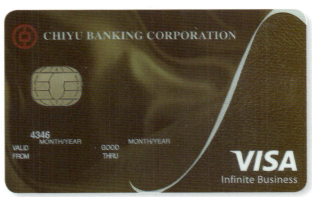

集友银行商务无限卡　5 ★

华侨商业银行　7 ★

新华银行白金卡　7 ★

中银香港分行白金卡　7 ★

中南银行白金卡　7 ★

金城银行白金卡　7 ★

国华商业银行白金卡　7 ★

盐业银行白金卡　7 ★

宝生银行白金卡　7 ★

浙江兴业银行白金卡　7 ★

集友银行白金卡　7 ★

长广东省银行白金卡　7 ★

南洋商业银行白金卡　7 ★

中银白金信用卡　6 ★

中银香港白金卡　4 ★

南洋商业银行白金卡　6 ★

中银澳门分行白金卡　6 ★

中银香港白金卡　3 ★

集友银行白金卡　4 ★

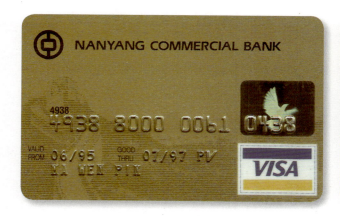

南洋商业银行维萨金卡　5 ★

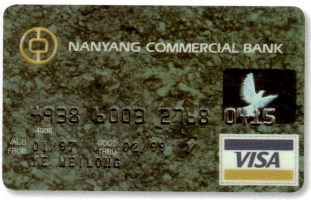

南洋商业银行维萨普卡　5 ★

中银香港分行维萨金卡　5 ★

中银香港分行维萨普卡　5 ★

交通银行维萨金卡　5 ★

交通银行维萨普卡　5 ★

新华银行维萨金卡　5 ★

新华银行维萨普卡　5 ★

金城银行维萨金卡　5 ★

金城银行维萨普卡　5 ★

华侨商业银行维萨金卡　5 ★

华侨商业银行维萨普卡　5 ★

广东省银行维萨金卡　5 ★

广东省银行维萨普卡　5 ★

中南银行维萨金卡　5 ★

中南银行维萨普卡　5 ★

国华商业银行维萨金卡　5 ★

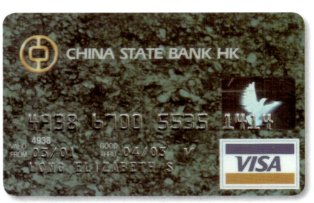

国华商业银行维萨普卡　5 ★

浙江兴业银行维萨金卡　5 ★

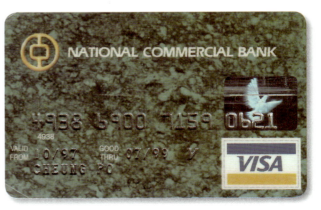

浙江兴业银行维萨普卡　5 ★

盐业银行维萨金卡　5 ★

盐业银行维萨普卡　5 ★

宝生银行维萨金卡　5 ★

宝生银行维萨普卡　5 ★

集友银行维萨金卡　5 ★

集友银行维萨普卡　5 ★

中银澳门分行维萨金卡　5 ★

中银澳门分行维萨普卡　5 ★

交通银行维萨金卡　5 ★

交通银行维萨普卡　5 ★

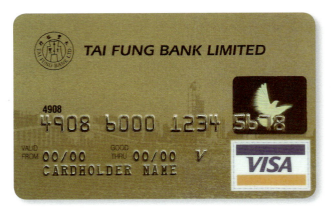

大丰银行维萨金卡　5 ★

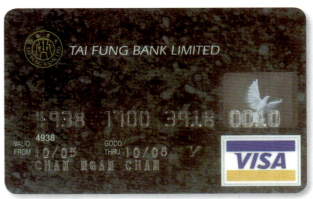

大丰银行维萨普卡　5 ★

友联银行维萨金卡　5 ★

友联银行维萨普卡　5 ★

大丰银行维萨金卡　5 ★

华联银行维萨金卡　5 ★

中银香港分行万事达金卡　5 ★

中银南洋商业银行万事达金卡　5 ★

新华银行万事达金卡　5 ★

广东省银行万事达金卡　5 ★

集友银行万事达金卡　5 ★

华侨商业银行万事达金卡　5 ★

盐业银行万事达金卡　5 ★

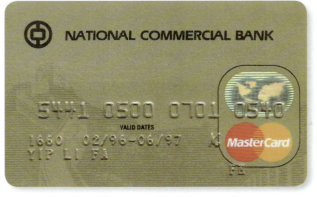

浙江兴业银行万事达金卡　5 ★

国华商业银行发达金卡　6 ★

国华商业银行万事达金卡　5 ★

中南银行万事达金卡　6 ★

中南银行万事达金卡　5 ★

中银澳门分行万事达金卡　5 ★

大丰银行万事达金卡　5 ★

国华商业银行万事达普卡　5 ★

中银香港分行万事达普卡　5 ★

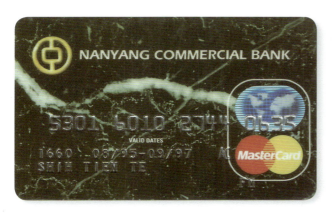

中银南洋商业银行万事达普卡　5 ★

金城银行万事达普卡　5 ★

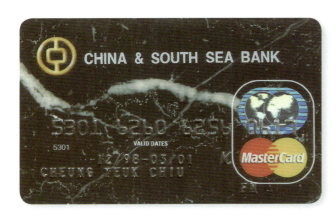

中南银行万事达普卡　5 ★

交通银行万事达普卡　5 ★

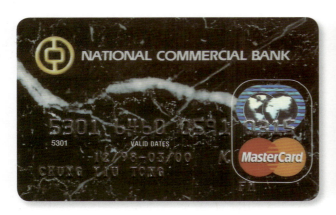

浙江兴业银行万事达普卡　5 ★

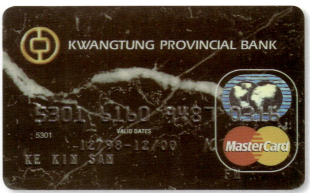

广东省银行万事达普卡　5 ★

新华银行万事达普卡　5 ★

华侨商业银行万事达普卡　5 ★

中银澳门分行万事达普卡　5 ★

宝生银行万事达普卡　5 ★

交通银行万事达普卡　5 ★

盐业银行万事达普卡　5 ★

中银南洋商业银行万事发达普卡　5 ★

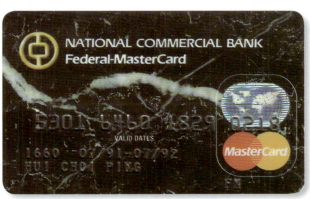

浙江兴业银行万事发达普卡　5 ★

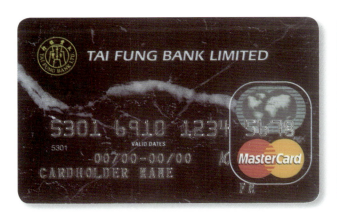

大丰银行万事达普卡　5 ★

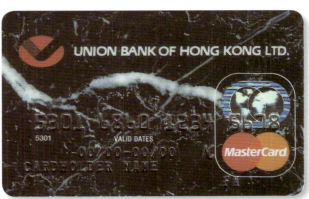

友联银行万事达普卡　5 ★

中银澳门分行万事达金卡　4 ★

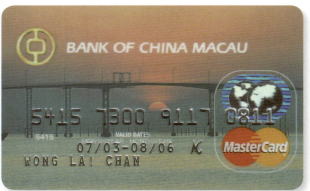

中银澳门分行万事达普卡　4 ★

中银澳门维萨金卡　4 ★

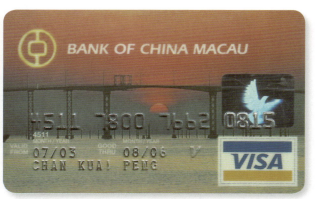

中银澳门分行维萨普卡　4 ★

大丰银行万事达金卡　4 ★

大丰银行万事达金卡　4 ★

大丰银行维萨金卡　4 ★

大丰银行万事达金卡　4 ★

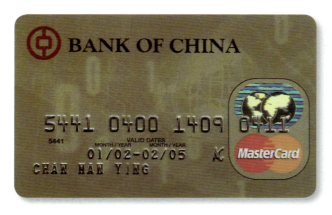

中银香港信用卡　3 ★

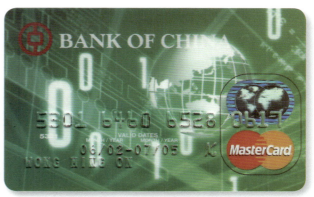

中银香港信用卡　3 ★

中银香港信用卡　3 ★

中银香港信用卡　3 ★

中银香港信用卡　3 ★

中银香港信用卡　3 ★

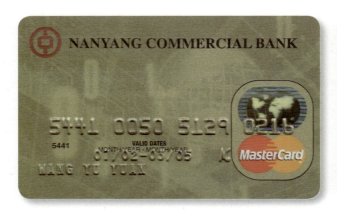

南洋商业银行信用卡　4 ★

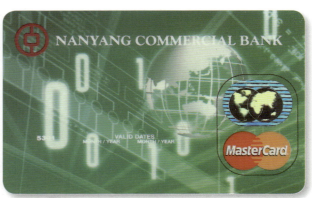

南洋商业银行信用卡　4 ★

南洋商业银行信用卡　4 ★

南洋商业银行信用卡　4 ★

集友银行信用卡　4 ★

集友银行信用卡　4 ★

集友银行信用卡　4 ★

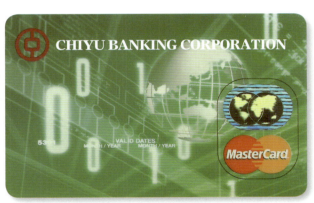

集友银行信用卡　4 ★

中银香港白金卡　3 ★

中银香港理财白金卡　2 ★

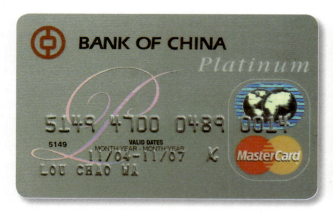

中银澳门分行白金卡　3 ★

中银香港理财白金卡　3 ★

中银香港太金卡　2 ★

集友银行钛金卡　3 ★

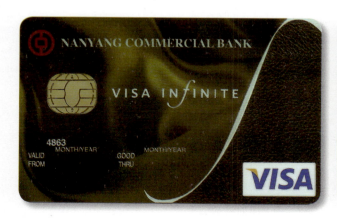

南洋商业银行无限卡　5 ★

集友银行无限卡　5 ★

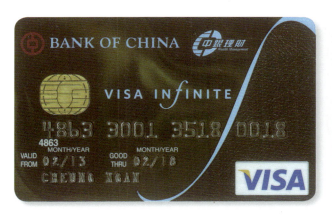

中银香港理财无限卡　5 ★

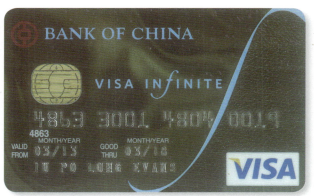

中银香港无限卡　5 ★

集友银行白金卡　3 ★

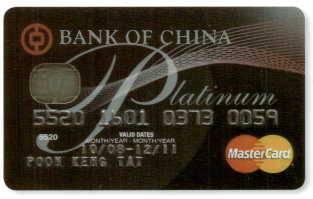

中银香港白金卡　3 ★

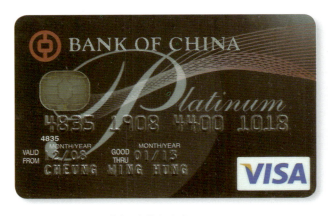

中银香港白金卡　3 ★

中银香港白金卡　3 ★

中银香港信用卡金卡　5★

中银香港信用卡普卡　5★

南洋商业银行人民币信用卡　5★

中银香港白金卡　4★

南洋商业银行白金卡　4★

集友银行白金卡　4★

南洋商业银行世界卡　5 ★

集友银行世界卡　5 ★

中银香港世界卡　5 ★

中银香港回归纪念卡　5 ★

中银香格里拉联名卡　5 ★

中银香格里拉联名卡　5 ★

中银澳门濠江中学认同卡　5 ★

中银澳门濠江中学认同卡　5 ★

中银香港科技大学认同卡　5 ★

中银香港科技大学认同卡　5 ★

中银香港科技大学认同卡　5 ★

中银香港科技大学认同卡　5 ★

中银埃索联名金卡　5 ★

中银埃索联名普卡　5 ★

中银澳门回归纪念卡　8 ★

中银澳门回归纪念卡　8 ★

中银香港总商会认同卡　5 ★

中银香港总商会认同卡　5 ★

中银信和集团联名卡　5 ★

中银信和集团联名卡　4 ★

中银信和集团联名卡　4 ★

中银复旦大学认同卡　5 ★

中银复旦大学认同卡　5 ★

中银复旦大学认同卡　5 ★

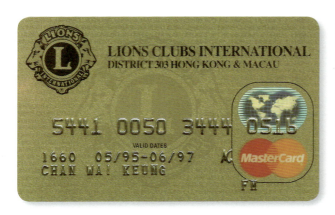

中银狮子会俱乐部联名卡　5 ★

中银狮子会俱乐部联名卡　4 ★

中银香港工会联合会认同卡　4 ★

中银香港工会联合会认同卡　4 ★

中银香港总商会认同卡　5 ★

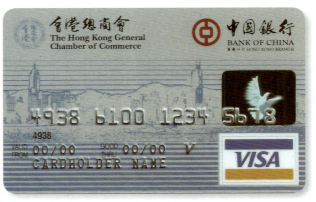

中银香港总商会认同卡　5 ★

中银邮局娱乐俱乐部联名卡　5 ★

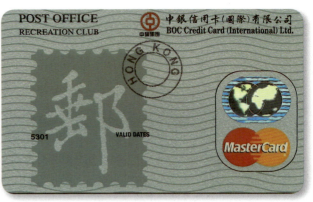

中银邮局娱乐俱乐部联名卡　5 ★

中银香港总商会认同卡　5 ★

中银邮局娱乐俱乐部联名卡　4 ★

中银中旅联名卡　5 ★

中银中旅联名卡　5 ★

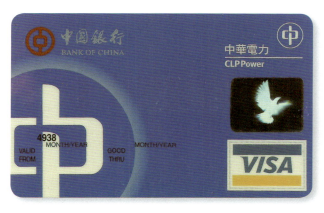

中银中华电力联名卡　5 ★

嘉华银行信用卡　5 ★

新华银行润迅通信联名卡　5 ★

新华银行润迅通信联名卡　5 ★

中银香港润迅通信联名卡　5 ★

中银香港润迅通信联名卡　5 ★

中银东华三院认同卡　5 ★

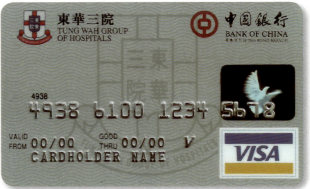

中银东华三院认同卡　5 ★

大丰银行澳门电讯联名卡　4 ★

大丰银行澳门电讯联名卡　4 ★

国华商业银行新界工商业总会联名卡　5 ★

国华商业银行新界工商业总会联名卡　5 ★

交通银行新界工商业总会联名卡　5 ★

交通银行新界工商业总会联名卡　5 ★

南洋商业银行香港教育工作者联会　5 ★

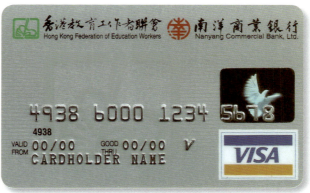

南洋商业银行香港教育工作者联会　5 ★

集友银行香港明爱联名卡　5 ★

集友银行香港明爱联名卡　5 ★

华侨商业银行樹仁学院联名卡　5 ★

华侨商业银行樹仁学院联名卡　5 ★

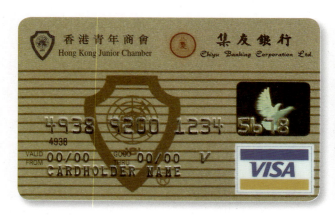

集友银行香港青年商会认同卡　5 ★

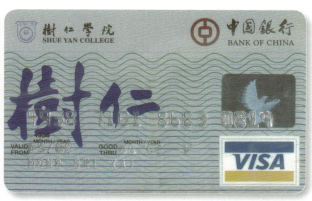

中银香港樹仁学院联名卡　5 ★

友联银行招商局集团联名卡　5 ★

友联银行招商局集团联名卡　5 ★

中南银行商联会联名卡　5 ★

中银中南银行希望工程基金会认同卡　6 ★

中银中南银行希望工程基金会认同卡　4 ★

中银中南银行希望工程基金会认同卡　4 ★

中银中南银行希望工程基金会认同卡　4 ★

中银中南银行希望工程基金会认同卡　4 ★

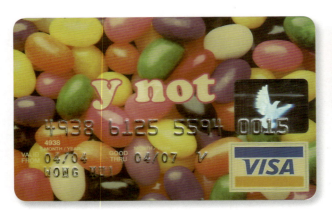

中银 y not 信用卡　3 ★

中银 U-point 信用卡　4 ★

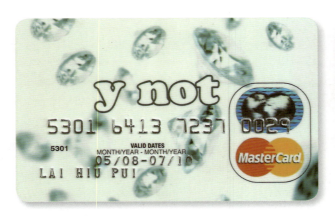

中银 y not 信用卡　4 ★

中银 U-point 信用卡　4 ★

中银 y not 信用卡　4 ★

中银 y not 信用卡　4 ★

中银 y not 信用卡　4 ★

中银 y not 信用卡　4 ★

中银 y not 信用卡　4 ★

中银 y not 信用卡　4 ★

中银 y not 信用卡　4 ★

中银 y not 信用卡　4 ★

中银 y not 信用卡　4 ★

大丰银行 2002 世界杯联名卡　7 ★

大丰银行 2006 世界杯联名卡　7 ★

大丰银行 2004 欧洲杯联名卡　7 ★

中银 1998 世界杯联名卡　6 ★

中银澳门分行 2006 世界杯联名卡　7 ★

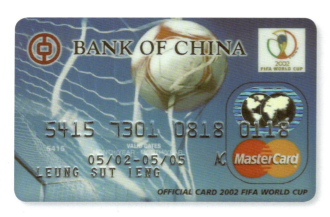

中银澳门分行 2002 世界杯联名卡　7 ★

中银澳门分行 2004 欧洲杯联名卡　7 ★

中银澳门分行 2016 世界杯联名卡　7 ★

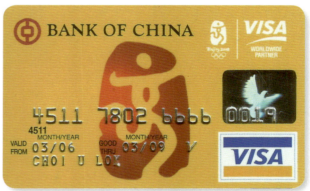

中银澳门分行奥运卡　7 ★

中银澳门分行奥运卡

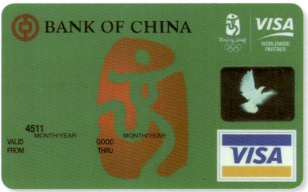

中银澳门分行奥运卡

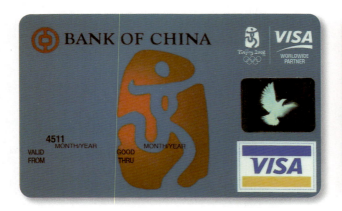

中银澳门分行奥运卡

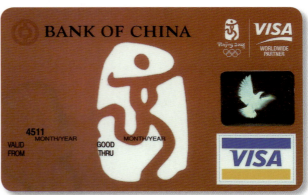

中银澳门分行奥运卡

中银香港分行奥运卡

中银香港分行奥运卡　7 ★

中银香港分行奥运卡

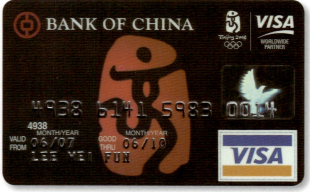

中银香港分行奥运卡

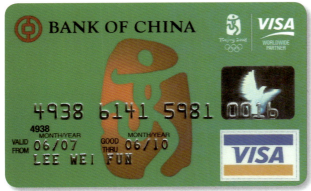

中银香港分行奥运卡

中银香港 2008 奥运卡　7 ★

中银香港 2008 奥运卡

中银香港 2008 奥运卡

中银香港 2008 奥运卡

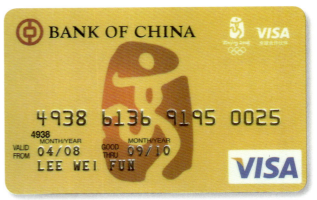

中银香港 2008 奥运卡

中银香港 2008 奥运卡

中银香港奥运预付卡　4 ★

中银香港奥运预付卡

中银香港奥运预付卡

中银香港奥运预付卡

中银香港奥运预付卡

中银澳门 2010 世界杯预付卡　6 ★

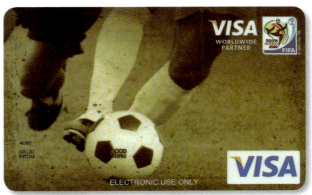

中银澳门 2010 世界杯预付卡

中银澳门 2010 世界杯预付卡

中银澳门 2010 世界杯预付卡

中银澳门 2010 世界杯预付卡

中银澳门工联认同卡　4 ★

中银香港科技大学认同卡　4 ★　　　　中银香港科技大学认同卡　4 ★

中银香港科技大学认同卡　3 ★　　　　中银香港科技大学认同卡　4 ★

中银香港科技大学认同卡　4 ★　　　　中银香港科技大学认同卡　4 ★

中银香港科技大学认同卡　3 ★

中银埃索联名卡　3 ★

中银埃索联名卡　3 ★

中银埃索联名卡　3 ★

中银香港理财卡　3 ★

中银香港理财卡　3 ★

中银香港礼物卡　2 ★

中银香港新加坡航空联名卡　3 ★

中银香港樹仁大学认同卡　3 ★

中银香港樹仁大学认同卡　3 ★

中银香港工会联合会联名卡　2 ★

中银香恒地会联名卡　3 ★

中银香港科技大学认同卡　4 ★

新加坡万事达龙卡白金卡　9 ★

新加坡万事达龙卡金卡　8 ★

新加坡万事达龙卡普卡　8 ★

新加坡维萨龙卡金卡　8 ★

新加坡维萨龙卡普卡　8 ★

新加坡维萨金卡　7 ★

新加坡维萨普卡　7 ★

新加坡万事达白金卡　7 ★

新加坡万事达白金卡　6 ★

伦敦维萨龙腾金卡　8 ★

伦敦维萨龙腾普卡　8 ★

伦敦维萨龙腾金卡　7 ★

伦敦维萨奥运联名卡　7 ★

悉尼长城环球通信用金卡　6 ★

悉尼长城环球通信用普卡　6 ★

悉尼长城环球通信用普卡　6 ★

加拿大长城环球通湛山平安卡　6 ★

加拿大长城环球通信用卡　6 ★

加拿大长城环球通信用卡　6 ★

曼谷长城环球通白金卡　5 ★

金边分行长城环球通金卡　5 ★

金边分行长城环球通普卡　5 ★

中银香港会计师公会联名卡　3 ★

新加坡分行借记卡　8 ★

新加坡分行借记卡　7 ★

新加坡分行借记卡　7 ★

澳大利亚分行借记卡　7 ★

澳大利亚分行借记卡　5 ★

加拿大分行借记卡　5 ★

加拿大分行信用卡　7 ★

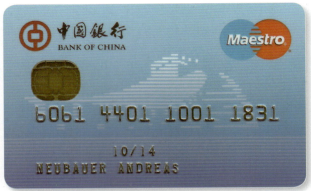

法兰克福分行借记卡　6 ★

雅加达分行借记卡　6 ★

伦敦分行借记卡　7 ★

伦敦分行借记卡　6 ★

伦敦分行借记卡　6 ★

首尔分行借记卡　5 ★

首尔分行借记卡　5 ★

首尔分行借记卡　5 ★

首尔分行借记卡　5 ★

首尔分行借记卡　5 ★

巴黎分行借记卡　6 ★

后记一

中国银行业大事记

1979 年

1 月，中国银行广东分行与香港东亚银行签订代理东美信用卡业务协议书，开始办理此项业务，信用卡在中国境内出现。

4 月，中共中央工作会议在京召开，会议正式提出对国民经济实行"调整、改革、整顿、提高"的方针。

1980 年

中国银行广东分行相继与香港汇丰、麦加利银行、美国运通公司签约，为上述银行代理信用卡取现业务。

1981 年

9 月，中国银行与香港东亚银行签署代办维萨卡和万事达卡业务协议书，维萨卡和万事达卡进入中国。

1982 年

10 月，中国银行与日本东海银行签订了"中国银行受理百万卡直接购货协议书"。

10 月，中国银行与日本三和银行、日本株式会社 JCB 国际公司签订了"中国银行代办 JCB 卡取现和直接购货协议书"，JCB 卡进入中国。

10 月，中国银行与香港汇丰银行签订了"中国银行代理万事达卡和维萨卡直接购货协议书"。

1983 年

3 月，中国银行与美国花旗银行签订了"中国银行代理大莱卡取现和直接购货协议书"，大莱卡进入中国。

1985 年

1 月 11 日，珠海市人民政府批复中国银行珠海分行同意成立"珠海市信用卡有限公司"，国内首家经营信用卡业务的机构成立。

6 月，中国银行珠海分行发行了"中银卡"，中国第一张信用卡诞生。

1986 年

2 月，珠海分行首批购置了四台自动柜员机（ATM），引进了我国第一代银行无人自助服务终端。

6 月，中国银行北京分行发行了外汇人民币长城记账卡，开启了长城卡的发卡历史。

10 月，中国银行在全行系统内推广发行长城信用卡，这是我国第一张在全国范围内发行的长城卡。

1987 年

3 月，中国银行加入万事达卡国际组织，成为国内第一家该组织会员银行。

10 月，中国银行加入 VISA 国际组织，成为国内第一家该组织会员银行。

10 月，中国银行第一次全国信用卡业务工作会议在秦皇岛召开。

11 月，中国银行开办信用卡异地大额购物结算业务。

12 月，中国银行珠海分行首家发行第一张长城提款卡，成为我国境内第一张 ATM 提款卡，该卡限珠海当地储蓄所使用。

1988 年

2 月，万事达卡国际组织在北京设立代表处。

6 月，中国银行信用卡授权总中心在北京成立，办理万事达卡和 VISA 卡的授权业务。

6 月，中国银行成功推出国内第一张外汇卡——外汇长城卡。

8 月，中国银行发行了国内第一张人民币长城万事达卡。

10 月，中国银行成为国内首家成功接通万事达卡处理中心和维萨卡处理中心环球卫星通讯网络的银行。

1989 年

4 月，中国人民银行提出推行"三票一卡"（即汇票、本票、支票和信用卡）的结算方式，为信用卡事业的发展起到重要的推动作用。

8 月，中国银行发行国内第一张人民币长城维萨卡。

1991 年

3 月，中国银行实现了万事达卡在中国直接收单清算。

9 月，中国银行西藏分行发行了人民币长城卡，长城卡成为我国第一张在全国范围内发行的信用卡。

1992 年

4 月，中国银行实现了 Visa 卡在中国直接收单清算。

5 月，万事达卡国际组织与各专业银行在北京举行中国基本信用卡市场推广费用协议签字仪式。

12 月，中国人民银行颁布《信用卡业务管理暂行办法》，自 1993 年 1 月 1 日起实行。

12 月，深圳发展银行发行了"发展卡"，这是国内首张具有抵押功能的银行卡。

1993 年

3 月，中国人民银行组织制定完成了《银行 IC 卡联合试点业务总体方案》和《银行 IC 卡联合试点技术总体方案》。

6 月，江泽民总书记针倡导全民推广使用信用卡，在全国范围内启动以电子货币应用为重点的各类卡基应用系统工程——金卡工程。

9 月，中国银行新加坡分行发行 VISA 龙卡和万事达龙卡，中国信用卡发行走向世界舞台。

10 月，中国工商银行上海分行与上海华联商厦联合发行国内首张出现广告语的银行卡——工商华联联名卡。

11 月，中国共产党第十四届三中全会在京召开。通过了《关于建立社会主义市场经济若干问题的决定》，明确提出以提高结算效率，减少现金流通为目标，在全国推广使用信用卡。我国信用卡业务进入重要发展时期。

12 月，VISA 国际组织在北京设立代表处．

1994 年

4 月，中国银行在海口三亚、哈尔滨试点发行国内最早的智能卡——长城智能 IC 卡。

6 月，经国务院批准．在国家金卡工程协调领导小组的指导和金卡办的具体组织协调下，中国人民银行会同各商业银行，确定 12 个省（共 18 个城市）作为金卡工程电子货币应用试点。

9 月，中国人民建设银行率先推出第一张全国通用的借记卡——龙卡转账卡。

1995 年

3 月，广东发展银行发行了国内第一张真正意义的贷记卡——广发信用卡，开创中国信用卡市场的先河。

7 月，招商银行一卡通面世，成为中国银行卡产品创新的标志。

12 月，中国农业银行和上海慈善基金会联合发行了国内第一张认同卡——慈善金穗威士信用卡。

12 月，中国银行发行了首张长城 JCB 外汇信用卡。此卡选取我国宋代名画清明上河图局部图案为背景（取拱桥一段），画面典雅、古朴，墨迹似有似无，是中国境内最早的艺术题材信用卡。

1996 年

1 月，中国人民银行印发《信用卡业务管理办法》，自 1996 年 4 月 1 日起实行。

6 月，中国银行首家发行境内具有国际标准的人民币借记卡——长城电子借记卡。

1997 年

8 月，为加强对银行卡品种管理，明确管理权限，中国人民银行印发《关于加强银行卡品种管理的通知》。

10 月，中国人民银行组织各商业银行，成立金卡工程银行卡信息交换总中心。

1998 年

12 月，中国人民银行印发《银行卡异地跨行业务资金清算规则》。

1999 年

1 月，中国人民银行印发《银行卡业务管理办法》，自 1999 年 3 月 1 日实行。

9 月，全国银行卡工作领导小组正式成立，中国人民银行副行长尚福林任组长。

2000 年

11 月，中国人民银行颁布《银行卡发卡行标识代码及卡号》和《银行卡磁条信息格式和使用规范》两项行业标准。

12 月，中国工商银行发行的牡丹雏鹰卡成为国内第一张被博物馆收藏的银行卡。

12 月，中国银行推出国内首张白金卡——中银 VISA 国际信用卡。

2001 年

2 月，中国人民银行召开全国银行卡工作会议，大力推进银行卡联网通用和联合发展。

3 月，中国人民银行颁布《银行卡联网联合业务规范》、《银行卡联网联合技术规范》和《银行卡磁条卡销售点终端规范行业标准》。

3 月，中国人民银行印发《关于统一启用"银联"标识及全息防伪标识的通知》。

12 月，温家宝同志提出 2002 年银行卡联网通用的"314"目标：在 300 个城市实现商业银行行内银行卡业务联网运行；在 100 个城市实现银行卡的跨行通用；在北京、上海等 45 个大中城市实现各类银行卡的异地跨行通用和发行银联标识卡。

2002 年

1 月，全国统一的"银联"标识卡率先在北京、上海、广州、杭州和深圳五个城市同时发行。

1 月，中国人民银行印发《关于规范联名卡管理的通知》。

3 月，中国人民银行批准中国银联股份有限公司开业（银复［2002］64 号）。

5 月，中国工商银行牡丹卡中心成立，这是国内第一个事业部制相对独立的信用卡中心。

5 月，中国银联加入 VISA 国际组织。

6 月，中国银联加入 MasterCard 国际组织。

11 月，中国银联在深圳地区开通三家银行同城 ATM 跨行转账业务试点．这是国内首次推出银行卡 ATM 自助跨行转账业务。

2003 年

5 月，中国人民银行宣布，全国银行卡联网目标全面实现。

5 月，国家外汇管理局《关于银行外币卡管理有关问题的通知》出台。个人信用卡外汇管制政策解禁，为中国信用卡走向全球、为中国银行卡产业国际化发展奠定了坚实的基础。

6 月，招商银行信用卡全国首家推出"境外消费、人民币还款"服务。

8 月，南京商业银行梅花贷记卡在南京发行。这是中国大陆地区第一张使用中国银联国际 BIN 号—"6"字开头的银行信用（贷记）卡，银联标准的国际卡正式问世。

2004 年

1 月，中国人民银行批准中国银联开办银联人民币卡在香港地区使用的业务。

4 月，中国银行（香港）、汇丰银行等 16 家香港银行正式加入中国银联，成为中国银联正式成员机构。其中，中国银行（香港）于 4 月 30 日率先在香港正式发行银联人民币借记卡和信用卡。

2005 年

1 月，全国人大委员会通过了《刑法修正案（五）》，增加了"妨害信用卡管理罪"。

1 月，中国银联正式开通银联人民币卡在韩国、泰国和新加坡的受理业务。

3 月，中国人民银行颁布《中国金融基层电路（IC）卡规范（V2.0）》，业内简称 PBOC2.0。

4 月，中国人民银行、发展改革委、财政部、商务部、公安部、信息产业部、税务总局、银监会和外汇局等九部门联合发布《关于促进银行卡产业发展的若干意见》，系统地提出了促进银行卡产业发展的政策措施，明确了银行卡发展的指导思想、原则目标和工作要点。

5 月，中国银行和中国银联签署战略合作协议，推动银联标准卡国际化工程。

8 月，中国银行与苏格兰皇家银行集团签署战略性投资与合作协议，在银行卡业务方面开展合作。

2006 年

5 月，中国银联与花旗银行 ATM 双向受理业务正式开通。

6 月，全国银行卡服务咨询委员会在青岛成立。

12 月，中国工商银行、中国建设银行、招商银行相继宣布信月卡发卡量突破 1000 万张。

2007 年

1 月，中国银行与其战略投资者英国苏格兰银行成立信用卡中心。

5 月，温家宝总理视察中国银联上海信息中心，听取了我国银行卡产业和中国银联发展情况的汇报。

6 月，中国银监会印发《关于外商独资银行、中外合资银行开办银行卡业务有关问题的通知》。

2008 年

5 月，中国人民银行征信中心在上海成立。

5 月，东亚银行（中国）有限公司在境内推出银联标准人民币借记卡，这是外资银行在内地发行的首张人民币借记卡。

9 月，上海农村商业银行发行首张信用卡——鑫卡，开启了全国省级农村合作金融机构发行信用卡的先河。

2009 年

3 月，中国银行与台湾最大信用卡发卡行——中国信托商业银行合作，为安利中银联名卡持卡人台湾游大型活动，开通台湾地区持卡消费优惠商户，国内商业银行信用卡用卡优惠首次落地台湾地区。

10 月，工商银行信用卡发卡量突破 5000 万张，成为国内唯一一家信用卡发卡量突破 5000 万张的商业银行。

12 月，中国农业银行推出 3D 境外网上支付业务，为持卡人提供更加安全、便捷的网上用卡服务，进一步提升农行信用卡的金融服务水平。

12 月，最高人民法院和最高人民检察院联合中国人民银行举行新闻发布会，公布了《关于办理妨害信用卡管理刑事案件具体应用法律若干问题的解释》。

2010 年

4 月，中国人民银行颁布《中国金融基层电路（IC）卡规范（V2.0）》（2010 版），业内简称 PBOC2.0 2010 版。

5 月，中国人民银行发布《中国支付体系发展报告（2009）》称，2009 年我国实现银行卡消费交易 34.91 亿笔，金额 6.86 万亿元，银行卡消费额占全年社会消费品零售总额的比重超过 30%。

11 月，中国银行推出国内首张全球人民币结算存贷合一信用卡——"中行长城环球通信用卡"，在国内同业中首创"全球交易单一人民币结算"服务。

2011 年

1 月，中国银行业监督管理委员会发布《商业银行信用卡业务监督管理办法》，主要从管控风险角度对商业银行信用卡业务进行规范。

3 月，中国人民银行印发《关于推进金融 IC 卡应用工作的意见》，决定在全国范围内正式启动银行卡芯片化迁移工作。

2012 年

2 月，中国银行在京隆重举行成立 100 周年大会。

3 月，成都地铁 1 号线和 2 号线开始受理金融 IC 卡，成都成为全国首个实现金融 IC 卡搭乘地铁应用的城市。

9 月，花旗银行（中国）有限公司在上海发行银联人民币信用卡，成为境内首家发行银联信用卡的外资银行。

2013 年

9 月，中国银行宣布，首次研发推出具备电子显示功能的可视银联卡。

12 月，2013 年全国累计发行银行卡 42.14 亿张，人均拥有银行卡 3.11 张，全年银行卡业务 476 亿笔、423 亿元，银行卡已经成为使用频率最高的非现金支付方式。

2014 年

4 月，中国银联联合交通银行、中兴通讯股份有限公司宣布推出移动支付创新产品"迷你 IC 卡"。

4 月，银联单位结算卡在北京发布。银联卡首次涉足单位银行账户系统，成为企业金融服务创新的标志。

10 月，财政部、中国人民银行在北京召开公务卡制度改革座谈会。

2015 年

4 月 22 日，国务院印发了《关于实施银行卡清算机构准入管理的决定》，意味着我国银行卡清算市场将全面开放。

6 月，中国银行发行信用卡 30 周年。

12 月，国内各商业银行陆续停发磁条卡，全面发行芯片卡。

后记二

中国银行银行卡大事记

1979 年

1 月，中国银行广东分行与香港东亚银行签订代理东美信用卡业务协议书，开始办理此项业务，信用卡在中国境内出现。

1980 年

中国银行广东分行相继与香港汇丰、麦加利银行、美国运通公司签约，为上述银行代理信用卡取现业务。

1981 年

9 月，中国银行与香港东亚银行签署代办维萨卡和万事达卡业务协议书，维萨卡和万事达卡进入中国。

1982 年

10 月，中国银行与日本东海银行签订了"中国银行受理百万卡直接购货协议书"。

10 月，中国银行与日本三和银行、日本株式会社 JCB 国际公司签订了"中国银行代办 JCB 卡取现和直接购货协议书"，JCB 卡进入中国。

10 月，中国银行与香港汇丰银行签订了"中国银行代理万事达卡和维萨卡直接购货协议书"。

1983 年

3 月，中国银行与美国花旗银行签订了"中国银行代理大莱卡取现和直接购货协议书"，大莱卡进入中国。

1985 年

1 月，珠海市人民政府批复中国银行珠海分行同意成立"珠海市信用卡有限公司"，国内首家经营信用卡业务的机构成立。

6 月，中国银行珠海分行发行了"中银卡"，中国第一张信用卡诞生。

1986 年

2 月，中国银行珠海分行首批购置了四台自动柜员机（ATM），引进了我国第一代银行无人自助服务终端。

6 月，中国银行北京分行发行了外汇人民币长城记账卡，开启了长城卡的发卡历史。

10 月，中国银行在全行系统内推广发行长城信用卡，这是我国第一张在全国范围内发行的长城卡。

1987 年

2 月，中国银行发行第一张提款卡——长城提款卡

3 月，中国银行加入万事达卡国际组织，成为国内第一家该组织会员银行。

6 月，中国银行加入 VISA 国际组织，成为国内第一家该组织会员银行。

8 月，中国银行推出第一版长城 VISA 人民币信用卡。

12 月，中国银行推出第二版人民币信用卡。

12 月，中国银行推出第一版长城万事达人民币信用卡。

1988 年

6 月，中国银行信用卡授权总中心在北京成立，办理万事达卡和 VISA 卡的授权业务。

6 月，中国银行成功推出国内第一张外汇卡——外汇长城国际卡。

8 月，中国银行发行长城国际奥运会卡。

10 月,中国银行成为国内首家成功接通万事达卡处理中心和维萨卡处理中心环球卫星通讯网络的银行。

1989 年

4 月，中国银行推出第二版外汇长城国际卡。

1991 年

3 月，中国银行实现了万事达卡在中国直接收单清算。

9 月,中国银行西藏分行发行了人民币长城卡,长城卡成为我国第一张在全国范围内发行的信用卡。

10 月，推出第三版长城人民币信用卡。

1992 年

4 月，中国银行实现了 Visa 卡在中国直接收单清算。

4 月，中国银行推出外汇长城国际卡第三版。

5 月，万事达卡国际组织与各专业银行在北京举行中国基本信用卡市场推广费用协议签字仪式。

1993 年

6 月，江泽民总书记针倡导全民推广使用信用卡，在全国范围内启动以电子货币应用为重点的各类卡基应用系统工程——金卡工程。

9 月，中国银行新加坡分行发行 VISA 龙卡和万事达龙卡，中国信用卡发行走向世界舞台。

12 月，VISA 国际组织在北京设立代表处.

1994 年

4 月，中国银行在国内首家推出长城智能 IC 卡。

1995 年

10 月，中银信用卡（国际）有限公司成立。

12 月，中国银行推出第二版长城提款卡。

12 月，中国银行发行了首张长城 JCB 外汇信用卡，这是中国最早的艺术题材的信用卡。

12 月，中国银行与杭州解放百货大楼联合发行"长城—解百联名卡"，这是我国第一张联名信用卡。

1996 年

8 月，中国银行首家发行具有国际标准的人民币借记卡——长城电子借记卡。

1997 年

6 月，中国银行发行第四版长城人民币信用卡，分为金卡和普卡。

8 月,中国银行发行第二版长城电子借记卡,银行卡应用网络进入国际化、标准化、统一化的新阶段。

10 月，中国银行发行了与中国国际航空公司的联名卡"长城——国航联名卡"。

11 月，中国银行与香格里拉集团联合发行"长城—香格里拉联名卡"。

1998 年

6 月，中国银行发行了新一代长城国际卡、长城国际商务卡、长城国际公司卡。

1999 年

6 月，中国银行发行了长城国际万事顺卡，此卡是中国银行与万事达国际组织联合发行的一款长城国际借记卡。

11 月，中国银行发行符合中国人民银行标准的智能卡。

2000 年

6 月，中国银行与中国石油化工股份有限公司举行合作框架协议签字仪式和新闻发布会，"中国石化金卡工程"正式启动。

12 月，中国银行推出首张长城 VISA 白金卡（长城国际卡）。

2001 年

2 月，中国银行与日本 JCB 国际信用卡公司联合在北京举办 JCB 信用卡 ATM 取现业务开通仪式。中国银行也是全国唯一一家能在 ATM 上同时接受 VISA、万事达、美国运通、JCB 卡取现业务的银行。

5 月，中国银行与东方航空公司联合发行了"长城—东航万事达联名卡"，这是中国第一张具备综合性强大功能的航空运输联名卡，并获得了"亚太区 2000 年度最佳联名卡奖"。

5 月，中国银行在国内独家发行长城国际冬奥会信用卡。

6 月，中国银行在上海举行长城国际借记卡发卡仪式，正式推出长城国际借记卡。

10 月，中国银行在香港注册成立中国银行（香港）有限公司（简称中银香港）。

11 月，中国银行发行长城国际世界杯信用卡。

2002 年

12 月，中国银行在国内同业中首家推出国际信用卡网上服务。

12 月，中银香港推出香港首张人民币信用卡——长城人民币信用卡。

2003 年

6 月，中国银行推出长城国际信用卡外币消费人民币还款业务。

11 月，中国银行在澳门地区首次发行人民币信用卡。

2004 年

4 月，中国银行（香港）、汇丰银行等 16 家香港银行正式加入中国银联，成为中国银联正式成员机构。

7 月，中国银行发行亚洲第一张欧元卡——长城国际欧元卡。

7 月，中国银行发行奥运 VISA 欧元卡。

10 月，中国银行发行了依托总行平台信用卡处理系统的双币信用卡——中银信月卡。

12 月，中国银行发行全球第一张北京奥运主题信用卡——中银 VISA 奥运信用卡。

12 月，中国银行发行中银联想 VISA 奥运信用卡。

2005 年

3 月，中国银行发行国内第一张人民币／日元双币种信用卡——中银 JCB 信用卡。

5 月，中国银行与 VISA 国际组织签订战略合作协议，成为国内唯一一家成为其收单战略合作伙伴的银行。

5 月，加拿大中行向社会推出与北美最大信用卡发行商之一 MBNA 银行合作发行的万事达信用卡。

10 月，中国银行发行银联品牌长城人民币信用卡。

11 月，中银香港发行"中银 VISA 奥运版信用卡"，这是港澳首张以 2008 年北京奥运会为主题的信用卡。

2006 年

1 月，中国银行发行中银长城国际 2006FIFA 世界杯万事达卡。

6 月，中国银行发行国内首张使用银联新标识的银联标准信用卡——中银都市卡。

8 月，中国银行发行国内首张银行保险联名信用卡—"中银长城—人保关爱"卡。

11 月，中国银行发行孺子牛银联标准信用卡。

2007 年

2 月，中国银行发行长城公务卡。

4 月，中国银行发行国航知音中银 VISA 奥运信用卡。

5 月，中国银行推出中银 Visa 奥运版港币预付费卡。

7 月，中国银行携手中国航空公司推出奥运主题联名卡——国航知音中银 VISA 奥运卡。

11 月，中国银行国际卡信用信息正式纳入个人征信系统。

2008 年

1 月，中国银行发行中银和韵信用卡，这是中国银行唯一一款既有信用卡基本功能同时包含理财功能的信用卡。

4 月，中国银行发行中银我爱海南卡，这是海南历史上第一张地域认同卡。

7 月，中国银行发行首款面向高端客户的银行卡产品——中银白金信用卡。

2009 年

6 月，中国银行携手中国银联向市场推出了国内首张集借记卡和贷记卡功能于一体的创新金融新品——长城借贷合一卡。

7 月，中国银行在香港首发中银银联双币信用卡。

7 月，中国银行发行中银全民健身运动卡。

10 月，中国银行推出国内首张居住类借记卡——长城新浪乐居联名借记卡。

11 月，中国银行东京分行发行银联借记卡，这是中国银行第一张在海外市场发行的银联借记卡。

2010 年

1 月，中国银行发行国内首张具有"网上网下"全覆盖型支付功能的信用卡——中银淘宝信用卡。

9 月，中国银行发行国内首张集银行借记卡和医院诊疗卡功能于一体的长城健康卡。

10 月，中国银行发行天翼长城卡，该卡是国内首张包含 3G 通讯和银联标准的金融手机支付卡。

11 月，中国银行推出国内首张全球人民币结算存贷合一信用卡——"中行长城环球通信用卡"，在国内同业中首创"全球交易单一人民币结算"服务。

2011 年

7 月，中国银行（泰国）有限公司发行第一张银联双币借记卡。

8 月，中国银行推出了国内第一张集社会保障和金融服务功能于一身的社保金融 IC 卡。

10 月，中国银行发行了专为私人银行客户量身定制的信用卡产品——中国银行长城美国运通卡。

11 月，中国银行推出国内首张面向全球潮商客户的信用卡——"潮商卡"。

12 月，中国银行雅加达分行发行第一张银联双币借记卡。

2012 年

2 月，中国银行在京隆重举行成立 100 周年大会。

7 月，中国银行在新加坡设立财富管理和银行卡区域中心。

9 月，中国银行正式推出信用卡虚拟卡产品。

9 月，中国银行在加拿大发行首张加元信用卡。

11 月，中国银行金边分行发行第一张环球通银联双币借记卡，成为中资银行在柬公开发行的第一款银行卡产品。

12 月，中国银行胡志明市发行第一张长城银联环球通借记卡。

12 月，中国银行（澳大利亚）有限公司发行第一张银联双币借记卡

2013 年

5 月，中国银行发行澳洲首张银联双币借记卡。

5 月，中国银行推出第十二届全运会星座联名信用卡。

6 月，中国银行联合 Visa 推出国内第一张长城"全币种"国际芯片卡。

9 月，中国银行推出国内第一张长城环球通多币种借记卡。

11 月，中国银行（新加坡）有限公司发行东南亚第一张银联旅游卡。

2014 年

5 月，中国银行获评"中国旅行者境外消费最受欢迎的信用卡发卡行"

7 月，中国银行荣获"年度最佳信用卡"奖项

2015 年

6 月，中国银行（马来西亚）有限公司发行长城环球通借记卡。

6 月，中国银行发行信用卡 30 周年。

10 月，中国银行发行新元—人民币双币借记卡

编 后 记

2015 年，是中国银行发行银行卡 30 周年。因此，《中国银行银行卡历程》是为纪念中国银行发卡 30 周年的献礼之作。本书秉承"展现辉煌历史、传承企业文化、促进持续发展"的编写理念，全面展现中国银行从首家引进国外信用卡、到发行国内第一张信用卡、再到如今信用卡业务蓬勃发展的历史画面。

为再现中国银行银行卡波澜壮阔的文化长卷，本书贴出笔者近 20 年来的全部藏品，力求将中国银行银行卡历程融合到国家经济、社会变迁、行业进程、同业发展的大背景下，集中反映改革开放以来国家经济金融工作的显著成果。

为了使本书编写更加贴近历史发展脉搏，除考据档案资料、规章制度、汇编文件外，还实地探访见证了中国银行银行卡历史的老员工，寻找饱经风霜的老物品，收集历久弥新的老故事。通过有张有弛的文字记录，力求实现表现形式多元化，打破历史呆板沉重的面孔，呈现出丰富、新颖、活跃的发展脉络。同时，许多金融界和收藏界朋友对此书编写工作给予了大力支持，他们是：罗伯健、杨晋英、石肖岩、王邦华、蔡援朝、周咏梅、吴焕宇、郭震宇、胡一民、董峥、方兴、李立众、陈晓奇等。在此，我向曾经给予悉心指导与热情帮助的各级领导与各界同仁，致以诚挚的谢意！他们对银行卡收藏文化事业的拳拳之心、殷殷深情，时刻激励我克服困难完成书籍编写工作。

历时两年，增删数稿，虽付力而为，难免疏漏。对本书编著之得失，真诚地希望各位专家、学者与广大读者批评指正。

2017 年 3 月于北京

▲ 中国银行珠海分行旧址（中国第一张银行卡诞生地）

▲ 周炳志先生为本书题字

▲ 笔者在中国银行珠海分行旧址   ▲ 笔者与周炳志先生

◀笔者与曾燕媚女士

◀笔者与张联利先生

◀笔者与胡扶农先生

▶笔者在中国银行信用卡中心

▲笔者参加中国金融收藏交流会